福建商学院学术著作资助出版

中小企业融资困境与制度创新研究

陈灏　著

云南大学出版社
YUNNAN UNIVERSITY PRESS

图书在版编目（CIP）数据

中小企业融资困境与制度创新研究 / 陈灏著. -- 昆明 : 云南大学出版社, 2023

ISBN 978-7-5482-4925-2

Ⅰ. ①中… Ⅱ. ①陈… Ⅲ. ①中小企业－企业融资－研究－中国 Ⅳ. ①F279.243

中国国家版本馆CIP数据核字(2023)第056226号

策划编辑：孙吟峰　　朱　军
责任编辑：谭丽娜
封面设计：王娲一

中小企业融资困境
与
制度创新研究

陈灏　著

出版发行：云南大学出版社
印　　装：昆明理煜印务有限公司
开　　本：787mm×1092mm　1/16
印　　张：16.75
字　　数：282千
版　　次：2023年4月第1版
印　　次：2023年4月第1次印刷
书　　号：ISBN　978-7-5482-4925-2
定　　价：68.00元

社　　址：昆明市一二一大街182号（云南大学东陆校区英华园内）
邮　　编：650091
发行电话：0871-65033244　65031071
网　　址：http://www.ynup.com
E－mail：market@ynup.com

若发现本书有印装质量问题，请与印厂联系调换，联系电话：0871-64167045。

前　言

在《资本论》中，马克思对资本主义社会资本积累的过程进行了深入分析和研究，以资本主义的整个生产过程为基础，并以资本主义的剩余价值生产为主线，通过剩余价值的生产和实现过程揭示了资本主义经济的全程发展和演变历程。资本主义生产的特征是资本主义的扩大再生产，而不是简单再生产，资本积累理论揭露了在资本主义市场经济条件下，在社会化大生产过程中资本家进行资本积累的整个过程，同时也进一步揭示了资本主义扩大再生产的源泉，资本积累为资本主义的扩大再生产创造了条件，提供了保障。因此，在社会化大生产条件下，企业要扩大再生产，要想获得较快的发展速度，就要购买物质生产资料，同时，还要购买其他生产要素，如劳动力，这就需要源源不断地投入更多的资金。只有通过源源不断的资金投入，企业才能不断发展壮大。显而易见，对于每个企业来说，资本积累都是非常重要的，资本积累只有达到一定程度，才能在竞争中处于优势地位。运用资本积累的基本理论来指导社会主义市场经济下企业的发展，对企业的发展壮大将提供一定的借鉴作用。简言之，资本积累的基本理论是最基本也是最深刻的指导融资的理论依据。马克思认为信用制度是在商业信用的基础上发展而来的银行信用，进而产生了虚拟资本。马克思的资本积累以及资本扩大理论是企业融资的经典理论基础。

中小企业的融资难问题是一个世界性的难题，也是当下经济学研究的热点问题。我国中小企业的发展历程很长，规模不断扩大，影响越来越重要。我国中小企业的整体发展可以以1978年改革开放为分界线，改革开放之前主要是传统体制时期形成的国有中小企业和城镇集体企业，改革开放之后这些中小企业进一步发展，并且出现许多新型的城乡个体私营企业和农村乡镇集体企业等非国有性质企业，因此，我国中小企业的发展较改革开放之前发生了巨大的变化。

改革开放之后，随着工作重心进一步转移到经济建设上来，在国家的相关政策和措施的扶持下，我国农村的乡镇企业以及城镇集体企业也得到了长足的发展，为我国繁荣经济与改善民生做出了巨大贡献。改革开放之后，"不管白猫黑猫，抓住老鼠就是好猫"，个体户以及乡镇企业如雨后春笋，纷纷冒尖，成为经济发展过程中的生力军。同时，集体经济的发展也不甘示弱，稳步前进，使得整个农村经济蒸蒸日上。随着改革开放的不断前行，经济的不断发展，中小企业的经济地位越来越凸显，其不可或缺的重要作用更是显而易见的，中小企业不仅成为市场经济发展过程中最活跃的主体，同时也为整个经济的发展和百姓民生注入了新生活力。

中小企业的融资问题一直以来都是制约其不断发展的重要难题，早已产生且显而易见，大部分中小企业融资渠道较为有限，发展资金捉襟见肘，缺乏规模经济效应，抗风险能力较弱，市场竞争力不强。此外，在发展过程中融资成本居高不下等因素也成为中小企业发展的瓶颈。发达国家的中小企业主要通过政府扶持融资、商业银行提供贷款支持、投资公司直接融资这几种方式来解决或缓解自身发展过程中的资金需求。有调查显示，在我国，主要民营中小企业的融资方式顺序大致为：企业自身的积累资金、银行或信用社贷款资金、亲戚朋友筹款、民间借贷等。看似渠道比较多样化，但是在这几个常规的融资渠道中，成本较低的银行或信用社贷款资金支持的占比微乎其微，而其他的融资方式或金额较小，或成本过高，无法满足民营中小企业长期发展的资金需求。

为了更深入地研究我国中小企业融资困境问题，本书共分七个部分进行阐述。主要结构安排如下：

绪论：结合当前国内外的主要形势介绍选题的背景及意义，通过对国内外相关研究文献的回顾和综述提出本书研究的总体思路和研究方法，总结了本书在研究中的创新点和有待于改进之处。

第一章：研究中小企业的理论基础。本书深入回顾了马克思主义融资理论和信用制度理论以及西方经济学的几个重要融资理论，一个是基于中小企业生命周期理论的融资理论，一个是关系型贷款理论。通过对这些相关理论的回顾与总结，为本书研究工作的开展提供理论基础和指导依据。

第二章：介绍我国中小企业的发展历程及融资现状。本书回顾了新中国成立前后以及改革开放以来的中小企业发展历程，结合我国中小企业的融资结构现状，采取实证调研的方法深入分析了我国中小企业融资过程中的重要影响因素，主要通过 SPSS 23.0 软件工具进行数据分析，分别从企业自身规模、经营者综合素质、所处行业以及企业财务状况等几个方面对企业融资的影响进行深入剖析，然后根据数据分析以及实际调研结果概况当前我国中小企业融资困境的现实状况。

第三章：分别从中小企业自身方面、银行方面、信用担保机构方面、法律法规方面以及其他融资方式五个方面深入分析我国中小企业融资难问题的成因。

第四章：介绍主要发达国家，包括美国、德国、日本以及韩国中小企业融资的成功经验，通过对比发达国家中小企业的融资模式以及政府扶持政策，找出其中合理的方面，为解决我国中小企业融资难问题提供借鉴。

第五章：探讨我国中小企业融资的制度创新路径选择，提出具体的对策建议。包括中小企业自身制度创新、金融机构制度创新以及政府相关制度创新三个方面。

第六章：基于系统分析和详细阐述，总结并归纳了中小企业融资困难的几个重要原因，并对其提出了相应的对策建议。

目　录

绪　论

第一节　选题背景、目的及意义

一、选题背景

改革开放以来，随着市场体系的不断健全和国民经济的持续发展，国家也在不断探索解决各种陈旧的不适合市场经济发展需求的制度问题，我国众多大型国有企业都面临着改制和重组问题。与此形成鲜明对比的是我国中小企业的迅速崛起与不断发展，为国民经济的发展注入了全新动能，同时也为我国经济健康、持续、快速的发展提供了强有力的后续支持与有力保障。步入 21 世纪之后，中小企业在整个国民经济中的地位越发重要，对经济增长的贡献也越来越大，已经占据了我国整体经济发展的半壁江山，名副其实地成为推动经济增长的重要力量，在整个国民经济的持续、快速发展过程中扮演着不可替代、不可或缺的角色。中小企业不仅创造了大量的就业机会，缓解了社会劳动力的就业问题，同时，在拉动内需、提高人均可支配收入、活跃资本市场等诸多方面均发挥着越来越重要的作用，在不断推动技术创新变革的同时，也助力优化并升级了我国整体的产业结构，为保持社会稳定、促进经济繁荣做出了巨大贡献。

简单回顾我国中小企业发展的历史进程，不难发现，中小企业的崛起和发展在整个国民经济发展进程中发挥着越来越重要的作用。改革开放以来，为了适应市场经济发展的需要，我国传统经济时期的大部分国有企业都面临着改革或改制，其中大部分的国企职工都面临下岗分流的问题，出现了大批的失业人口，就业问题成为当时国家亟待解决的重要民生问题。在改革开放的同时，我国中小企业应势而生，中小企业的迅速发展在一定程度上缓解了下岗失业员工的再就业问题。同时，随着城镇化进程的不断加快，中小企业也吸纳了较多的农村转移人口，解决了农村剩余劳动力的就业问题。当前，我国的城市化进程步伐在不断加快，国家统计局公布的相关数据显示，1978年我国的城镇人口大约为17300万人，城市化率大约为17.9%；到了2017年，城镇人口增加到约83100万人，城市化率提高到49%；2021年是"十四五"开局之年，新型城镇化和城乡融合发展取得新成效，常住人口城镇化率达到64.72%，户籍人口城镇化率提高到46.7%，这是"十三五"以来两个城镇化率首次缩小差距，这受益于国家户籍制度改革的进一步深化。城市落户门槛继续降低，城区常住人口300万以下城市的落户限制基本取消，城区常住人口300万以上城市的落户条件有序放宽，全年又有一大批在城镇稳定就业生活的农村转移人口落户。从以上相关统计数据我们不难看出，农村人口转移到城镇的速度在逐年加快，需要解决的就业岗位也逐年增多。要解决农村劳动力向城市转移的就业问题，必须通过劳动密集型的中小企业进行消化，由于劳动密集型企业能充分发挥劳动力成本较低的优势，可以吸纳较多的劳动人口就业，一方面增加了农村劳动人口的收入，另一方面也有效缓解了由于城乡收入差距过大而引起的两极分化和贫富不均问题，为城乡的进一步和谐发展、共同繁荣做出贡献。历年的发展实践表明，随着市场经济的发展，中小企业自身也在持续成长并不断壮大，它们已经成为经济发展过程中不可或缺的一部分，也将是我国国民经济在今后较长一段时期内发展的重要推动力。

《中国中小企业发展报告（2013）》的数据显示，截至2012年底我国中小企业的数量约为9600万家，数量上已经占到了全国企业总数量的99.4%。中小企业出口总额占比高达60%，实现利税已超过全国利税总量的40%，销售收入占比高达59%，工业总产值占比也超过了63%。流通领域中小企业占全国零售网点的90%以上，全国75%左右的城镇就业岗位也都是由中小企业提供的。此外，经工商部门注册的中小企业数量也已经超过了830多万户，个体经营户达到了6300多万户，个体私营企业在数量上构成了我国各类市场主体的主要组成部分。由此可见，这十年之间中小企业不论在绝对数量还是相对数量上都处在高速发展的时期。另据工信部2021年12月17日印发的《"十四五"促进中小企业发展规划》，"十三五"期间，我国中小企业在数量上大幅增加，经营能力不断提高，经济实力持续增强，缓解就业的作用更加显著，经济贡献稳步提升。据统计，在"十三五"收官之年 2020 年底，全国中小企业市场主体总数超 1.4 亿户，其中，企业数达 4331 万户。以 2020 年规模以上企业为例，其中，中小企业户数达 90.9 万户，占全部规模以上企业的 95.68%，营业收入 137.3 万亿，占 60.83%，资产总额 168.3 万亿元，占 55.01%，地位作用凸显。各项数据表明，中小企业在我国经济发展过程中扮演着越来越重要的作用。总体来说，通过历年的不断发展，中小企业呈现出"五六七八九"的典型特征，即贡献了 50% 以上的税收，奉献了 60% 以上的 GDP，参与了 70% 以上的技术创新，解决了近 80% 的城镇劳动力就业，占据了 90% 以上的企业数量，已经名副其实地成为国民经济和社会发展的生力军，是建设现代化经济体系、推动经济实现高质量发展的重要基础，是扩大就业、改善民生的重要支撑，亦是企业家精神的重要发源地。

尽管中小企业在我国国民经济中的作用显而易见，但是，中小企业的发展现状却是不尽如人意。在我国的企业分布中，超过 90% 的企业属于中小企业，但是如此数量巨大的中小企业所能分享到的金融资源却不超过金融资源总量的 20%，这种有强烈反差的数据对比表明中小企业的融资短缺或融资不畅问题一直以来是困扰中小企业的一个难题，也是中小企业迫切需要解决或缓解的束缚自身发展的顽疾。资金短缺一直以来都是中小企业发展的重要瓶颈，我国中小企业普遍面临着融资困难比较大、技术更新速度比较慢、家族式管理水平较为薄弱等诸多发展困境。但从总体来看，融资困境是最亟待解决的问题，中小企业有了资金的支持就能加速技术研发和更新迭代，就能引进人才改善内部经营环境，提升管理水平。资金是润滑剂，亦是企业持续经营、发展壮大的命脉。长期以来，我国是以银行为主导的间接融资体系，中小企业规模小，缺乏有效的抵押和担保，经营风险高，难以获得银行贷款支持。2019 年来普惠金融虽缓解了中小企业融资困境，但小微企业贷款余额增速与同期金融机构相比仍有较大差距。根据银保监会数据，2021 年前 10 个月，民营企业贷款占新增企业贷款 53.5%，较 2019 年底上升 11 个百分点。受环保限产、上游涨价影响，大宗商品价格屡创新高，但上下游传导不通畅，挤压中下游中小企业利润。截至

2021 年 10 月，大、中、小型企业 PMI 分别为 50.3%、48.6% 和 47.5%，小型企业 PMI 已经连续六个月低于荣枯线，中型企业 PMI 也已连续两个月低于荣枯线。2021 年 10 月，中小企业发展指数为 86.1，较 9 月进一步有所下滑，整体大幅低于疫情前水平。对比之下，中小企业成本指数却远高于疫情前水平，最高达到 121.1。近几年，国家陆续出台了一系列有利于中小企业发展的相关政策，对中小企业进行了有效扶持。但纵观当前，从国际环境来看，面对世界百年未有之大变局，国际风云变幻无常，新冠疫情影响广泛，经济发展过程中不稳定、不确定的因素明显增加；从国内环境来看，中小企业供应链乃至产业链循环放缓甚至受阻，其传统发展模式难以为继，中小企业面临转型升级和市场开拓的巨大挑战，且垄断现象、资本无序扩张等问题仍旧存在，中小企业参与市场公平竞争的外部环境有待于进一步规范和完善。从中小企业自身来看，我国的中小企业主要分布在传统产业和价值链中低端，创新能力和专业化水平都不高，资源利用和配置效率也较低。财务管理不规范、公司治理结构不完备等问题普遍存在。因此，抗风险能力不强，面对贸易摩擦、疫情冲击等因素叠加影响，受到冲击较大。由此不难看出，中小企业相对于大企业而言，其面临的问题也越来越多，当遇到国内外环境突变或不稳定因素影响加深的时候，中小企业所面临的挑战将会更加明显，甚至会影响整个企业的生存。中小企业的发展离不开公平公正公开的外部市场环境，但更需要自内向外的发展动力，发展资金的有效补给正是这一动力的润泽剂。因此，着眼于缓解和解决中小企业融资需求，不断降低中小企业融资成本，持续拓宽中小企业融资渠道永远都在路上。

二、选题的目的和意义

现阶段，整体上世界经济处于下行期，我国经济发展的不确定因素也越来越多。因此，进一步深化金融供给侧结构性改革，优化信贷资源结构，加强风险防范已成为商业银行等金融机构的首要任务。基于这些外部环境的压力，很多中小企业不仅仅面临着经营盈利困难的困境，更面临着流动资金匮乏乃至资金链断裂的极大危险。因此，政府对此高度重视，及时出台了多项支持中小企业发展和减轻中小企业负担的纾困政策及措施，相关部门也在不断创新对中小企业的金融服务，把改善中小企业经营环境、加大政府财政扶持力度、增强商业银行信贷支持效度、进一步拓宽中小企业融资渠道，进而构建多层次中小企业信用担保体系作为努力的重点方向。当前，商业银行等金融机构在国家政策导向和市场需求的双重引导下，也开通了专门为中小企业提供信贷支持服务的"绿色通道"。尽管这些政策措施取得了一定的效果，但从金融机构特别是银行自身的风险控制角度来看，由于信贷市场上中小企业自身的信息不对称问题，抵质押担保或第三方机构担保的缺失问题，以及中小企业自身信用度较低、信用能力不足等问题仍极大地制约着中小企业的融资规模。中小企业融资难问题看似是老生常谈的旧问题，但在这种内外均忧的不利背景下，对中小企业长期以来所面临的融资难、融资贵问题进行重新梳理、深刻审视是极有必要的，具有很高的研究价值。通过系统性地分析我国中小企业在发展过程中所面临的融资难、融资贵问题，并结合我国已经或即将采取的一些改善中小企业融资难的相关措施，积极探讨如何通过政府、企业和银行等金融机构三方面的合力，改变原有较为单一的机制、体制，持续完善中小企业信用管理体系，以此增强中小企业自身的信用意愿与信用能力，探索多层次资本市场发展模式，不断拓宽中小企业融资渠道，从根本上缓解我国中小企业融资困难的局面，对促进我国中小企业健康、持续的发展，助推我国国民经济高质量发展具有重要的现实意义。

一直以来，中小企业的融资问题都是学术界研究的热点、难点问题，也已经产生了大量的研究成果，然而很多研究都是简单地从中小企业自身或者金融机构等某一方面出发，站在单一的视角下探讨中小企业在融资过程中遇到的各类问题，或是关乎中小企业的融资机构和效率问题，或是关乎如何进行融资渠道的拓宽和创新问题，又或是关乎融资过程中涉及的收益成本等其他问题。因此，总体上，基于多维度、多视角、系统性地分析中小企业融资困难的研究文献较为缺乏。从国外经验看，为了满足中小企业的融资需求需要构建一个多层次、立体式的融资体系，这不仅包括外源融资和内源融资，也包括债务融资和权益融资等多种融资方式。在西方发达国家，对中小企业的融资支持体现在很多方面，不仅有相当健全的法律法规体系，同时，政府在鼓励企业建立现代化企业治理结构等宏观指导方面也发挥了重要作用，为中小企业的融资交易创建了良好的外部环境。在我国，要建立并健全完善中小企业融资体系，应当在借鉴发达国家成功经验的同时，充分结合我国的实际国情，从我国中小企业发展的现实情况出发，切合当前我国经济高质量的实际要求，坚持以马克思主义资本积累与资本扩大再生产等相关理论为指导，以深化金融供给侧结构性改革为主线，通过全面系统地建构多层次的融资体系，不断深化金融体制改革，拓展并优化债务与权益融资，持续完善中小企业的信贷融资担保制度，加大政府政策的扶持力度，切实为广大中小企业的发展和壮大提供必要的资金融通支持。因此，本书从多重视角系统性地研究我国中小企业的融资困境以及突破该困境的制度创新，具有十分重要的理论意义。

（一）中小企业融资困境的主要成因

首先，打铁还需自身硬，从中小企业融资困境的内部原因出发进行分析，中小企业的融资困境的重要原因之一就是企业自身的管理能力和综合实力较为薄弱。一般情况下，优秀的中小企业会通过一系列的技术创新和加强企业内部管理来提升整个企业的运行效率，获得先发优势。在经济全球化的今天，越来越多的企业意识到科学的管理无论是在一个企业，还是在一个组织中都显现出越来越重要的作用。管理学大师彼得·德鲁克曾经说过：21世纪企业的常青之道是通过管理来实现的。对于中小企业而言，要想持续发展，不断壮大自身实力，必须在企业的内部管理制度上下功夫。那么我国的中小企业在内部管理上究竟存在着哪些较为突出的问题？是用人不当、管理不善，还是整个内部管理制度不健全呢？从工信部中小企业局和中国企业联合会研究部对我国中小企业管理现状的调查结果来看，我国中小企业大部分还缺乏先进的管理方法，整体管理水平较为低下，主要表现在以下6个方面：（1）中小企业管理环节薄弱，没有形成流程化、系统化的科学管理模式；（2）员工离职率较高，企业人员分布不均衡；（3）管理方式比较落后，公司治理不完善；（4）利用信息化手段还不全面；（5）缺乏劳动合同管理的相关意识；（6）组织培训相对较少。另外，中小企业的财务管理能力也存在不足：第一，大多数的中小企业缺乏健全的财务管理制度，尚未形成完整、系统、可行的规章制度，许多企业的经营者仅仅依靠以往的经验来做决策，缺乏科学的指导和依据，在一定程度上容易导致财务风险甚至给企业的后续经营带来巨大的风险隐患。第二，企业没有将财务管理放在一个重要的位置。许多中小企业认为财务岗位是一个可有可无的岗位，有的甚至没有专业的财务管理人员。因此，这些企业普遍缺乏财务预算工作，且在财务核算以及管理上经常会出现混乱局面，企业的经营往来、供销关系以及重点领域相关业务也很难从财务上清晰体现出来，账务处理不规范，较为随意，这样就很难给决策者在经营管理决策过程中提供科学的财务预决算依据。第三，很多中小企业为了节约成本，通常不设立独立的内部审计部门，缺少必要的财务监督职能。这些不科学、不规范的日常财务管理势必会影响到企业的对外融资，收窄企业的融资渠道。

其次，我国中小企业所面临的融资困境有其较为复杂的外部环境原因，其中一个重要的原因就是我国现行的中小企业信用评估体系还不完善，还存在着一定问题，主要表现在：第一，当前，针对中小企业的信用评级还没有形成统一的标准、程序，同时，还未设立统一的监管部门。受经济利益的驱使，市场上关于中小企业评级的不规范、不科学现象时有发生，存在一定的企业信用评估滥用迹象。有些政府机构，如工商行政管理或者海关等一些职能部门在企业业务受理过程中，明文规定企业在相关业务办理前进行信用评估是作为可选项，但一般情况下都要求企业一定要进行信用评估。而这些评估的可信性以及准确性与专业的信用评估中介服务机构出具的权威结果存在着较大出入，主要是因为这种内部的评级机构在评价的标准、目标、方法以及依据等方面没有达到专业化信用评级的要求。这就容易造成企业的信用评级在各个不同的层级上各自为政，没有形成一个统一的行业准则。这种由于业务办理种类的不同而导致的评判标准不一，容易混淆由专业的信用评级机构出具的专业评估报告，缺乏统一标准和评估体系来衡量中小企业的信用评级，这也对真正需要使用到信用评级机构进行资质评级的中小企业造成一些不良影响。针对中小企业的专业信用评级机构的统一设立以及行业的约束与监管能为中小企业的健康、可持续发展补充并创造应用的条件。如果没有标准的行业准入规则以及监管机构，那么企业评级产生的结果将失去评估使用价值和真正意义。第二，信用评级机构缺乏独立性，法律支持与保护还有待于进一步完善。中小企业信用评级机构的功能和显著特征应该表现为：作为第三方独立机构为银行等金融机构或中小企业提供较为可靠、可信的评价信息，应当保证其评级的公正性与客观性。我国的信用评级机构最早萌芽并成立于计划经济体制之下，在相关政府部门的推动下逐步设立。作为专业的企业信用评级机构，其最根本的原则应为：在为中小企业进行信用评级服务时，要时刻保持评级机构的公平、公正立场，以及秉持独立性与中立性原则。但是，我国的信用评估行业最早是在计划经济体制时期，由政府相关部门支持并设立的，在成立之初就与政府部门形成千丝万缕的联系，扮演着一定的行政角色。随着市场经济的不断发展，这些信用评级机构逐渐与政府部门脱钩，实行公司治理，独立履行相应职责，但由于历史原因，仍然带有一定的行政色彩。当前，仍然有较多的信用评级机构过分地依附于政府部门，缺乏自主经营的独立性，无论是从资金的使用、人员的配备上，还是从管理上都不能完全独立地成为第三方机构，因此在信用评级的公信力以及权威性上大打折扣。在这种情况下，由于政企混合分离不清或分离不彻底，在管理上难免容易出现多头管理现象，信息传导不畅或传导效率低下等情况时有发生，容易出现管理不协调的问题，这势必影响到企业整体的信用评级工作效率，因此，政企职责的彻底分开势在必行。

最后，当前我国针对中小企业信用评级机构设立、运行、管理等相关的法律法规体系还不够完善，国家还没有出台明确的法律法规对从事中小企业信用评估的企业进行有效的监督与管理，行业自律性组织也比较缺乏，缺乏对基于企业诚信数据的采集与使用进行规范化、流程化和科学化的管理，因此，有必要加强针对整个企业信用评估行业相关法律法规的体系建设和从业规范。此外，从评估行业的整体情况来看，从业企业的管理能力、从业经验和资质水平参差不齐，各自的评估水平和评估报告也难被市场普遍认同，没有较为统一的标准，且没有较为统一的评判体系。这些评估机构要收取较为昂贵的评估费用，然而评估的结果不可避免地会存在一定的不公正性，或客观性缺失的问题，这就使中小企业对这些评估机构的评估信度与效度秉持一定的怀疑态度，整个评估行业的公信度较低。因此，国家应当出台较为明确的法律法规对明显有失公正的评估机构进行相应惩罚，规范评级机构收费标准，整顿多收费、乱收费现象，对评估或评级的收费标准加以限制，减少中小企业的财务负担，坚决杜绝只要受评企业肯出钱，评级机构就有失客观，罔顾事实出具让客户"满意"的评级报告等钱证交易不良现象。同时，要持续加强对整个信用评级机构的行业自律与监督，督促评估或评级机构切实发挥独立第三方评鉴的作用，在不增添企业财务负担的同时切实为企业信用评级、定级提供公正、客观、有效的服务。

此外，当前我国的法律主要侧重于规范普通的信用担保行为，并没有对担保机构的市场准入和退出以及业务的规范和种类的分布等方面做出较为明确的规定，同时，这些法律条款关于鼓励各担保机构为中小企业提供信用担保，开展多种形式下互助性融资担保的相关规定也同样过于简单，较为粗放且实践操作性不强，并不能充分发挥积极、有效的推动作用。而且我国现行的中小企业信用担保法律法规体系的法定效力层级比较低，缺乏系统性。大部分的法律文件以部门规章或地方规章出现，缺乏国家层面的权威性。并且这些法律文件对我国各地设立或组建的信用担保机构的法律地位和行业属性也没有较为明确的规定，导致这些担保机构在实际运作过程中缺乏统一认识，因此，无论是从国家层面，还是从地方层面都要逐步完善企业信用担保机构的设立、运营等方面的法律法规，为信用担保业务的健康、可持续发展提供有力保障、有效支持。

（二）切实解决我国中小企业融资困境的对策建议

首先，就中小企业自身而言，要注重多方面、多渠道提高企业自身的管理和营运能力。要充分结合企业自身特点和发展需要，量体裁衣，从管理内容和管理形式上着手制定科学的管理制度。内容上的管理主要着眼于人、财、物的管理，形式上的管理主要通过管理方法与手段来实现。中小企业主不仅要对企业内部的人、财、物进行全面管理，同时，还要学会"引他山之石"，多借鉴同类型企业先进的经营理念与管理制度，找寻并制定适合自身发展需求的相关制度。中小企业的财务管理制度尤为重要，财务管理制度即公司在营运和管理过程中所发生的各项财务活动的规章制度。我国企业一般都采取财务与会计合并的财务管理组织形式。当前，我国企业的财务管理法规体系是以《企业财务管理通则》为核心，以分行业企业财务制度为主体，以企业内部财务管理制度为补充的，三者共同组成多层次法规体系。中小企业要加强财务管理制度建设，应该首先建立与健全各项财务管理基础的工作制度，包括经济往来过程中的原始记录管理制度、价格管理制度、财产物资管理制度、定额管理制度、计量验收制度以及清查盘点、财务分析和财务预算等多项基础制度。要持续不断健全企业内部的约束机制，不断完善和规范企业的流动资产管理，从而确保企业资产的保值和增值。还要建立和健全中小企业自我约束和扩张的财务机制，确保企业稳定、持续和协调发展。对于中小企业而言，要想获得较好的银行融资，必须在信用制度建设方面做足功课。信用对一个企业来说是最基本的评价因素，在银行间接融资过程中，企业的信用是否良好已经成为金融机构是否能给予贷款支持的重要原则，因为信用欠缺的企业对于银行来说往往会涉及贷款风险，这样势必影响到中小企业的间接融资。如果一个企业在过往经营过程中出现过信用不良记录，就好比一个人出现诚信问题，在与他人的交往过程中必然会处于劣势。所以中小企业在注重经营业绩的同时，要时刻加强自身信用制度的建设，要坚决维护和保持好自身良好的信用记录。

其次，从金融机构改革方面来看，商业银行针对中小企业的信贷管理制度不应一成不变，要根据市场经济发展需求及时地进行调整完善，并不断创新，特别是中小商业银行，要聚焦主业主责，为中小企业的持续发展提供融资支持。第一，在业务受理程序上，应精减细化，要专设部门为中小企业提供快捷、便利的金融服务；在管理上，应适当扩大基层金融机构的贷款审批权限，根据提交申请授信企业的信用等级不同，下放相应的贷款审批权限，提高基层机构的信贷审批自主权。第二，要建立和不断完善信贷管理体制，要将创造优质信贷资产激励机制与贷款风险约束机制有机结合并统一。要持续完善贷款审批第一责任人制度，建立科学、合理的量化考核指标体系，不仅要考核贷款的存量和新增贷款中的不良贷款比例，同时也要考核新创造的优质贷款比例以及活化的不良资产比例，并制定奖惩办法。第三，要持续提高信贷资金的配置效率。正所谓"僧多粥少"，信贷资金规模毕竟有限，要提高资金的利用效率，就要将其投放到最需要资金同时又是最重要的产业中去。近年来，我国配置在基础支柱产业——农业的信贷规模不断增加，这说明政府对农业的重视和扶持力度在不断增强。第四，要不断拓宽融资渠道，打造多层次资本市场，满足不同层次的中小企业融资需求。中小企业通常以银行的间接融资为主要融资渠道，当前，国家在不断健全和鼓励资本市场的多结构与多层次发展，这为中小企业实现直接融资提供了便利。与此同时，为了缓解或解决中小企业融资需求，从中央到地方先后出台了一系列相关的支持政策和举措，进一步放宽了对中小银行的金融限制，让它们能聚焦主业主责服务于百姓民生，服务于中小企业发展，服务于乡村振兴。

　　最后，从宏观环境以及政府政策支持方面来看，在宏观环境上我们要为中小企业营造良好的融资氛围，出台相关的帮扶政策，促使中小企业真正解决发展过程中的融资难题，同时要努力提高类金融机构的补充支持力度以及法律保护效度。一方面，类金融机构对非国有经济的稳定和发展提供了必要的资金补充与支持；另一方面，非国有经济的不断发展壮大也为类金融机构的发展注入了资金源泉。在当前经济环境下，整个类金融市场还没有形成一个统一有序的体系，不同的类金融机构在参与各自不同的经济活动中发挥的作用也不完全相同。这就不可避免地会引发一些非正规的金融活动，扰乱甚至破坏整个金融市场秩序，对于非法的金融活动，国家必须坚决采取取缔措施，对于符合金融法律规范的非正规金融活动要加以正确引导，给予必要扶持，使它们能健康发展。作为中小企业融资的有力补充，非正规金融活动对促进经济增长、提高中小企业市场竞争力起到了一定的助推作用。此外，中小企业要获得长期发展的根本保障，就必须通过不断健全立法和持续完善法律体系来实现。通过法律手段管理和控制，企业的经营活动可以维持良好的市场经济秩序。例如，《中华人民共和国反垄断法》《中华人民共和国反不正当竞争法》《公平交易法》等法律可以防止大企业形成垄断，可以防止企业间不公平交易行为，可以禁止企业间不正当竞争，从而维护良好的公平竞争市场环境。基于我国中小企业的范畴，政府及金融机构可以在一定程度上明确中小企业的扶持指向和扶持力度。现阶段，中国人民银行在全国范围内不断推进关于中小企业的信息采集和更新，但是中小企业信用体系制度的缺失使这些信息的采集遇到了极大的困难，同时中小企业信用体系制度的缺失也影响了所采集信息的真实性，这对我国中小企业信用体系的整体建设产生了极大阻碍。因此，中小企业信用体系制度建设需要进一步推进、创新并不断完善，以适应新时期我国中小企业发展的需要。

　　综上所述，中小企业的融资问题一直以来是困扰和束缚中小企业可持续、健康发展的重要因素，融资渠道单一、融资路径不畅且融资成本过高问题已经成为制约中小企业生存发展的瓶颈。无论是基于政府调控的角度或者是基于中小企业自身发展的需要，系统地深入研究中小企业的融资问题，还是从理论上探讨经济体制的合理性，都具有非凡意义。本书拟通过对中小企业的融资困境进行递进式的层层梳理剖析，有效借鉴国外发达国家中小企业的融资模式和融资方式，并充分结合国内中小企业的现实状况，给出了关于中小企业融资方式与方法的相关建议，从而有助于拓宽中小企业的融资渠道，进一步增强其融资能力，在一定程度上为中小企业的融资支持提供参考，同时，也为国家扶持中小企业的发展建言献策。

第二节　国内外研究综述

一、国外研究成果综述

在国外，关于中小企业的融资问题早在 20 世纪 50 年代中期就引起了学术界、金融界的广泛关注。尽管当时这个问题并没有作为一个独立的专门问题进行深入研究，但由于中小企业在整个经济发展过程中的重要作用，诸多学者在研究其他问题的过程中经常会涉及对中小企业融资问题的研究或探讨。笔者对国外学者关于中小企业融资问题的主要研究理论进行了详细梳理，现整理如下。

（一）基于融资结构理论方面

美国学者莫迪利安尼和米勒（Franco Modigliani & Merton Miller，1958 年）创立了"MM 定理"即资本结构理论，他们是对企业融资结构理论研究最早的学者，其理论是对企业融资结构进行有效研究的经典理论。该理论是建立在三个严格的假设条件前提下所进行的研究结论：一是假设企业没有企业所得税和个人所得税；二是假设企业不会面临破产的风险；三是假设资本市场的运行是充分有效的。在这几个假设条件之下该理论主要论证了企业的价值与其所采取的融资方式没有关系，即企业无论以负债筹资还是以权益资本筹资都不影响企业的市场总价值。这个理论在当时轰动一时，为后续对有关融资结构的研究提供了强有力的铺垫和框架作用，该理论也被称为融资结构理论的奠基石。但"MM 定理"是在高度抽象现实生活的基础上得出的相关结论，难免会遇到来自现实生活的挑战。此后，莫迪利安尼和米勒又对该理论做了进一步修正，融入了所得税的影响因素，由此而得出了新的结论：企业的总价值受资本结构的影响，负债经营会给公司带来税收节约效应。在现实生产和生活中，除了存在税收列支的先后问题外，企业还存在着破产的可能，企业必须维护良好的对外形象，企业所有者需要制约职业经理人的行为，需要牢牢把握企业控制权等诸多方面的影响因素，基于资本筹资和债券筹资对企业收益的影响不同，进而直接或间接地影响企业市场的总价值。因此，该理论具有一定的局限性，随后又有学者在研究融资结构平衡的问题，认为企业的最佳融资结构是在免税优惠收益与破产成本之间寻找和建立一个平衡关系，该理论没有假设企业无破产风险，认为企业在通过债务获得税收收益的同时也增加了企业陷入财务亏损的风险，从而带来破产风险。

（二）基于信贷配给理论方面

奇曼（1961 年）和马蒂内尔（1997 年）提出了有关信贷配给和中小企业信贷需求之间的相关理论。该理论指出了中小企业通过银行实现信贷融资的历史通常相对较短，因此，银行通过以往贷款记录查看其留存的信用依据也就相对较少，进而导致了银行给予这些中小企业的信贷融资支持力度也就相对比较弱。迪沃朋特和迈士金（Dewatripont & Maskin，1995 年）则提出了"预算软约束"的观点。该观点的形成包括了预算约束体和支持体这两个主体，前者是在以自有资源为限的前提下，如果收不抵支，产生赤字，在没有外部救助的情况下不能继续存在的组织；而后者通常是受政府控制的，可以直接转移资源来救助陷入困境的预算约束体组织。在经济发展过程中，政府财政和商业银行作为企业发展的有效支持体，面对这种约束时会更加偏爱向大客户、大型企业或国有企业提供信贷融资支持。斯蒂格利兹和威斯（Stiglitz & Weiss，1981 年）提出了 S－W 这一经典模型，并在"Credit Rationing in Markets with Imperfect Information"文章中指出，出现信贷配给问题，最根本的原因是信息不对称导致的逆向选择。正是因为这种信息的不对称性，才会导致银行方面无法清楚地认识或识别每个贷款申请人的实际风险承受能力。因此，银行更加倾向于在更低的利率水平下提供信贷支持进而规避由于信息不对称所带来的逆向选择，而并不是为了达到资金的供需平衡，在高利率情况下提供更多的信贷支持[①]。此外，斯蒂格利兹和威斯也提出了关于信息不对称的相关理论，他们认为信息的不对

---

① Stiglitz J，Weiss A. Credit Rationing in Markets with Imperfect Information［J］. The American Economic Review，1981（3）.

称一定会引导逆向选择以及带来道德风险，进而导致较高的信贷风险。对于银行来说，为了防范和降低自身面临的风险问题，会通过利率调整的方式来缓解并选择低于均衡利率的水平为资信状况良好的企业提供信贷资金支持，而减少或避免对资信状况较差的企业进行资金支持。斯蒂格利兹和威斯认为在这样的环境下，政府的干预职能并没有完全发挥作用，即信贷资源出现配给问题的现象会长期存在。在此之后，威特所提出的信贷配给模型进一步拓展了斯蒂格利兹等学者的相关理论。该信贷配给模型明确地指出了银行对借款人抵押品的要求可能是产生信贷配给的内生机制。在威特提出银行对借款人的抵押品要求之后，贝斯特（1985 年，1987 年）深入研究了抵押品在信贷配给中的重要作用。他认为，当银行对借款人有抵押品要求时，不同的企业对这种要求所做出的反应会有差别，银行可以通过企业的不同反应来参考并鉴定其贷款可能存在的风险，从而筛选风险较低的项目或企业给予贷款支持。威廉姆森（1986 年）基于信贷配给过程中所产生的各种监督成本问题进行了研究探索，在他提出的六项交易成本来源中就有信息不对称因素，由于环境的不确定性以及自利行为而产生了机会主义，因此交易双方往往拥有不同程度的相关信息，这就促使市场的先占者因为拥有较多的有利信息而获益，并形成少数交易。在信贷配给方面，他认为信息的不对称性会产生银行期望收益与借款利率之间的非单调性变化。思克米特－默尔（Schmidt-Mohr，1997 年）则提出了新的信贷配给模型。他在总结前人对信贷配给的理论研究的基础上，没有假定借贷双方的风险类型，而是着重研究了利率水平、贷款额度和抵押品状况，在此基础上给出了信贷配给在垄断市场以及竞争市场条件下的不同均衡解释。

（三）基于金融抑制理论方面

二战后，发展中国家普遍建立起以金融抑制为特征的金融制度，一方面导致了金融发展裹足不前，另一方面严重制约并束缚了经济发展，这被著名学者麦金农（McKinnon，1973 年）和肖（Shaw，1973 年）称为"金融抑制"。与此同时，麦金农和肖又系统地提出了金融自由化的相关理论，掀起了金融自由化的改革浪潮，但其改革的实践结果却与理论初衷相去甚远。在此背景下美国经济学家托玛斯·赫尔曼、凯文·穆尔多克、约瑟夫·斯蒂格利兹在 1996 年提出了"金融约束论"。金融约束论的实际运行表明其相关政策建议更符合发展中国家的具体实际。基于上述学者所探讨的金融抑制理论在发展中国家有关企业融资问题的研讨中，不难发现：政府普遍存在对大型企业和大型项目的偏好，并会主动引导金融资源投入到这些企业和项目当中，这在一定程度上忽视了对中小企业以及非国有经济部门的融资支持。与此同时，由于银行处于垄断地位，整个市场缺乏竞争力，银行部门也会优先选择优质的大型客户给予信贷扶持，减少对风险比较大的中小企业的信贷支持。因此，金融抑制理论可以为缓解发展中国家的中小企业融资问题提供一定的理论指导作用。

班纳吉（Banerjee，1994 年）提出了"共同监督"以及"长期互动"的理论假说。他指出，规模较小的金融机构在为中小企业提供融资的过程中具备一定的信息优势，可以为中小企业提供更好的金融服务。该理论倡导的是中小金融机构对标中小企业服务，发展中小金融机构就是要让这些机构聚焦主责主业，为中小企业提供更多更好更优的融资支持与金融服务。皮克和雷斯格瑞（Peek & Rosongren，1998 年）在研究中发现，当银行业内发生重组或兼并时，银行的数量在精减，但是合并后大银行的信贷发放规模却在不断增大，而中小企业能从这些通过合并后"变大"的银行中获得的信贷支持则越来越少，中小企业的融资需求更多是靠中小银行来满足的。伯杰和尤德尔（Berger & Udell）的研究指出，相对于大型金融机构而言，中小金融机构更倾向于为中小企业提供融资支持和服务，因为中小金融机构在获取中小企业信息方面存在更多的优势。随后，伯杰和尤德尔进一步深入地研究了中小企业融资与银行经营规模两者间的相互关系，研究结果显示中小企业融资与银行经营规模两者间呈强负相关关系，即中小企业在选择信贷支持时，难免会受到大型金融机构的歧视或冷漠，也就是说大型金融机构更加倾向于为大型企业提供信贷支持。同时在后续的研究中，伯杰等（2001 年）进一步发现银行间的并购与中小企业贷款之间存在着关联效应，并将其分为四种潜在的效应：直接效应、静态效应、外部效应和重组效应。其中，静态效应更加偏向于减少对中小企业的信贷支持，但直接效应和外部效应则会带来一定积极影响，即当银行间出现重组并购时，中小银行或者新生的银行在一定程度上会增加对中小企业的信贷资金支持。

（四）基于关系型贷款理论方面

中村（Nakamura，1993 年）在研究银行与企业的贷款关系中指出，中小企业与银行形成合作关系之后，银行对于中小企业的信息获知会更加全面，银行更倾向于与原有已经建立信贷关系的企业合作。关系型贷款理论认为通过关系发展的信贷支持一般都具有多方面的利益获得，例如商业银行会持续增加信贷的供给量，但是就关系型贷款是否会降低中小企业的融资成本的研究方面，则不同学者持不同的观念和说法。彼得森（1994 年）、伯杰（1998 年）、青木昌彦（2001 年）等学者认为中小银行提供关系型贷款具有一定的优势，他们认为银行在提供贷款时一般通过两种方式，一种是关系型贷款，另一种是市场型（交易型）贷款。其中，关系型贷款涉及的信息难以量化，属于软信息，也称意会信息。它是通过长期、多种渠道的广泛接触所积累的关于借款企业及其企业主的相关信息，如企业的经营状况、企业的具体行为、信誉以及企业主个人的品行等。这些信息具有强烈的人格化特征，只能意会不能言传，具有模糊性，难以用书面报表的形式进行统计归纳和传递。而市场型贷款涉及的信息则是容易传递和量化的信息，属于硬信息。比如财务报表、抵押品的质量和数量、信用得分等，这些信息容易赋码标识，方便在所有人员之间进行传递与交流，这种贷款多为一次性或短期交易行为，从中小企业的发展资金需求来看，它们更加青睐于中长期的信贷支持，以此减轻还款压力。银行通过关系型贷款可多方面获取企业的相关信息，同时也可以通过长时间的接触来更加深入地了解客户需求。通过多方面接触，银行可以更加全面地了解企业的内部信息，还可以具体量化原本难以获取的信息。这种长期的接触和积累所掌握的信息能够在一定程度上弥补一些中小企业因财务信息不全或者数据信息不真实带来的信息风险，完善中小企业融资的内部环境。实践证明，企业与银行的合作时间越长，银行对企业的信息了解程度就越深，因而更愿意在原有利率的基础上给予一定的贷款利率优惠，同时在一定程度上也会减少对中小企业担保和抵押的要求，在遇到利率调整时银行也会为中小企业的老客户提供更多的融资支持。以上实践诠释了关系型贷款理论中银行对"熟知客户"或"老客户"的执业态度与具体行动落实。

（五）基于中小企业融资的实证研究

格雷戈里和塔涅夫（2001 年）基于中国民营企业的实际情况，对中小企业的融资状况进行了深入研究，发现影响中小企业融资的主要因素有企业信息、银行手续、抵质押担保条件以及银行的激励机制等。他们由此提出了解决这些问题的建议与对策：加快民营企业股权市场发展，鼓励民营企业进入资本市场，推进利率自由化进程，强化对民营企业信贷支持的鼓励性措施，允许银行收取交易费，拓展更多的融资渠道等。艾利易提（Aryeetey，1998 年）对非洲，伊萨克松（Isaksson，2002 年）对肯尼亚，阿利伯（Aliber，2002 年）对印度和乌干达等国部分地区的调查发现，中小企业通常会选择非正规渠道来获取融资支持，而大型企业则是通过正规金融渠道获取融资支持。伍德拉夫（Woodruff，2001 年）研究了墨西哥小企业初创阶段和发展阶段的融资状况，发现大型金融机构倾向于给大型企业贷款，而中小企业可支配的信贷资源却较少。在随后的进一步实证研究中，有学者指出，中小企业倾向于通过非正规金融渠道获得融资的原因在于非正规金融机构的融资要求符合中小企业的特质，如这些非正规金融机构一般不要求抵押品，履约率高于正规融资机构，合约的履行并不是单纯地依靠国家法律，而是要遵循当地的某种社会机制等。Daniel Bădulescu 等（2010 年）研究发现，中小企业在国民经济发展过程中发挥着关键作用，但由于信息不对称、高风险、缺乏抵押品以及不利的监管环境等原因，往往会陷入融资难的困境。Thorsten Beck（2013 年）通过对有关中小企业、金融改革深化和经济发展之间关系的文献梳理，发现金融改革深化可以减轻中小企业的融资限制，有利于优化金融资源配置，鼓励中小企业市场准入，促进中小企业成长，同时助推经济增长。蔡欣怡（Kellee S. Tsai，2016 年）指出尽管中小企业在数量上占有绝对优势，创造了就业机会，并对 GDP 做出了贡献，但传统商业银行仍然倾向于规模更大的借款主体，即使在高度自由化的金融体系中也是如此。Lu Liu 等（2017 年）指出集群中小企业融资模式，通过构建"直接模式"和"联合投资模式"来解决集群内中小企业融资难的问题，从而使中小企业集群的理论优势转化为现实优势，提高集群和中小企业的融资能力，促进企业转型升级。Waseem Ahmed Abbasi 等（2018 年）通过讨论中小企业所面临的融资困难和供应链经营的挑战，提出了一个新兴的供应链金融（SCF）概念，探讨它如何以更好的方式服务于中小企业，缓解和解决中小企业的融资困境。Nirosha Hewa Wellalage 等（2019 年）通过评估外部融资环境和创新的影响，研究了中亚和东欧中小企业外部融资环境与企业自身创新之间的关系，指出银行和小额信贷机构等正规金融机构需要扩大其服务中小企业的能力，特别是社区层面的"年轻"公司，以促进业务增长。将非正规金融机构的活动正规化，不仅会使中小企业更容易获得融资，而且会使银行面临更多竞争，这为创新型中小企业提供了低成本的融资机会。

二、国内研究成果综述

近些年来，我国广大学者和专家开始不断重视我国中小企业融资问题的研究。总体上看，大多数研究还处在初步阶段。鉴于我国中小企业融资困难的特殊性和重要性，国内学者和专家更多是从宏观的角度出发来研究和探讨该问题，主要是以中小企业自身特征、银行信贷配给问题以及中小企业在我国的特殊经济地位为背景，探讨如何进一步拓宽我国中小企业的融资渠道，提出缓解和解决中小企业融资问题的相关对策。同时，还有部分学者从中小企业的治理结构以及我国金融机构的产权改革等方面出发研究中小企业的融资问题。总体而言，对中小企业的融资问题进行系统性、多维度的研究还是比较缺乏的。我国学者对于中小企业融资问题的主要研究可概括为以下几个。

（一）基于信息不对称与中小企业融资难问题的研究

学术界普遍认为，银企之间的信息不对称是影响中小企业融资的一个重要原因。贺力平对银企间信息不对称的问题进行了深入分析。奚君羊也是较早提出银行与中小企业之间存在信息不对称现象的学者之一，他认为，中小企业与银行间存在的信息不对称问题导致了中小企业的融资处于弱势。樊纲也在其研究中进一步证实了导致中小企业融资难的一个重要原因是银企间的信息不对称问题。林毅夫则直接从信息不对称的角度出发，对中小企业的融资问题进行了深入探讨，同样也得出了信息不对称问题是造成中小企业与银行等金融机构之间融资不顺畅的主要原因的结论。吴敬琏、肖红新、徐秀红等人的研究发现，在担保机构与其客户之间同样存在着信息不对称的问题。刘宗歌和李小军（2012 年）认为中小企业内外部之间的信息不对称是造成融资难的最主要原因之一。正是由于这种信息的不对称，中小企业在融资方面将势必受到各种阻碍和限制，这是它们融资难的根源所在。对于出借资金的债权人和投资者来说，他们在出借资金时首先考虑的是资金的安全性，在选择给予中小企业贷款融资的过程中信息的不对称导致其对中小企业缺乏信任，从而缩减借款融资额度。彭兴庭（2006 年）认为，要弥补和解决中小企业与银行等金融机构之间的信息不对称，就必须要进行信息传递与信息甄别的相关制度设计和构建，这无疑是解决中小企业融资难的关键所在。基于信息传递与信息甄别这两条途径：首先，应该要充分发挥审计与信用评级机构的作用，借此不断完善中小企业的财务会计制度和健全中小企业的公司治理结构，同时要建立中小企业的信用评价体系，从而进一步改进和完善中小企业的信用形象，形成有借有还、再借不难的良性循环机制。其次，正是因为信贷管理制度的传统性阻碍了中小企业在银行的融资，这就必须在金融技术、金融工具上寻找相应的突破口，要进行产品创新、服务创新，设立中小企业融资信用担保中心，个人和企业委托贷款服务中小企业等等。在学术界的众多研究中，学者们一致认为，银行与企业之间的信息不对称是中小企业融资难的一个重要原因，是造成中小企业融资困境的一个不可忽略的绊脚石。此外，很多学者认为垄断且单一的金融体制使得我国中小企业的融资选择面较少，中小企业要想通过银行实现间接融资，必须要建立一个顺畅的信息交流机制，否则缺乏顺畅的信息传递势必会阻碍甚至堵塞中小企业融资渠道。

（二）基于我国的中小企业是否符合金融成长周期理论的相关研究

1999 年国际金融公司在我国北京、温州、成都、顺德等地区进行了一次市场调查，调查的对象为民营企业。调查结果显示，我国的民营企业不管处在哪个发展阶段，其融资都严重地依赖于内源融资。张捷（2013 年）指出，尽管我国的融资环境与融资体制存在着一定的差异，但是我国中小企业的发展变化趋势依然没有偏离整个金融发展周期的规律。王灵敏（2014 年）指出，我国中小企业在其不同的成长阶段和不同的资金供给者之间形成了与其信息透明度相吻合的关系或资金供给方式，且不同的资金供给方式相互之间还存在着相互替代和互补作用。池昭梅（2017 年）认为，我国绝大部分的中小企业正处于创立期与成长期，其融资结构的特点主要表现为：首先，中小企业在取得外部融资支持时，对债务融资存在着极大的偏好，尤其是对银行贷款融资；其次，中小企业的融资渠道较为单一，主要以自身积累等内部融资方式为主，这些资金绝大部分来源于业主投资或企业的留存收益，而通过外部融资筹措资金所占的比重很小。吴庆念（2012）认为，内源融资是中小企业生存和发展不可或缺的重要组成部分，是企业资金的重要来源，中小企业只有不断提高经营管理水平和盈利能力，优化自身内外部资源配置效率，积极创新，才能充分发挥内源融资的优势，为进一步开展外源融资提供保障。在"中小企业发展问题研究"联合课题组发布的《中小企业发展报告（2020—2021）》中显示：目前，在中小企业首选的筹资方式中，38.83%的筹资方式是通过银行融资来扩大再生产，48.41%的筹资方式是通过企业自身积累的资金（自有资金），仅仅只有2.58%的筹资方式是通过发行股票与债券，其他筹资方式不足11%。通过这组数据不难看出，我国的中小企业很少用银行贷款、发行股票或债券等外源性融资，而多把内源融资作为首选的融资方式。

（三）从商业银行角度出发解决中小企业融资问题的研究

林毅夫、李永军、张捷在各自研究中指出，如果过多的金融资产集中在大银行手中，那么对于中小企业的融资将会产生较大的不良影响，因此，我们应当组建更多的中小银行，并且要放宽对银行设立准入的限制。李志认为，由于中小银行在向中小企业融资方面具有优势，在一个多层次、分散化的金融结构中，如果在经济体中有更多的中小银行，中小企业将获得更多的信贷融资。林毅夫在《中小金融机构发展与中小企业融资》一文中指出，解决中小企业融资难问题的根本出路就是通过大力发展和完善中小金融机构，因为对于不同的金融机构而言，给不同规模的企业提供金融服务所产生的成本和效率是不同的，中小金融机构给予中小企业融资会产生更低的成本和更高的效率。李志赟将中小金融机构引入银行高度集中的垄断模型中，研究这些中小金融机构的加入对中小企业融资可得性的影响，得出的结论表明：中小金融机构的地域性较强，对当地中小企业的经营情况、经营环境以及经营者的能力等方面比较了解，并且经营方式较为灵活，这就使得它们贷款的交易成本较低，因此，发展地方性中小银行可以缓解中小企业融资难的问题。另外，中小金融机构的信息优势、数量和中小企业的融资总额之间存在着正向关系，因此，引入中小金融机构将使中小企业获得更多的信贷支持，进一步增加社会的总体福利；李扬和杨思群认为，在现实中，中小银行在向中小企业提供服务方面拥有信息与成本上的优势，因此，相对于大型金融机构来说，中小金融机构更愿意为中小企业融资贷款。梁立俊（2003年）"基于规模优势建立的模型研究还发现，大银行和小银行存在最优贷款数额的差异，其各自面对的是相对分割的供给市场，即大银行的优势在大额信贷市场，而小银行的优势则在小额信贷市场"。董彦岭（2003年）认为，从改革国有银行产权结构、公司治理与激励机制着手，并适当允许民营资本进入银行业来完善市场竞争结构是彻底解决中小企业融资问题的关键。王爱爱（2006年）提出了建立社区银行解决中小企业融资困境的思路，同时对社区银行的风险防范、定位等问题进行了理论设想与可行性研究。此外，高明华（2008年）认为，中小金融机构仍然是中小企业融资的最佳选择对象，并提出了通过立法限制中小金融机构的经营地域和发展规模及限制其为大企业融资等若干建议。姚耀军等人（2014年）基于中小企业样本公司数据，利用现金—现金流敏感性模型考察了金融发展水平和金融结构对中小企业融资约束的影响。研究发现，由中小银行发展所推动的银行业结构变化显著缓解了中小企业融资约束，而银行中介与金融市场的比例构成以及金融发展水平都未与中小企业融资约束形成稳健的联系。李广子等人（2016年）基于中国工业企业数据库数据，从企业微观层面考察了中小银行发展是否有助于改善中小企业借款融资状况，研究发现：中小银行发展能够显著缩小中小企业与大企业在借款融资上的差异，同时能够缓解紧缩货币政策对中小企业借款融资造成的负面冲击。沈炳熙、高圣智、杨柳、王永鸿、朱坤林等相关学者在对国外中小企业融资政策及环境进行调查研究后指出，在日本，为中小企业提供融资的有民间中小金融机构和政府金融机构两大类，这种专业和专门为中小企业服务的中小金融机构是支持中小企业生存和发展的主要力量，我国可以借鉴其经验来完善中小金融机构等服务体系，为中小企业融资另辟新路。

（四）关于进一步完善我国信用担保制度的研究

曹凤岐（2001年）和吴敬琏（2001年）对我国建立中小企业信用担保体系的必要性进行了论证。张胜利（2001年）将中小企业信用担保产品的性质定性为准公共产品，信用担保存在较大的正外部性，同时还指出了政府参与中小企业信用担保和作为信用担保供给方的必要性。徐凤霞（2003年）、杜金富、张新泽（2004年）、梁冰（2005年）等学者认为，在我国，信用担保行业起步较晚，担保机构实力较弱，相关法律、法规等配套措施和制度建设还不完善，抗风险能力不强等因素制约了其为中小企业提供融资支持的中介作用。汪玲

（2005 年）认为，应在借鉴国外经验的基础上，根据我国金融、财政和中小企业自身特点构建具有中国特色的中小企业信用担保体系。王真真（2006 年）提出了完善中小企业信用担保体系的必要性，并从完善法律法规，处理银企关系，加强监管力度等方面阐述了进一步完善中小企业信用担保体系的具体构想。胡海波（2007 年）在研究中发现，要促进中小企业信用担保机制的建立，需要从几个方面共同努力推进：要将政策性担保业务和非政策性担保业务进行分类，充分发挥市场监管的作用，建立担保行业协会，促进行业自律完善市场监管机制等。温松茂（2008 年）指出，要完善信用担保机制，对政策性担保机构的代偿损失以政府为主给予补偿，应当设立"中小企业担保代偿损失专项资金"，按担保额的一定比例确定补偿额，同时列入政府预算，在不超过这个比例的前提下，出现损失时首先要用风险准备金补偿，不足部分再由政府财政资金补偿，实行有限补偿，而不是损失多少补充多少。根据目前的情况来看，补偿比例在会计年末担保余额的 3%～10% 内确定为宜，原则上不高于担保增收的收入，不应低于担保机构的净损失。耿建芳等人（2009 年）从产业组织的角度出发提出了不同区域中小企业信用担保体系制度差异的分析框架，按照比较制度分析方法，讨论了地方政府在推动各自区域中小企业信用担保体系创新上发挥的作用，揭示了垂直金融体系、中央政府以及地方政府推动区域内中小企业信用担保体系演进的三个内在机制。白锐锋（2010 年）认为，我国中小企业信用担保在制度建设方面存在许多缺陷，如担保行业立法滞后，行业监管缺位，尚未建立起有效的资金融通和风险补偿机制等，并提出通过建立和完善担保机构的资金补偿与风险控制机制，建立再担保体系等措施缓解中小企业信用担保供给不足的矛盾。郭盛锋（2011 年）通过分析我国中小企业信用担保体系存在的现实问题，并借鉴部分亚洲国家在构建中小企业信用担保体系方面的先进经验，提出了相关政策建议。夏泰凤等人（2011 年）运用银企信贷动态博弈模型理论分析认为，降低银企交易成本和实施有效的动产质押是解决中小企业融资难的有效路径，作为一种全新的金融服务创新模式，供应链金融在解决中小企业融资难问题方面具有重要作用。

（五）基于中小企业信用评级构建的研究

所谓信用评级，又称信誉评估或"资信评级"，是一项金融信息服务。在西方，信用评级主要是从经济、政治、法律以及其他各个角度对某一特定的有价证券进行测定，判断其可能出现的风险，并以专门的符号，来标示债券本利按期支付或股票收益的可靠程度。近些年来我国有些地方把这一业务服务运用于金融业或工商业，对其负债偿还能力、资信状况等进行评估，并用一定的符号标注其信用的可靠程度。我国目前的信用评级业务既包括某些企业的信誉评估，也包括一些服务于金融市场的有价证券的信用评级。张捷（2003 年）建立了多元回归模型来评估中小企业的信用状况，郭伊阳等（2003 年）运用特征分析的技术来评估中小企业的信用状况，赵家敏和黄英婷（2006 年）用层次分析法对中小企业进行信用评级。向世勇（2006 年）认为，企业信用是企业未来的资产，引入第三方来进行信用评级，评出等级将得到社会大部分企业、单位、机构认可。根据评出的等级，银行可以发放信用贷款或是进行银企合作。第三方中介机构评出的企业信用级别越高，企业在银行获取贷款的机会就越大，同时，信用等级也与贷款规模大小直接挂钩。也就是说，企业信用成为其无形资产，信用就是资产。张浩（2008 年）结合供应链金融的特点，构建信用评级指标体系，并通过层次分析法确定各指标的权重，最终构造出一个基于供应链金融的中小企业信用评级模型。黄志凌（2009 年）认为，在当前宏观经济形势下，中小企业信用评级体系的推出具有重要的现实意义，它不仅仅是银行对中小企业风险管理模式的一次重要变革，也将有助于银行等金融机构充分发挥对中小企业发展的信贷支持优势，进一步提升中小企业信贷业务的风险管理水平，持续推进金融机构中小企业信贷业务又好又快发展。刘计策（2011 年）认为，中小企业信用评级面临主管部门不明确、企业认识不到位、市场需求不足、制度性安排缺乏、评级权威性有待提高等问题，提出要建立健全法规和制度，加强信贷政策引导，加大政策扶持力度，全面提升外部信用评级的公信力，分层次推进企业信用评级市场建设，促进中小企业信用评级市场的发展。美国创业学学会轮值主席罗博特·D. 希斯瑞克教授在考察了中国的沿海与西部地区之后，认为撮合和信用这两项是"创业天使"机制缺一不可的基本条件，所以只有建立行之有效的信用机制，并营造良好的信用环境，才能让"天使投资人"放心地进行投资。

（六）基于通过资本市场来解决中小企业融资难的研究

刘曼红（2003 年）认为，要解决中小企业融资难的问题就要通过构建多层次的资本市场，这是完善中小企业内在机制的必然选择。王国刚（2004 年）认为，可以通过建立多层次资本市场体系来有效解决资金相对紧缺和相对过剩并存的"死结"。杨华（2004 年）提出要发展多市场主体，主办场外交易市场和中国特色的代办股份转让市场——三板市场。姜大明（2008 年）指出，境内企业要想进一步进入资本市场应当配置大批有上市前景的股份公司，只有这样，才能为成功上市提供条件，并最终帮助优质企业进行上市融资。同时境内企业应当充分利用境内外资本市场，吸收境内外资金，进而改善上市公司的产权制度和内部管理结构。要充分运用各种不同的融资渠道，如通过私募股权来获取融资等来解决融资难的问题。内蒙古证监局原负责人方良平（2009 年）认为，应当积极鼓励和支持优质上市公司通过增发、发行各类债券等方式扩大再融资规模。积极支持上市公司发行与重点项目、基础设施、民生工程、生态环境建设等相关的各类债券，优化投融资结构。刘纪鹏（2009 年）认为，创业板开通的重要作用就是为创业搭台，为民间资金唱戏搭建一个共享的平台，以此缓解我国中小企业的融资困境。马宏（2009 年）提出，中小企业可以通过发展企业集团、实施企业间战略联盟及企业集群等方式构建内部资本市场来解决其融资问题。赵国忻（2010 年）提出，要加快非公开资本市场的建设和发展，因为在我国当前的环境下建立多层次的非公开资本市场符合中小企业资金需求的特性，公开资本市场对中小企业的融资存在较大的门槛限制。周德文（2012 年）认为，解决中小企业融资难问题要加大资本市场资金的自由流通，全面依靠市场并摆脱行政干预决定资本价格，促进中小企业从资本市场直接融资，同时加快金融对内开放的步伐，允许民间资本直接进入金融领域，允许并保护合法的民间借贷、民间融资，促进民间借款的合法化、规范化、阳光化。闻岳春等人（2010 年）通过分析和比较境内外适合科技创新型中小企业融资的不同资本市场及上市方式，探讨处于初创期和成长期的科技创新型中小企业资本市场的融资策略，分析认为：科技创新型企业应综合考虑自身发展战略、融资需求、融资成本、再融资难易等各方面因素，选择最适合的市场和上市方式以促进自身快速成长和持续发展。梁榜等人（2018 年）基于现金—现金流敏感性模型和中国中小企业板上市公司数据，从数字普惠金融和互联网金融发展的角度出发，考察了中国普惠金融创新对中小企业融资约束的影响，结果表明：中小企业表现出明显的现金—现金流敏感性，即中小企业面临显著的融资约束，数字普惠金融和互联网金融的发展显著缓解了中小企业的融资约束，数字普惠金融的覆盖广度、使用深度和数字支持服务程度均对中小企业融资约束具有缓解作用。相较于国有中小企业，普惠金融创新对民营中小企业融资约束的缓解作用更为明显。毛德凤等人（2020 年）基于 2005—2012 年中国工业企业微观数据，利用内外资企业所得税税率统一的政策冲击，采用双重差分方法（DID）考察所得税减税对企业融资约束的影响发现，税率降低有效缓解了内资企业的融资约束程度，并且企业初始税负越高，减税效应越明显，减税效应在非国有企业中高度显著。

综合国内外的研究成果来看，大部分的研究侧重于中小企业融资问题的某一个具体方面，例如信用担保对信贷市场的影响以及作用，银行规模大小对中小企业融资的影响，中小企业关系型贷款以及构建多层次的资本市场对中小企业融资的影响等等，而系统性、综合性、多视角、多维度地去研究和分析中小企业的融资问题的相关成果较少。同时，从研究所采用的方法来看，较多的研究侧重于规范研究的方法，通过理论推导结论，而较少采用实证研究的方法，主要原因在于在分析中小企业融资困难的诸多因素中相关指标的设立标准存在较大的差异，具有难度。在我国，关于中小企业融资问题的研究，不论是在理论研究上还是在实证研究上，都处在刚刚兴起阶段，所做的研究也是大部分集中于对中小企业的表面分析，通过小样本中小企业分析融资现状，缺乏普遍性。同时，在实践中也是简单地借鉴西方发达国家的融资模式或者理论指导，没有从我国中小企业的实际情况出发。因此，本书希望通过对已有文献的系统性归纳和梳理，基于实证研究的范式，从我国中小企业发展的内外部环境出发，在借鉴发达国家解决中小企业融资困难相关经验的同时，充分结合我国中小企业的实际情况以及我国的特殊国情背景，通过经济学以及金融学的相关理论应用，对我国中小企业的融资困境进行全面深入剖析，提出制度创新的相关路径选择，进而提供解决中小企业融资困境的一些可行性建议和对策支持。

第三节 本书的研究思路、研究内容和研究方法

一、研究思路

为了探索和研究解决中国中小企业融资难、融资贵的问题，本书采用描述性比较分析、系统分析、定量与定性分析、实证分析等多种方法从中小企业融资过程中所遇到的困难、形成的具体原因以及相对应的解决方法与对策三大方面分别展开论述。具体的研究目标为：通过前期系统性、全面性的理论梳理，辅以调查研究过程中的实证分析，从中小企业自身、金融机构、政府部门等方面深入分析中小企业融资难的问题成因，提出符合我国国情的有助于解决中小企业融资难的相关建议，建议涵盖了中小企业自身管理创新、金融机构制度改革创新以及政府相关部门制度和配套措施创新三个方面：一是持续提升中小企业的内部管理，加强公司治理，不断增强中小企业自身的营运能力；二是持续深化金融供给侧结构性改革，落实金融体制改革，不断完善商业银行特别是中小商业银行的信贷管理制度，构建多层次资本市场，为广大中小企业的持续、健康发展营造良好的资本、金融市场；三是持续改善政府政策支持体系，完善中小企业信贷担保制度，提高非正规金融机构的支持力度以及法律保护力度等。

本书依据提出问题、分析问题、解决问题的逻辑主线开展研究，具体的研究框架和研究思路详见图绪－1：

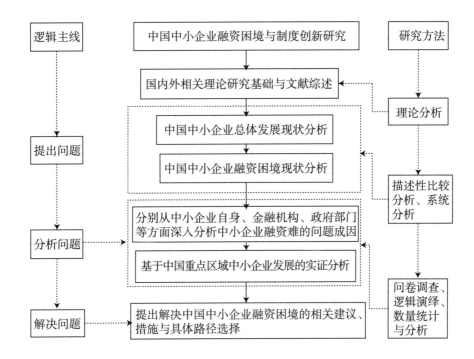

图绪 -1　本书研究总体框架

　　首先，通过现有文献和相关数据的查询、整理、分析并总结，提出我国中小企业存在融资难的问题以及解决这个问题的必要性和急迫性。

　　其次，重点分析我国中小企业的融资现状，并对我国当前中小企业融资难的问题进行深入阐述、递进分析。本书通过问卷调查研究的方式，以我国具有代表性的典型区域中小企业为调查对象深入研究其发展的真实现状，系统地梳理当前我国中小企业存在融资难问题的种种成因。

　　最后，基于问卷实证数据分析得到的结果，借鉴发达国家解决中小企业融资难问题的成功经验，提出符合我国特殊国情的具有可操作性的解决中小企业融资难问题的最优路径选择。

　　本书拟解决的关键问题是如何解决我国中小企业发展过程中长期存在的融资难问题。本书拟对中小企业融资问题进行实证分析，主要以我国浙江温州地区和福建泉州、宁德地区的中小企业为研究样本，并通过分析国内外有关该领域的研究成果和主要发达国家中小企业融资的成功经验，提出构建有中国特色的多层次中小企业融资体系，为解决长期困扰我国中小企业发展的融资问题提供指导和借鉴。

二、研究内容和研究方法

本书分为以下七个部分进行研究论述：

绪论：主要介绍选题的背景和意义，以及开展本书研究的逻辑主线、总体框架和研究方法。

第一章：相关理论的回顾与评述，以马克思主义的融资理论和信用制度理论、西方经济学的企业融资理论为基础，为本书研究工作的开展提供理论基础和依据。

第二章：介绍我国中小企业的发展历程及融资现状。

第三章：分析我国中小企业融资难问题的具体成因。

第四章：介绍主要发达国家中小企业融资的成功经验，并总结其对解决我国中小企业融资难问题的有益启示。

第五章：探讨我国中小企业融资的制度创新路径选择，提出具体的对策和建议。

第六章：基于系统分析和详细阐述，总结并归纳了中小企业融资困难的几个重要原因，并对其提出了相应的对策建议。

本书综合运用经济学、金融学、财政学、管理学等相关理论来分析我国中小企业融资现状以及融资困境的产生。主要采用了以下五种研究方法：

（一）唯物辩证的研究方法

该方法的运用在书中主要体现在利用整体和部分的辩证关系来分析问题。整体分析方法是对问题进行总体评价并分析，而部分分析方法则是对问题的部分或某一个体对象进行局部分析。纵观全局的整体分析与个性凸显的局部分析相结合可以对事物的外在和内在进行全面剖析，整体分析站在整体的、系统的高度对问题进行综合阐述，而局部分析则是将要研究的问题一步步、分层次进行剥离，细分成若干部分，对问题内部的深层次问题进行研究、解析。若将整体分析与局部分析独立拆解，那么拆解分开之后其各自只能研究问题的一部分，只有将两种方法结合起来，才能够对事物的本质进行较为完整的描述。本书在分析我国中小企业融资现状和融资困境成因时，采用了整体分析与局部分析相结合的研究方法：整体上对我国中小企业普遍存在的融资问题进行分析，局部上选取了具有典型代表的浙江温州地区、福建泉州以及宁德地区中小企业作为案例，对中小企业内部存在的问题进行了阐述。

（二）规范分析与实证分析相结合的研究方法

规范分析与实证分析的侧重点有所不同，这两种方法是经济学问题研究和分析中经常使用的分析方法。规范分析通常用于研究和判断经济行为利弊的标准，并用这些标准去衡量和评价经济行为，该方法主要涉及已有的事物现象，对事物运行状态做出是非曲直的主观价值判断，力求回答"事物的本质应该是什么"；而实证分析则可以对经济变量之间的相互关系、经济运行的相关状况以及内在所固有的规律进行客观分析。在经济学众多的研究方法中，实证分析是基本的分析方法之一，它可以更深入地研究经济运行的内在规律。但由于实证分析无法完全回避价值判断，它只会对客观事物、事实作客观性描述，而不对行为结果做出某种标准的价值判断。特别是在研究浙江温州地区和福建泉州地区、宁德地区中小企业融资现状的过程中存在一定的缺陷。而规范分析法作为经济学研究过程中的另一种方法，弥补了本书在实证分析过程中的缺陷。所以本书在分析我国中小企业融资模式这个问题的过程中，大量应用了两者相结合的方法。

（三）定量分析与定性分析相结合的研究方法

定量分析是对社会现象的数量特征、数量关系以及数量变化进行分析的方法，主要以客观存在的、独立于研究者之外的某种事物作为研究对象。而定性分析则是通过逻辑推理、哲学思辨、历史求证等思维方式，着重从质的方面分析和研究客观事物的属性，其研究对象则与研究者之间存在着十分密切的关系，研究对象被研究者赋予了主观色彩，成为研究过程的有机组成部分。定量研究者的目的是发现人类行为的一般规律，并且对各种不同环境中的事物做出一些普遍性的解释；定性分析（又叫判断分析法）则截然不同，它是一种直观性的预测方法，主要依靠人的主观判断来确定事物的未来状况和发展趋势，该方法试图对特定事物或情况作特别的解释。简言之，定量分析试图拓展广度，而定性分析则致力发掘深度。经验表明在经济研究中定量分析与定性分析相结合的研究分析法是经济问题研究的发展要求与趋势。某种经济问题的一般性结论都需要用大量的数据论证来说明，在假定统计资料与数据基本正确的前提下，本书进行了一定数量的定量分析，从定量研究分析过程中得出了许多有益的结论。

（四）纵向比较分析与横向比较分析相结合的研究方法

纵向比较分析又称垂直分析法或动态分析法，是对同一事物在不同时间里的发展变化进行的比较，其主要特点是以时间为坐标，通过测量与比较研究对象在先后不同时间段中的变化，发现问题并找到解决问题的方法。该方法主要运用发展变化的观点分析客观事物和社会现象。任何事物都是发展变化的，只有将发展前后的不同阶段加以联系和比较，才能分清楚其实质，找到事物发展的趋势，总结事物运动的规律。横向比较分析也称横断面分析或截面分析，它是对同一时期数据资料进行横剖研究，探讨社会经济现象和自然状况在特定时期相关程度、关系与变化的方法，它通常借助于各种系统、博弈和数学手段以抽象的方式探讨对象目标变化的趋势与规律。运用横向比较分析的方法可以分析自身与同类事物的异同点，如书中充分运用了横向比较分析的方法客观地比较了我国当前中小企业的融资方式与国外发达国家的中小企业的融资现状，找出其中存在的差距，从而得到一些启发和借鉴。本书运用纵向比较分析的方法对我国不同时期的中小企业的发展状况进行梳理，得出现阶段我国中小企业融资存在的问题以及要解决问题的方法。

（五）文献研究和数理统计相结合的研究方法

文献研究法是根据一定的研究目的或课题，通过大量的调查文献来获得资料，从而全面地、正确地了解掌握所要研究问题的一种方法。通过大量的文献梳理能了解有关问题的历史和现状，进而获得研究所需要的支撑资料；同时，帮助确定研究方向，通过文献的浏览和阅读能循序渐进地形成关于研究对象的一般印象，有助于了解事物的全貌。在本书选题确定之后，笔者做了大量的国内外文献研究，文献的时间跨度从 20 世纪 50 年代一直延续到 2020 年，对该领域的国内外研究进行了较为系统的、完整的梳理。由于时间跨度太长，在对文献整理、提炼的过程中以及在后续的实证研究中分别结合了数理统计的方法。该方法重在揭示总体现象的数量规律性，通过对总体中部分个体的数量特征的研究以达到对总体相应数量特征的认识，主要依赖于小样本特征值统计分布的数学原理来推断总体的相应特征值。该方法是对一组数据的各种特征进行分析，以便于描述测量样本的特征及样本所代表的总体特征。数理统计方法的运用让本次研究更富有层次性和递进性，让各自的研究模块更加清晰可见，让实证研究过程更加严谨、可靠，研究结果更加科学、可信。

第四节　主要创新点与有待进一步研究的问题

本书的主要创新点在于：

第一，提出解决中小企业融资难问题要进一步深化金融供给侧结构性改革，并给出了深化金融体制改革，深化金融创新的着重点。一方面，通过对金融制度变迁因素对中小企业融资的影响进行分析，阐明现阶段只有通过创新驱动，强制执行相关的金融制度，改革变迁，为中小企业提供有效的金融扶持或供给，才能解决中小企业融资困难的问题；另一方面，不同的商业银行有其不同的风险偏好和信贷安排，而这种风险偏好和信贷安排又由于制度性约束过严，使很多中小企业难以达到信贷准入门槛，这就导致了中小企业贷款"可获得性"难以实现。因此，只有对当前的金融制度特别是中小商业银行的信贷融资制度进行深化改革，同时持续完善多层次资本市场，全面拓宽中小企业的融资渠道，才能为真正解决中小企业融资难问题提供帮助。

第二，采用了实证研究的方法分析中小企业融资困境的影响因素。通过对福建宁德、泉州以及浙江温州地区的调查研究，分析了当前中小企业的融资现状以及问题存在的原因。

第三，应用系统分析的方法，对中小企业的融资体系进行分析，并针对中小企业的融资需求和现状，分析现阶段中小企业融资体系（供给方）建设的主要不足之处，提出完善融资体系的优先顺序。

尽管本书意在为解决中小企业融资难问题提出相关对策与建议，但是在研究过程中也存在一些不足，有待于在进一步的研究中加以完善并解决：

第一，本书在研究当中重点探讨我国中小企业在现实中存在的融资困难，对于中小企业融资的理论挖掘还要进一步深入。

第二，本研究在问卷的设计上还有待于改进。该问卷主要是结合浙江温州地区和福建宁德地区、泉州地区的中小企业实际情况设置的问卷，其有效性和可靠性在一定程度上有待验证。

第三，在研究设计上，本书采用的实证研究方法主要是基于调查问卷收集的相关数据，通过对数据的分析得出解决问题的办法，不可避免地存在一定的主观性，要从根本上解决中小企业融资困境的问题，还需要做更多、更深层次的研究。

第一章　中小企业融资问题的相关理论基础

第一节　中小企业融资相关概念界定

一、中小企业的界定

一般情况下，根据规模可以将企业分为大型、中型、小型甚至微型企业。而其中的中小企业一直以来都是一个相对模糊的变量，鉴于中小企业在各国经济发展中的重要地位，科学、合理地界定中小企业的范畴非常重要且意义深远。

（一）国外对中小企业范畴的界定

国外关于中小企业范畴的界定并没有完全统一的标准，常见的主要有以下几种界定方式：

美国只是笼统地将企业分为大企业和小企业，并没有关于中型和微型企业的分类。1953 年美国颁布了《小企业法》，首次以联邦政府法律的形式界定了小企业范畴，同时成立了小企业管理局，该法案对中小企业的范畴界定采取了定性准则即小企业是在所经营的行业和领域中不是主导地位和支配地位的企业，是自主经营和独立所有的企业。然而，该定性标准由于在实际操作过程中随意性过大而备受争议，随后小企业管理局采用了定量指标加以代替，即企业资产总额在 1000 万美元以下的均可认定为小企业，可享受政府的政策扶持与融资优惠。随着美国小企业的蓬勃发展，中小企业管理局增设了企业雇员人数作为划分小企业的指标，替代了原有的资产总额指标，即雇员人数在 500 人以下或销售额在 500 万美元以下的企业均可认定为小企业。在 1975 年美国小企业局的一份研究报告中进一步指出了有关小企业的另外一个显著特征：小企业是指不能从大企业所拥有的规模优势中得到好处的企业。20 世纪 80 年代，美国经济发展委员会将小企业界定为其至少必须符合以下四个特征中的两个：（1）是能够独立经营管理的企业；（2）主要是在当地经营某些业务；（3）是由独立个人或少数个人团体提供资本并具有所有权的企业；（4）企业规模在本行业中是相对较小的。此后，在 2001 年 1 月 14 日美国小企业管理局对中小企业的界定专门进行了声明，声明中表示：美国小企业管理局根据《小企业法》的授权，定义并且界定了小企业的相关标准，其他任何部门必须使用这个定义或者界定标准，除非这个部门享有确定企业标准的特权。近年来，美国小企业管理局对小企业的标准进行最新的划分，美国小企业共分 20 大类行业，涉及项目千余项。每个行业以其具体特性，或是采用年均雇员数，或是采用企业前三年平均销售额，作为划分小企业的标准，具体划分标准为：一般行业，企业的资本金在 500 万美元以下或者所雇佣人数在 500 人以下的划为小企业；农、林、渔行业的年销售额在 500 万美元以下的为小企业；特殊行业，如航空货运、石油化工、海洋货运等行业，资本金不超过 2750 万美元的或者雇员人数不超过 1500 人的为小企业。由此可见，美国小企业归属的行业划分非常细致，具体行业的小企业划分标准唯一，呈现定量和定性指标相结合的特征。

日本在发展实践中对中小企业的界定不断加以修订并完善。1940 年，日本以职工人数小于 100 人作为划分中小企业的标准。1946 年，日本政府为了挽救濒临破产的经济，为了进一步扩大中小企业的扶持范围，相应地将职工人数标准上限提高到 200 人。1950 年，开始采用职工人数和资本金作为划分标准，进一步将职工人数上限提高到 300 人。1963 年，日本颁布《中小企业基本法》，首次以立法形式界定了中小企业的划定标准。基本法明确了：其一，行业划分采取四分法，有利于政府根据经济建设的需要有针对性地扶持特定行业发展；其二，采用职工人数和资本金复合指标，有利于增加政府实施扶持政策的活动空间；其三，不同行业划分标准的指标上限不宽不窄，比较符合当时日本国内经济发展的实际情况。因此，我们可以看出，日本对于中小企业的划分主要是根据企业的发展规模（人员规模和基金规模），归类为：属于某个大企业集团系列的系列企业或下请企业模式（"下请"是日文，分销商的意思，即分销商企业模式）、中间企业模式以及微型企业或称之为小规模企业这三种模式。1999

年日本颁布和实施了《新中小企业基本法》，其中对 1963 年制定、1973 年修改的《中小企业基本法》有关中小企业的定义做了修改。日本银行在实施的一项调查研究中使用了规模类型的分类方法对大企业、中小企业、小规模企业和中间企业进行了区分。对中小企业定义的确定是为了更科学合理地管理中小企业，明确中小企业政策的实施对象。政府在给予中小企业各类扶持及优惠政策时要求企业要符合从业人员和资本金这两项规定，以便于政府可以更好地支持中小企业的发展壮大。自 2010 年日本颁布《中小企业宪章》以来，虽然近些年划分中小企业的标准没有变化，但是一直将中小企业作为国民经济发展的巨大牵引力和社会发展的重要主角。由此可见，日本对中小企业划定标准的五次修订过程中，每次都是为了服从国民经济发展的需要，尽可能地提高划定标准上限，从而避免因中小企业划分标准界定过窄而引致政府扶持中小企业发展政策实施的僵化，其出台中小企业划分标准的真正目的在于对中小企业的精准施政。

德国是当今世界上主要经济强国之一，被誉为欧洲经济的"火车头"，然而在德国经济发展过程中创造经济奇迹的并不是那些大公司，而是充满活力的中小企业。其经济所依托的大部分技术革新和发明创造都出自中小企业。简言之，中小企业是德国经济发展的核心动力。在加入欧盟之前，位于德国波恩的中小企业研究所专门从事中小企业发展需求、发展现状、社会地位及政策扶持效应等方面的研究工作。该研究所所做出的关于中小企业范畴的界定是被普遍接受和认可的，它通过持续收集和不断深入分析中小企业在成长过程中的各项指标数据，对中小企业的具体范畴加以定量赋值，根据数量上的具体标准来划定中小企业的范畴归属，主要是依据企业营业额、企业规模和雇员数量等指标特征来界定、划分中小企业范畴，具体情况如下：营业额少于 1 亿马克，雇员总数少于 500 人的企业划归为中小企业。伴随着经济的持续增长，行业细分也在不断深化，由于不同领域、不同行业的中小企业具有不同的资本密集度和市场规模以及不同的生产方式和制作工艺等特点，为了更加科学、准确地统计和计量中小企业在经济发展过程中所占最主要经济总量的比例值或关键数时，波恩中小企业研究所又在原有中小企业一般定义的基础上补充了一个与中小企业相对应的经济领域或行业相关的定义，在这个定义的基础上，中小企业研究所又对大、中、小型企业进行了详细区分，使中小企业划分类别更加细化、更加科学，政府扶持有的放矢，德国的中小企业逐渐形成了自主经营、业精于专、用户至上、关怀员工的鲜明特质。2002 年 9 月，中小企业研究所对中小企业定义的量化指标进行了调整，在新调整的定义中并没有将雇员人数纳入划分的标准。加入欧盟之后，由于欧元的引入及官方统计转用欧元数值，中小企业研究所逐渐遵循了欧盟对于中小企业范畴的界定，替代了原有上述经济领域区分的定义。根据欧盟新的标准，微型企业雇员人数在 9 人以下，年营业额在 200 万欧元以下；小型企业为 10~49 人，年营业额在 200~1000 万欧元；中型企业为 50~249 人，年营业额在 1000~5000 万欧元。基于当前"工业 4.0"及"互联网+"的新时代背景，德国一些传统产业已不适应时代发展的需求，产业结构亟待转型升级，部分中小企业面临着行业转型的诸多困境，有的甚至已经到了破产倒闭的边缘。尽管中小企业经营灵活，富有创新意识，但由于资金、技术、管理等问题，难以与大企业竞争，发展受到一定程度的限制。另外，德国中小企业多为家族企业，部分企业还面临着后继无人的窘境等。基于上述困境，德国政府采取了积极措施，如设立专门的管理机构，制定和出台相关扶持政策资助中小企业发展；给予财政援助和贴息贷款；视企业经营状况适当减免税收；免费帮助企业培训员工等一系列措施。我国中小企业应学习和借鉴德国中小企业"贵精不贵大"的发展理念，弘扬和传承精益求精的"工匠精神"，为推动我国经济的高质量发展做出更大贡献。

（二）中国对中小企业范畴的界定

我国对中小企业范畴的界定是随着经济的不断发展和时代的变迁而持续更替和完善的，每一个不同的经济发展时期都有其各自不同的侧重点，如表 1-1 所示。

表 1-1　我国在不同经济时期对中小企业的划分标准

时　间	划分标准	相关法规
20 世纪 50 年代	企业职工人数	—
1962—1978 年	固定资产价值数量	—
1978—1988 年	年综合生产能力	《关于基本建设项目和大中型划分标准的规定》

续　表

时　　间	划分标准	相关法规
1988—1999 年	企业规模	新发布《大中小型工业企业划分标准》
1999—2003 年	销售收入和资产总额	再次修订《大中小型工业企业划分标准》
2003—2011 年	综合划分（企业职工人数、销售额、资产总额等）	《中小企业标准暂行规定》
2011—2021 年	从业人员、营业收入或资产总额双指标并集划型（只要有一项满足即可）	《中小企业划型标准规定》（工信部联企业〔2011〕300号）
2021 年至今	引入微型企业概念，同时对 9 个重点行业企业进行标准细分，具体划分标准为：根据企业从业人员、营业收入、资产总额等指标并结合行业特点制定	2021 年修订《中小企业划型标准规定》（由工业和信息化部、国家统计局会同有关部门负责解释，同时废止 2003 年颁布的《中小企业标准暂行规定》）

（资料来源：以上表格根据相关资料数据整理编制而成）

表 1-1 显示，从 20 世纪 50 年代开始到 2021 年，我国对企业划分的标准在不断更新、变化。从最初的仅根据企业职工人数到后来的综合划分再到微型企业概念的引入和标准细分，涉及包括职工人数、营业销售额、资产总额等诸多指标。企业划分标准的不断精进和细化表明，随着我国经济的不断发展，企业成长的速度较快，同时也说明了我国企业在发展过程中呈现了多样性与复杂性，这与我国经济发展的大环境相吻合，从最初的集体经济、计划经济到现在的市场经济、开放经济和共享经济，整个经济发展的宏观环境发生了翻天覆地的变化。因此，对中小企业的划分标准也应与时俱进，应充分结合经济的实际发展情况做出科学合理的划分与归类。同时，这也为学术界研究中小企业的各类问题做足了铺垫。

2021 年 8 月由工业和信息化部、国家统计局会同有关部门根据《国民经济行业分类》修订情况和企业发展变化情况并依据《中华人民共和国中小企业促进法》和《国务院关于进一步促进中小企业发展的若干意见》对 2011 年的《中小企业划型标准规定》进行了修订。此番修订一则坚持问题导向原则，针对原有划型标准在执行过程中存在的问题提出解决的方法和相关路径；二则注重现实发展需求和历史衔接，既要保证整个国民经济发展的需求又要适合中小企业发展的实际需求，持续保持政策的稳定性与连续性；三则重视与国际一般标准的可比性；四则遵循简单易行的原则，便于操作。分别从双指标并集转交集的调整，定量指标的阈值，定性指标的增设，有关中小企业规模、类型、自主申明及认定内容的增加等七大方面对原有的划型标准进行了全面修订，出台了全新的 2021 年版《中小企业划型标准规定》，将中小企业的划分标准进行了规定，如表 1 – 2 所示。

表 1 – 2 我国中小企业划型标准规定

行业分类	营业收入（万元）			从业人员（人）			总资产额（万元）		
	中型企业	小型企业	微型企业	中型企业	小型企业	微型企业	中型企业	小型企业	微型企业
农、林、牧、渔业	≥500	≥50	<50	*	*	*	*	*	*
工业	≥2000	≥300	<300	≥300	≥20	<20	*	*	*
建筑业	≥6000	≥300	<300	*	*	*	≥5000	≥300	<300
批发业	≥5000	≥1000	<1000	≥20	≥5	<5	*	*	*
零售业	≥500	≥100	<100	≥50	≥10	<10	*	*	*
交通运输业	≥3000	≥200	<200	≥300	≥20	<20	*	*	*
仓储业	≥1000	≥100	<100	≥100	≥20	<20	*	*	*
邮政业	≥2000	≥100	<100	≥300	≥20	<20	*	*	*
住宿业	≥2000	≥100	<100	≥100	≥10	<10	*	*	*
餐饮业	≥2000	≥100	<100	≥100	≥10	<10	*	*	*
信息传输业	≥1000	≥100	<100	≥100	≥10	<10	*	*	*
软件和信息技术服务业	≥1000	≥50	<50	≥100	≥10	<10	*	*	*

续　表

行业分类	营业收入（万元）			从业人员（人）			总资产额（万元）		
	中型企业	小型企业	微型企业	中型企业	小型企业	微型企业	中型企业	小型企业	微型企业
房地产开发经营	≥1000	≥100	<100	*	*	*	≥5000	≥2000	<2000
物业管理	≥1000	≥500	<500	≥300	≥100	<100	*	*	*
租赁和商务服务业	*	*	*	≥100	≥10	<10	≥8000	≥100	<100
其他未列明行业	*	*	*	≥100	≥10	<10	*	*	*

［资料来源：以上表格根据工信部《中小企业划型标准规定》（2021 年）公布的相关数据整理编制而成］

由于我国特殊的国情，经济发展在不断探索中前行，市场经济在不断发展中健全，建立在行业细分基础上的中小企业划分标准将更加清晰正确地反映经济发展需求和企业发展现状。通过对行业的细分，根据不同的划分标准来区分大企业和中小企业，可以为该领域相关学者的研究提供基础支持，特别是对进一步明确研究对象提供有力支撑。国家统计局数据显示，基于职工人数，或基于营业销售额，或基于资产总额的划分标准，我国的中小企业在推动国民经济和促进社会发展过程中起到了不可或缺的重要作用，其吸纳了占工业企业 3/4 的劳动力，解决了大约 75% 的城镇劳动力的就业问题，可谓是国民经济发展的中坚力量。

另外，中国香港地区对于中小企业的划分则相对较为简单，主要划分为制造业与服务业两大类别，同时以公司的雇员人数为标准，即制造业员工不超过100 人，服务业则不超过 50 人[1]；中国台湾地区近年来放宽了中小企业的认定标准，除建筑业、制造业、矿业及土石采取业外，其他业别并没有一一列明，服务业人数门槛由现行的未满 50 人，放宽至未满 100 人，这项调整让近 6000多家服务业企业符合中小企业的门槛[2]。

---

[1] 刘小兵. 香港如何扶持中小企业［N］. 人民日报，2017 – 12 – 03.
[2] 何孟奎，林茂仁. 台湾中小企业发展之路［N］.（台）经济日报，2019 – 07 – 08.

二、融资的概念与方式

（一）融资的概念

一般情况下，融资是指企业双方相互融通资金的信用活动，具体表现为资金的需求方与资金的供给方通过协议进行货币资金的转移，其主要形式有货币资金的借贷、有价证券的买卖、预付定金的支付以及商品赊销活动等等。通过对已有文献理论的系统性梳理，我们不难看出，关于融资的概念大多可从狭义和广义两个方面来界定。狭义上的融资是一个企业的资金筹集行为与过程，具体是指公司或企业根据自身的生产经营状况、自有资金现状以及公司未来的发展战略需要，通过一系列科学的预测方法和决策，遵循一定的原则，采取一定的方式，通过一定的渠道向公司的投资者和债权人筹集资金，组织资金的供应，进而保证公司的正常生产需要和经营管理活动的行为。通常情况下，企业筹集资金无非有三大目的：企业要扩大生产实现经营扩张，或者企业要清偿到期债务，或者基于混合动机（即经营扩张与债务清偿混合在一起的动机）。《新帕尔格雷夫经济学大辞典》对融资（Financing）的解释是，所谓融资是一种货币交易手段，是为取得资产而集资所采取的货币手段或者为支付超过现金的购货款而采取的货币交易手段。广义的融资也叫金融，就是货币资金的融通，是指资金在持有者之间的流动，是当事人通过各种方式到金融市场上筹措或贷放资金的行为，既包括资金的融入也包含资金的融出，或者说是资金的来源以及资金的运用，这是一种通过余额补充缺口的经济行为，是一种资金双向互动的过程。企业的可持续发展永远离不开金融的有效扶持，从当前经济发展的现状来看，企业特别是中小企业要比以往任何时候更加深刻、更加全面地了解金融知识，了解金融机构，了解金融市场，了解金融政策，拓宽融资渠道，为企业自身的可持续、高质量发展提供原动力。

（二）融资的方式

对于一个企业的生存和发展来说，资金起着至关重要的作用，没有资金的有效、有序流动，企业则无法正常运行，融资是大多数企业在发展过程中获取资金的重要方式。同时，企业的融资方式也是多种多样的，基于不同的划分依据可以将企业的融资方式划分为多种不同类型，如表1-3所示。

表1-3 企业融资方式的分类

划分依据	类 型	定 义
储蓄与投资的联系方式	内源融资	企业创办过程中原始资本积累及其运行过程中剩余收益的资本化,从财务角度就是自有资本及其权益,由股本、折旧基金以及股本权益的资本化部分构成
	外源融资	企业以支付一定的利息为代价而对外举借的债务,它包括发行企业债券和银行贷款
是否有中介	直接融资	企业发行融资工具(股票、债券)直接向储蓄者筹集资本,其特点是直接性、长期性和不可逆转性
	间接融资	企业通过金融中介机构聚集社会分散资金来筹集资金,其特点是间接性、短期性和不可逆性
期限长短	长期融资	筹集资金的使用期限超过一年或可以永久使用的资金,包括权益融资、银行长期贷款、长期债券等
	短期融资	筹集资金的使用期限在一年以内,如银行短期贷款、短期债券、商业信用和其他负债等
权益	股权融资	股权融资是指企业融入资金后,无须归还,可长期拥有,自主调配使用,如发行股票筹集资金
	债权融资	企业融入资金是按约定代价和用途取得的,必须按期偿还,如企业通过银行贷款所取得的资金

(资料来源:以上表格根据相关资料编制而成)

美国经济学家约翰·格利和爱德华·肖将融资方式分为外源融资和内源融资,这是基于储蓄与投资之间的联系方式进行区分的。外源融资是指企业采用一定的方式向除自身企业之外的其他经济主体筹集资金的融资方式。外源融资的方式多种多样,主要有:银行贷款、企业发行债券或股票、企业之间的商业信用、融资租赁等等。外源融资也是吸收其他经济主体的储蓄转化为自己投资的过程。随着科学技术的持续提升和企业生产规模的不断扩大,外源融资已逐渐成为企业获得资金的重要方式,单纯的内源融资已无法满足企业的资金需求。此外,内源融资和外源融资也是从融资的不同途径来做出的具体分类。内源融资理论是从资本结构理论"MM 理论"发展而来的。1958 年莫迪利安尼和米勒的经典论文《资本成本、公司财务和投资理论》面世，该篇论文中，作者提出了资本结构理论，也就是著名的"MM 理论"。资本结构理论指出在没有税收，不考虑交易成本以及在个人和企业贷款利率相同的情况下，企业的价值与企业的资本结构没有关系。随后，众多学者对"MM 理论"进行了修正，分别产生了权衡理论和优序融资理论，其中优序融资理论的最大特点就是提出了信息非对称的思想，而最先对融资顺序进行研究的学者是唐纳森（1961 年）。他认为，企业并不是根据特定的资本结构进行融资的，而是有一种特定的偏好顺序选择不同的融资方式进行融资，首先是内源融资的方式，其次才是债务融资的方式，最后会选择通过发行股票的融资方式实现资金融通。

内源融资和外源融资是当前我国企业融资的主要方式，本书从融资性质、融资地位、融资期限和控制权及剩余索取权这四大维度出发，对这两种截然不同的融资方式进行了全面梳理和对比。通过表 1-4 可以看出，内源融资和外源融资在其各自的融资方式上差别较大，对于中小企业来说，不同的企业其具体情况也不尽相同，那么对于融资方式的选择应当切实结合自身的实际情况，并从业务发展的需要出发来拟定要采取的具体融资方式。任何事物都具有两面性，在梳理、对比的过程中，中小企业可以更加充分并清晰地理解内源融资与外源融资的各自优势与劣势，取长补短，亦可扬长避短，选择适合企业自身发展的融资方式。本书将融资方式进行分类对比就是为了在之后论述中小企业选择融资方式时提供相应的依据。在各种不同的融资方式分类当中，为了更好地理解融资方式的异同和优缺点，本书将其分别进行了归纳汇总并形成对比，如表1-4所示。

表 1-4　内源融资与外源融资的特点和差异

	内源融资	外源融资
融资性质与能力	内生性，它是企业所有者的自有资本，由企业产权所有者自身资本能力所决定	外生性，它是由企业产权所有者以外的储蓄者供给的资金，从而不受企业所有者自身资本能力的限制

续　表

	内源融资	外源融资
融资地位	企业建立和发展的基础，它构成企业初始的产权，决定着一个企业外源融资的数量和极限	企业经营和发展的重要杠杆，它形成债权、债务关系
融资期限	无限期	有期限
控制权和剩余索取权	具有企业控制权和最后剩余索取权，但其所得剩余是不固定的，只有当债权人获得支付以后才享有	一般不具有企业控制权，只有在企业破产时才行使企业控制权，它比企业所有者享有优先剩余索取权，但支付数目是固定的

（资料来源：以上表格根据相关资料编制而成）

根据融资的方式是否通过中介的作用，可以将融资分为直接融资和间接融资。所谓的中介机构就是金融中介机构，如银行、证券服务机构以及其他信用机构等。简言之，直接融资就是投资人直接向融资人提供资金，而间接融资则是投资人将资金以债权债务的方式给到中介机构，随后中介机构再按一定的要求和条件来给融资人提供资金支持。本书也将直接融资和间接融资进行了对比分析，如表1-5所示。

表1-5　直接融资与间接融资的特点和差异

	直接融资	间接融资
产权关系	股票融资体现的是所有权与控制权的关系。投资者以其财产所有权进入企业，享有企业剩余索取权和最终控制权，是企业的股东。融资者接受投资者的委托经营其资产，与投资者之间是一种委托—代理关系	债权债务关系。贷款者将存款者的资产借出，他本身并不是企业资产的最终所有者，融资者借入的也不是资产的所有权，而是一种资金使用权或债务。银行在间接融资中充当信用中介，是债权债务的集合，它拥有对企业的相机控制权，即只有在企业不能按合同约履约付款时，对企业的控制权才转移到作为债权人的银行手中

续　表

	直接融资	间接融资
资金约束主体	主要是居民个人，还包括金融机构和资金盈余的企业等	银行，企业要对银行承担还本付息的责任
融资成本	较高（一般除了要支付高于银行利率的证券利率和股息红利外，还要负担评审费、印刷费等其他费用）	较低

（资料来源：以上表格根据相关资料编制而成）

　　直接融资和间接融资在产权关系上表现出来的差异是最根本的差异，直接融资的一般形式是股票融资，发行公司股票进行上市交易或者非上市交易，投资者是公司的股东，是所有权的关系，享有企业剩余索取权和最终控制权，投资者有权参加公司的重大事务决策。在市场经济条件下，企业作为资金的使用者不通过银行而从货币所有者手中直接融资，是降低企业融资成本的有效方法，由于我国的资本市场起步较晚，市场体制不健全，因此，直接融资的比例较低，同时也说明了我国资本市场在直接融资方面具有巨大的发展潜力。改革开放以来，我国的国民收入分配逐渐向居民个人倾斜，个人收入比重大幅度提升，金融资产结构也发生了重大变化。基于个人持有金融资产的增加，居民投资意识的增强以及对资本保值、增值要求的增大，人们开始把目光投向债券、股票、基金等资本市场，这为我国资本市场直接融资的发展创造了良好的条件。此外，由于直接融资，特别是股票融资无须还本付息，较大的风险必然要求较高的收益，这就要求企业必须要有良好的经营业绩和发展前景，对中小企业的发展提出了更高要求。

　　在资金来源方面，直接融资的资金约束主体主要是居民和个人，也包括一些金融机构和资金盈余的企业，而间接融资的资金约束主体通常是银行，企业与银行之间的关系是债务债权的关系，投资者是公司的债权所有人。在发展中国家，由于银行与政府关系密切，银行在一定程度上已经成为"准政府部门"。因此，间接融资容易受到政府部门的干涉，导致银行信贷约束软化。当前，在我国的间接融资方式中，随着近几年来大量的企业重组与并购，企业可以利用杠杆收购融资。所谓杠杆收购融资，是基于企业兼并活动的背景，指某一企业拟收购其他企业，进行结构调整和资产重组时，以被收购企业资产和将来的收益能力做抵押，从银行筹集部分资金用于收购行为的一种财务管理活动。在一般情况下，借入资金占收购资金总额的70%～80%，其余部分为自有资金，通过财务杠杆效应便可成功收购企业或其部分股权。在当前市场经济条件下，企业日益朝着集约化、大型化的方向发展，生产的规模化已成为企业在激烈竞争中立于不败之地的重要条件之一。对企业而言，采用杠杆收购这种先进的融资策略，不仅能迅速筹措到资金，而且收购一家企业要比新建一家企业来得快，且效率高。

此外，按照融资期限长短的归类，可以将融资方式分为长期融资和短期融资。短期融资是指筹集企业生产经营过程中短期内所需要的资金，短期融资的使用期限一般规定在1年以内，它主要用以满足企业流动资金周转中对资金的需求，主要的方式有：商业信贷、短期借款、商业票据、典当抵押等；长期融资则主要用于解决筹资者的扩展资本需要，筹资者主要用它来满足企业经营管理的需要，通常情况下是一种期限超过一年的融资形式，如表1-6所示。当然，对于时间的界定并没有统一的标准，对于不同的企业来说，可以根据自身的发展状况以及内部核算办法，设定并搭配不同的融资期限。

表1-6　长期融资与短期融资的特点和差异

	长期融资	短期融资
灵活性不同	灵活性较弱，发行或办理手续相对复杂，周期明显拉长	灵活性较强，发行或办理手续相对比较简单，周期明显缩短
用途不同	主要用于解决筹资者扩展资本的相关需要，投资者主要用它来满足企业经营管理的需要	主要用于解决筹资者的短期资金使用和周转的需要，筹资者主要用它来满足资产流动性管理的需要
期限不同	融资期限较长，超过1年	融资期限较短，一般情况下不超过1年

（资料来源：以上表格根据相关资料编制而成）

综上所述，在各种不同的融资方式分类中，不同的融资方式都有其各自的特点和优点，对于中小企业自身而言，应当根据自身发展和经营管理的需要，合理选择不同的融资方式，以达到成本最小、效益最大原则。

第二节　马克思主义的融资理论和信用制度理论

在《资本论》中，马克思对资本主义社会资本积累的过程进行了深入分析，以资本主义生产过程为基础，以剩余价值生产为主线，研究了资本主义经济的发展和演变过程。马克思的资本积累理论主要揭示了在资本主义市场经济条件下社会化生产过程中资本累积的整个过程。显然，在社会化大生产条件下，不管是单个企业还是整个社会都要扩大再生产，都必须要有资金作为动力、作为支持，企业扩大再生产规模的速度越快，所需要的资金投入也就越多。在企业发展过程中，不但要购买物质生产资料，同时还要购买其他生产要素，如劳动力等。只有通过源源不断地投入资金，企业才能不断发展壮大。对于每个企业来说，自身的资本积累至关重要，这是企业持续经营和发展的原动力。只有资本积累到一定程度，企业拥有了充足的生产营运资金，才能在激烈的市场竞争中处于优势地位。如果能将资本积累的基本原理运用于社会主义市场经济发展的实践过程，这将有助于指导民营中小企业的持续成长及发展壮大。简而言之，资本积累的基本理论是最基本也是最深刻的指导企业融资的理论依据。

马克思主义政治经济学中的另外一个重要理论就是信用理论。马克思在《资本论》第三卷中说道："信用，在它的最简单的表现上，是一种适当的或不适当的信任，它使一个人把一定的资本额，以货币形式或以估计为一定货币价值的商品形式，委托给另一个人，这个资本额到期后一定要偿还。"[①] 在《资本论》中，马克思用19世纪英国的关于信用制度的历史记述来探讨信用问题，并在此基础上形成了完整而又丰富的信用理论。马克思关于信用理论的论述在对西方资本主义社会的发展实践指导中提供了颇具意义的借鉴作用。

通过对马克思关于融资理论的论述回顾，将企业融资行为的本质进行梳理，

---

① 中共中央马克思恩格斯列宁斯大林著作编译局. 资本论：第三卷［M］. 北京：人民出版社，2004：452.

为本书进一步分析和研究中小企业融资的相关问题提供理论支撑。

一、马克思关于企业融资和信用制度的一般理论

（一）马克思的企业融资理论

马克思在《资本论》第一卷的第七篇《资本的积累过程》中用了五章篇幅论述了资本积累的相关理论。关于资本积累的内容，一直以来都被认为是马克思主义政治经济学中最具鲜明阶级特色的经典理论。资本的积累过程揭示了资本主义社会资本积累的根本原因、一般规律以及历史发展趋势，得出了"资产阶级必然灭亡，无产阶级必然胜利"的两个"必然"。马克思主义的资本积累理论是基于市场经济的大环境进行的相关研究，从经济学的角度来看，资本积累理论在一定程度上揭示了市场经济资本运作的内在规律。

1. 基于资本有机构成的理论

为了深入研究资本积累对资本主义发展的影响，马克思创造性地提出了资本有机构成的范畴，由于资本的技术构成和资本的价值构成之间存在着密切关系，其中，资本的技术构成决定了资本的价值构成，并通过价值构成表现出来，为了进一步明晰地表现它们之间的相互作用关系，马克思把这种由资本技术构成决定并能反映技术构成变化的资本价值构成称为资本的有机构成。因此，资本的有机构成可以从物质技术和价值形式两个维度进行考察，表1-7列明了资本技术构成、价值构成和有机构成的特点及其差异。从物质技术层面来看，每个资本都可分为生产资料和劳动力，也就是资本由一定数量的生产资料和劳动力构成，这种资本构成是由所使用的生产资料量和为使用这些生产资料而必需耗费的劳动量之间的比率来决定的，且两者间的比例由生产技术水平决定。这种由生产技术水平决定的生产资料和劳动力之间的量的比例具有技术性，所以称之为资本的技术构成。然而，这种比例在一定时间内是一定的，但又不是一成不变的，会随着生产技术水平和劳动生产率的提高而不断变化。另外，从价值形式上看，资本由一定数量的不变资本和可变资本构成，不变资本和可变资本之间的比例就是资本的价值构成。资本的技术构成和价值构成之间存在着内在的有机联系，一般情况下，资本技术构成的变化会引起价值构成的变化，而资本价值构成的变化又大体上反映了技术构成的变化。马克思把这种由资本技

术构成决定并且反映资本技术构成变化的资本价值构成叫作资本的有机构成，其中，资本技术构成提高的结果是：总资本中的不变资本的增长速度相对加快，使资本价值构成提高并促使资本有机构成的提高。个别企业资本有机构成的不断提高会引起部门乃至整个社会资本有机构成的持续提高，简言之，资本技术构成的高低决定了资本有机构成的高低。所以，在一个国家的不同发展阶段、不同生产部门、不同企业，或者不同的国家，由于生产技术水平和与之相联系的资本技术构成不同，资本有机构成的高低也各不相同。但是，通常所考察的资本有机构成，一般都是指一个生产部门的资本平均有机构成，或是指一个国家社会资本的平均有机构成。把一个生产部门中各个企业的资本有机构成加以平均，就是该生产部门总资本的平均有机构成；把一个国家中各个生产部门的资本有机构成加以平均，就是该国家的社会资本的平均有机构成。

表1-7　资本技术构成、价值构成和有机构成的特点和差异

	资本技术构成	资本价值构成	资本有机构成
对资本考察的角度不同	从物质形态方面来考察	从价值形态方面来考察	从资本技术构成和价值构成之间的关系来考察
对资本考察的内容不同	反映技术水平的生产资料和劳动力之间的比例	不变资本和可变资本之间的比例	由资本技术构成决定而又反映技术构成变化的资本价值构成

（资料来源：以上表格根据相关资料编制而成）

　　一个国家或一个生产部门的资本有机构成不可能长期不变，而是呈现不断提高的趋势。因为资本家为了追逐尽可能多的剩余价值，并在激烈的竞争中保存自己，击败对手，总是竭力改进生产技术，应用新的生产设备，提高劳动生产率。而劳动生产率的提高就意味着每个工人在一定时间内所使用的生产资料数量相应增多，意味着资本技术构成的提高。而资本技术构成的提高又反映在资本价值构成上，使不变资本部分所占比重相对增多，可变资本部分所占比重则相对减少，进而导致了社会或部门的资本平均有机构成逐步提高。同时，资

本积累、资本积聚和资本集中的不断推进，为采用先进技术、使用新型生产设备创造了条件，这样又对资本有机构成的提高起到了促进作用。所以，资本平均有机构成的逐步提高，既是资本家在竞争中追逐更多利润的结果，又是资本家进行资本积累的必然，同时也是资本家进行扩大再生产的前提。

资本有机构成的逐步提高，并不排斥随着总资本的增长可变资本绝对量继续有所增加的趋势，但是在总资本中，可变资本所占的比重却会相对呈现逐步减少的趋势。资本积累最初只表现为量的扩大，后来通过资本有机构成提高产生了质的变化。因此，在资本有机构成提高的条件下，随着资本总额的不断增长，全部资本中不变资本所占的部分会逐步递增，可变资本所占的部分呈逐步递减趋势，随着科技进步，不断运用创新技术，工人的单位产出也在持续提高，所以，资本对劳动力的需求也呈相对减少趋势，必然会引起另外一方面的影响，即劳动力的供给迅速增加，不可避免地造成大批工人失业，这就形成了资本主义制度所特有的相对人口过剩，从而加深了无产阶级贫困化，加深了整个资本主义社会的矛盾。

2. 基于资本积累的源泉

马克思指出："要积累，就必须把一部分剩余产品转化为资本。但是，如果不是出现了奇迹，能够转化为资本的，只是在劳动过程中可使用的物品，即生产资料，以及工人用以维持自身的物品，即生活资料。所以，一部分年剩余劳动必须用来制造追加的生产资料和生活资料，它们要超过补偿预付资本所需的数量。总之，剩余价值之所以能够转化为资本，只是因为剩余产品已经包含了新资本的物质组成部分。"[①] 由此可见，资本积累实质上就是把剩余价值转化为资本，将剩余价值的作用淋漓尽致地显现出来，即当作资本投入扩大再生产来使用。所以，资本累积是剩余价值转化为资本，即剩余价值的资本化。资本所有者把从劳动者那里赚来的利润的一部分用于个人消费，另一部分转化为资本，用于购买扩大生产规模所需追加的资本要素和劳动要素。因此，剩余价值是资本累积的源泉，资本累积则是企业扩大再生产的前提条件，剩余价值转化越多，资本积累就越充分。从企业的生产过程来看，资本累积是企业扩大再生产的源

① 中共中央马克思恩格斯列宁斯大林著作编译局. 资本论：第一卷 [M]. 北京：人民出版社，2004：670.

泉，而利润则是资本累积的源泉。资本累积的规模与企业利润的量成正比，企业获得的利润越多，其资本累积的规模就越增大；而资本累积的规模越大，企业可以获得的利润也就越多。在社会化大生产情况下资本累积的实质就是企业将所获得的利润的一部分再转化为资本，进行扩大规模再生产，以此增强市场竞争力，利用资本的有效积累做强、做大、做优自身企业。

3. 基于资本积累的根本原因

马克思认为，资本主义生产的根本目的在于获取最大化的剩余价值。资本家源源不断地将剩余价值转化为资本用来扩大生产经营规模，正是因为对剩余价值的狂热追求。同时，在追逐剩余价值的过程中必然形成资本家之间的竞争。显而易见，在竞争的过程中，只有那些具有先进生产技术和经营方式的高效率的生产经营者才能处于优势或有利地位，要想具有先进的生产技术和经营方式又必须提高单个资本的规模和实力。马克思指出：“竞争迫使资本家不断扩大自己的资本来维持自己的资本，而他扩大资本只能靠累进的积累。”[①] “这种积累随着执行资本职能的财富数量的增多而扩大这种财富在单个资本家手中的积聚，从而扩大大规模生产和特殊的资本主义生产方法的基础。”[②] 资本家追求无限剩余价值的主观意识是通过资本的自行扩张过程表现出来的，那么资本家就成为资本积累的人格化主体，资本家无限度地追求剩余价值成为资本积累的原始动力。资本积累是生产发展的必然趋势，其主要表现为：第一，追逐利润是市场经济条件下每个企业生产的直接动机和目的。利润最大化是企业经济的基本规律。这一规律决定了企业为了追求更多的利润，必然要进行资本积累，这是资本积累的内在动力。第二，资本积累也是由市场竞争机制决定的，优胜劣汰是市场竞争机制的直接体现。企业要想在激烈的竞争中取胜，就得追加投资，进而扩大生产规模。竞争迫使每个企业都要想方设法进行资本积累，这是资本积累的外在压力。

---

① 中共中央马克思恩格斯列宁斯大林著作编译局. 资本论：第一卷 [M]. 北京：人民出版社，2004：683.

② 中共中央马克思恩格斯列宁斯大林著作编译局. 资本论：第一卷 [M]. 北京：人民出版社，2004：720.

4. 基于影响资本积累的相关因素

资本积累的源泉是剩余价值，然而，资本积累的速度和规模也要受到一些因素的制约。资本积累的数量取决于剩余价值的绝对量，所以，凡影响和决定剩余价值量的因素都会影响资本积累的规模和速度，剩余价值的绝对量越大则能转化为资本的绝对值就越大。由此可见，影响剩余价值获取的因素都是影响资本积累的因素，马克思主义政治经济学理论中对于资本积累的影响因素有深刻而完整的论述。第一，基于利润率与剩余价值率的影响。在其他因素不变的条件下，利润率越高，资本积累量越多，同量可变资本获得的剩余价值越多，用于资本积累的数量也就越多。因此，通过提高劳动强度，延长劳动时间，压低雇员工资等办法都可以促进资本积累。第二，基于预付资本量大小的影响。在其他因素不变的条件下，预付资本量越大，资本积累量越多，由此我们不难看出剩余价值量的大小取决于雇员的具体人数，在不变资本和可变资本比例保持不变的前提下，预付资本量越大，则其中的可变资本也就越大，取得的剩余价值也就越多，资本积累的规模也就越大。第三，基于社会劳动生产率水平的影响。当社会劳动生产率提高时，商品的价值就会降低，从几个方面影响资本积累的规模：一则由于生活资料价值降低，劳动力价值下降进而缩短必要劳动时间，取得相对剩余价值；二则由于劳动力和生产资料价值下降，同量资本可以购买更多的生产要素，可以扩大生产规模，取得更多的剩余价值；三则资本所有者在不减少甚至增加个人消费的情况下，减少自己的消费基金，增加积累基金；四则由于效率更高和价格更便宜的新的生产资料代替旧的生产资料，获取更多的超额剩余价值和相对剩余价值，其中最重要的是科技在生产中的运用，可以带来劳动生产率的提高和生产成本的下降，有助于提高利润率，进而增加资本积累量，而且生产要素效率的提高使得产品价格下降，一定的资本积累量可以购买更多的产品及要素，使资本积累的实际效果提高。第四，基于所用资本和所费资本的差额。这一差额会随着资本总量的增大而增大。所用资本指在生产中发挥作用的全部劳动资料价值，而所耗费资本则是每次生产过程中耗费并转移到新产品中的劳动资料的价值。由于厂房、机器等劳动资料的价值要参加多次生产过程，其价值是分步并部分转移到新产品中去，这样所用资本与所耗资本之间便形成一个差额，而价值已经部分转移了的劳动资料（如机器设备等）仍然可以完整地发挥作用。因此，资本家可以把每年转移的劳动资料价值作为折旧基金提取出来，把它转作资本积累。第五，基于积累率的影响。在利润总量一定的情况下，积累率越高则资本积累量就越大。

5. 基于资本积累与资本集中的比较

马克思曾说："积累和伴随积累的积聚不仅分散在许多点上，而且执行职能的资本的增长还同新资本的形成和旧资本的分裂交错在一起。因此，积累一方面表现为生产资料和对劳动的支配权的不断增长的积聚，另一方面，表现为许多单个资本的互相排斥。"① 资本集中是指把原来分散的、众多的中小资本合并成为少数大资本，是已经形成的各个资本的合并，它是通过大资本吞并小资本，或若干小资本联合成少数大资本而实现的个别资本迅速增大。资本积聚是单个资本依靠剩余价值的资本化来增大自己的资本总额。它既可以采取大资本兼并中小资本的形式，也可以采取组织股份公司的形式。资本所有者把从劳动者那里赚来的利润的一部分满足个人消费；另一部分转化为资本，用于购买扩大生产规模所需追加的资本要素和劳动要素，满足企业扩大再生产的需求。资本集中则更多是借助信用和竞争这两个强有力的杠杆来实现的，在资本主义竞争过程中，大企业实力雄厚，处于优势，能吞并中小企业形成更大的资本。信用与竞争，一方面支持大资本打垮、吞并中小资本，另一方面又促使中小资本联合起来组成规模宏大的股份公司，资本集中是资本主义发展的必然结果。由此可见，资本积聚和资本集中既有联系也有一定的差别。首先，资本积聚和资本集中都能使单个资本的规模增大，并且二者有相互促进的作用；其次，资本积聚使单个资本增大，增强了资本的竞争力，有利于它在竞争中加快资本积累；最后，资本积累又使单个资本具有更大的增殖能力。

6. 基于资本积累与资本积聚的比较

资本集中促进资本积累并推动资本积聚。资本积聚是指单个资本依靠剩余价值的资本化来增大自己的资本总额。首先，在其他条件不变的情况下，社会生产资料在个别资本家手中积聚并增长，它们受社会总财富增长程度的制约，若社会生产资料不多，各个企业资本积聚就会受到阻碍。也就是说，资本积聚

---

① 中共中央马克思恩格斯列宁斯大林著作编译局. 资本论：第一卷［M］. 北京：人民出版社，2004：721.

的规模受资本积累基金的限制，资本积累会引起资本积聚，这是资本积聚的前提和基础，同时资本积聚引起的资本规模的扩大可以增强资本积累的能力。由于社会资本分布在许多不同的生产部门，资本积聚还受到新资本的形成和旧资本分裂的限制，这是因为单个资本分散在许多资本家手中，它们是彼此相对独立而又互相竞争的力量，如果社会上的分散点越多，那么个别资本积聚的速度就越慢。其次，资本积累和资本积聚也存在一定的差异，主要表现在：资本积聚以剩余价值的积累为前提条件，而资本积累则不以剩余价值的积累为前提条件，资本积聚的实现受到社会所能提供的实际生产要素增长的制约，资本积累则较少受到社会实际生产要素增长的限制。再者，资本积累只能改变资本的结构和质量，而资本积聚则增大了社会总资本，且资本积聚扩大资本规模的速度比资本积累更快。如表1-8所示，本章再次对资本积累、资本集中和资本积聚的各自特点和差异进行了全面梳理和比较，采取列表的形式进行展示，更加直观，更加清晰，其各自的特点也更加凸显，内在联系和彼此差异也更加明显。

表1-8　资本积累、资本集中和资本积聚的特点和差异

	资本积累	资本集中	资本积聚
含义不同	资本家用无偿占用的剩余价值去扩大生产，以占有更多的剩余价值，它可以产生新的社会价值	把社会上的闲散资金合并成少数大资本，不会产生新的价值	单个资本依靠剩余价值的资本化来增加资本总额
方式不同	资本积累是剩余价值转化为资本，即剩余价值的资本化。资本所有者把从劳动者那里赚来的利润的一部分用于个人消费，另一部分转化为资本，用于购买扩大生产规模所需追加的资本要素和劳动要素	资本集中是已经形成的各个资本的合并，它是通过大资本吞并小资本，或若干小资本联合成少数大资本而实现的个别资本迅速增大	资本积聚是资本家通过资本积累来增大自己资本量的过程。资本积聚是单个资本依靠剩余价值的资本化来增大自己的资本总额

续　表

	资本积累	资本集中	资本积聚
表现不同	资本积累是企业扩大再生产的源泉，资本积累的规模与企业利润的量成正比，企业获得的利润越多，资本积累的规模就越大；而资本积累的规模越大，企业可以获得的利润也就越多	资本集中是社会资本存量的调整与重组	资本积聚表现为资本"增量"，由于资本积聚使个别资本总额增大，从而增加了全社会资本的总量

（资料来源：以上表格根据相关资料编制而成）

7. 基于资本积累的使用效益

资本主义生产的根本目的在于获取剩余价值，资本家的唯一目的就是追求利润最大化。显而易见，资本家进行资本积累就是为了扩大自己的单个资本量，从而扩大生产规模，获得更大的剩余价值量。生产规模的不断扩大不仅仅与货币资本的投入有关，还受其他诸多因素的影响。在货币资本量投入一定的情况下，首先是剥削程度会影响生产规模的扩大。在不增加工资的情况下，资本家通过延长劳动时间或者是提高劳动强度来加大对劳动力的剥削，那么在这种情况下，通过提高剥削程度进而提高资本投入的使用效益。其次是基于对自然生产物质的利用程度。马克思指出："撇开自然物质不说，各种不费分文的自然力，也可以作为要素，以或大或小的效能并入生产过程。"[①] 在没有引入劳动过程前，充分利用未经人类劳动的天然的自然生产物质，相当于不需要增加资本支出而提高了资本的使用效益。再次是基于固定资本的使用率。固定资本的使用效率越高，同样的资本投入带来的剩余价值量就越多。延长固定资本的使用时间、使用寿命或者使用强度，也即是提高固定资本的利用率，这将在不会增加资本投入量的前提下提高了已投入资本的使用效益。最后是基于劳动力本身。

---

① 中共中央马克思恩格斯列宁斯大林著作编译局．资本论：第二卷［M］．北京：人民出版社，2004：394.

劳动力质量的提升可以大大提高劳动力的产出效果，从而在相同的工资水平下，也即是相同的资本投入下带来更高的剩余价值量。因此，提高劳动力水平是提高资本使用效益的途径之一。

（二）马克思的信用理论

马克思的信用理论是马克思主义政治经济学的一个重要组成部分。马克思认为，信用是一种借和贷的运动，是一种以偿还为条件的借贷行为，这种运动一般是以偿还为条件的付出，是货币或商品有条件让渡的独特形式的运动。同时，马克思还认为信用是一种经济关系，反映了人与人之间的关系，经济主体间的信用及信用关系以经济利益关系为基础，同时也是经济利益关系的具体体现。信用是促使资本集中进而形成垄断的重要因素，是股份制产生的主要基础。随着信用事业的不断扩大，信用使单个资本家能够在一定的前提条件下使用别人的资本或别人的资产来扩大自己企业的规模与生产，进而促进经济发展。同时，信用也是推动利润平均化发展的主要路径，产业部门或职能资本在一定程度上都能得到大致相等的利润，信用的发展助推了资本集中，为资本的自由流转创造了条件，加快了部门间的竞争，促使平均利润的形成。

资本主义的信用制度建立在资本积聚的基础上，是一种较高级的流通制度，包括了商业信用和银行信用。其中，商业信用是信用制度的基础，商业信用制度下每个企业不需要为自身企业留存货币储备，可以把所有的货币都用于生产，而依靠信用来进行资金的流通。商业信用提升了流通速度的同时减少了流通费用，节约了货币，提高了资本的生产效率，从而生产了更多的剩余价值；银行信用则是企业之间借贷资本的中介方，提供自身信用来清偿贷入和贷出的差额，从而促使很多商品交易不需要直接通过货币就能顺利实现。

1. 基于信用理论的出发点

马克思在《资本论》中分析商品交换时指出："商品不能自己到市场去，不能自己去交换。因此，我们必须找寻它的监护人，商品占有者。商品是物，所以不能反抗人。为了使这些物作为商品彼此发生关系，商品监护人必须作为有自己的意志体现在这些物中的人彼此发生关系，因此，一方只有符合另一方的意志，就是说每一方只有通过双方共同一致的意志行为，才能让渡自己的商品，占有别人的商品。可见，它们必须彼此承认对方是私有者。这种具有契约形式的（不管这种契约是不是用法律固定下来的）法律关系，是一种反映着经济关系的意志关系。"① 从这段话的描述中可以看出商品交换的实质，那就是商品所有者之间的利益交换。商品所有者之间通过交换获得自己的利益，也就是说交换是获得利益的具体形式和手段。同时，商品交换的前提必须是平等的，只有交换双方都能够从交换的物品中获得自身所需要的利益时，那么交换的过程才能持续下去，否则交换的任何一方都会因为自身利益无法满足而终止交换。人们从事交换活动并结成一种生产关系，本质在于实现自己的意志和获取经济自身的经济利益②。在信用理论中，马克思明确提出了信用是货币或商品有条件让渡的独特形式的运动。"有条件"就是指交换双方必须以公平为基础，以满足各自利益需求为条件进行的经济活动，资金的提供者或富余者为了获得资金收益，将暂时可以退出流通领域（即闲置资金）的使用权有偿让渡给资金的需求者，满足资金供给双方的各自利益，所以信用交易双方各取所需是马克思信用理论的出发点。

2. 基于信用的演变形式

马克思认为，信用制度在商业信用的基础上衍生出银行信用，进而产生了虚拟资本。首先，基于马克思主义的相关理论，所谓的商业信用，是指从事再生产的资本家之间互相提供的信用，它在资本主义市场经济环境下，以商品交换为前提，以产业资本循环为条件。在商品交换过程中，如果全部商品都要以现款销售，这就必然会使资本主义再生产过程的连续性遭到破坏。因此，借助商业信用能加快商品销售，从而有助于整个资本主义再生产过程连续不断、顺畅地进行。它的产生有效地促进了资本主义商品流通，推动了资本主义经济的发展。但是，由于商业信用的债权人和债务人都是职能资本家，只限于职能资本家之间，只有把资本投入生产或流通并掌握着商品资本的职能资本家，才能够提供商业信用，只能以商品资本的形式进行，在产业周期的各阶段上，商业信用的动态伸缩只和产业资本发展动态相一致，其流通范围与方式有限。因此，

---

① 中共中央马克思恩格斯列宁斯大林著作编译局. 资本论：第一卷［M］. 北京：人民出版社，2004：103.

② 赵艳. 马克思信用理论对我国社会信用体系建设的启示［J］. 当代经济研究，2008（1）：86.

随着资本主义商品经济的不断发展，银行信用应运而生。资本主义银行信用是资本主义信用的主要形式，是在资本主义商业信用的基础上通过银行这一特殊的中介发生的借贷关系信用。它直接表示借贷资本家和职能资本家之间的信用关系。它是资本主义商品生产和商品流通高度发达的产物。

资本主义银行信用是指银行资本家通过吸收再生产过程中暂时闲置的资本和社会各阶层的货币收入，再将其放贷给需要补充资本的职能资本家，从中获取利息收入。银行信用是在商业信用的基础上发展起来的，是有别于商业信用的其他信用形式。首先，银行信用以货币资本作为借贷手段，它不受商品流转方向的限制，活动的范围较为广泛；其次，银行信用集中了大量的货币资本，不仅借款规模较大，借贷的数量也更多；最后，银行信用的借贷期限是可以延长的，而商业信用一般情况下受到借款期限的严格限制。总之，银行信用克服了商业信用在货币资本的借贷数量、经营范围以及借贷期限等方面的局限性，更好地适应了资本主义市场经济的发展，促进了资本主义经济的发展。马克思认为，资本主义信用制度是资本主义社会商品经济高度发达的产物，是资本主义商品货币资本运动的实现形式，它对资本主义经济发展起到了巨大的推动作用。在社会主义市场经济环境下同样也有银行信用，但与资本主义银行信用的职能却有天壤之别，详见表1-9。

表1-9　社会主义银行信用与资本主义银行信用的差异

差　异	社会主义银行信用	资本主义银行信用
存在的经济基础不同	社会主义银行信用在生产资料公有制的基础上以有计划的商品经济为前提	资本主义银行信用以资本主义私有制以及在此基础上进行的资本主义商品生产为前提
反映的生产关系不同	社会主义银行信用反映国家、集体、个人三者之间团结互助、互相支持的社会主义生产关系	资本主义银行信用反映货币资本家和职能资本家共同瓜分剩余价值、剥削无产阶级的关系

续　表

差　异	社会主义银行信用	资本主义银行信用
运动的轨道不同	社会主义银行信用是高度集中的，通过制订综合信贷计划，使存款、放款活动有计划地开展，成为整个国民经济计划活动的组成部分	资本主义银行信用分散于各个资本主义金融机构，按借贷资本市场的供求情况开展，其运动较为盲目
运动的方向不同	社会主义银行信用所组织的信贷资金主要投向生产和流通领域，用于发展社会主义经济	资本主义银行信用所集聚起来的借贷资本，被大量投向国家债券，用以弥补财政赤字等非生产性支出
产生的社会效果不同	社会主义银行信用可以按照有计划的发展战略稳定发展，一般不会发生信用危机，更不会成为社会主义经济健康发展的破坏因素	资本主义银行信用的发展，加深了资本主义制度的基本矛盾，成为货币信用制度危机的诱因和伴侣

（资料来源：以上表格根据相关资料编制而成）

　　马克思在研究银行信用的过程中，对另外一种信用形式也做了研究，即虚拟资本的信用形式。马克思认为，虚拟资本是信用制度和货币资本化的产物，通常是在所有权和经营权分离的基础上，本身没有价值但可以用来作为商品来交易的各种凭证。狭义的虚拟资本主要包括股票、债券以及银行券等，属于最基本的虚拟资本形式。广义的虚拟资本是指有价证券（如股票、债券、银行券以及汇票等）、银行的借贷信用（如期票、存款货币等）、名义的存款准备金以及由投机票据等形成的资本总称。马克思指出，虚拟资本的含义既包括了有价证券所代表的资本价值的不确定性，也包含着所有权归属的不确定性，前者以有价证券作为载体，而后者则以运用资本的权利作为载体。所有这些证券实际上都只是代表已积累的对于未来生产的索取权或权利证书。它们的货币价值或资本价值，或者像国债那样不代表任何资本，或者完全不决定它们所代表的现实资本价值。它们自身没有内在价值，不能直接作为现实生产要素或资本发生作用，而只是所有权证书，是现实资本的复本，反映着债权债务关系①。马克思在分析商品资本可能代表货币资本的特性时指出："虚拟资本，生息证券，在它们本身是作为货币资本而在证券交易所内流通的时候，也是如此。"即明确指出了虚拟资本就是"生息证券"。马克思把它分为国债、股票、银行券以及各种商业汇票等。国债是债权人因购买国家发行的债券而得到的一种书面凭证，它体现了债权人和国家也就是债务人之间的信用关系。国债的发行首先要以国家的信用为基础，以债权人对国家的充分信任为基础，债权人通过让渡货币的使用权而获得了国家所支付的利息，作为购买国债本金的增值额。股票则是另外一种权利凭证，股份公司将入股的凭证发给股东，股东从而拥有货币资产的使用权。同样的，股份公司要发行股票必须以股东的信任作为基础，股东将货币的使用权让渡给股份公司，股份公司由此支付相关的股息或者红利，股票的发行同样也体现了股票所有者和股份公司之间的信用关系。商业汇票也是以真实的交易关系和债权债务关系为基础，通过约定到期日，通过信用关系来进行交易的，进而减少了实物货币资本的流通，减少了交易成本，提高了交易速度。由此可见，虚拟资本并不是现实中的实体资本，它以实体资本为基础，没有实体资本或实体经济就没有虚拟资本。但是虚拟资本又独立于实体资本，虽其产生必须借助于实体资本，但又是从实体资本独立出来的另一套资本。虚拟资本的所有者可以据此获得未来的一定收益，虚拟资本在扩大货币资本积累、促进资本集中、加速资本周转等方面均起到了积极的影响作用，但也有其消极的一面，由于有价证券的买卖比较容易成为投资者的投机工具，造成虚假繁荣，可能会造成泡沫经济，严重的甚至会引发经济危机等等。因此，一方面要鼓励其发展，另一方面要正视它的不足，注意它的消极影响，国家要采取有效的措施正确引导虚拟资本市场的健康发展，为实体经济的发展服务，为整个国民经济的发展服务②。

---

① 徐充，张志元．马克思虚拟资本理论的逻辑蕴涵与当代价值［J］．学术论坛，2010，33（05）：58.

② 王春娟．马克思的虚拟资本理论与虚拟经济［J］．财经问题研究，2004（11）：13.

二、关于信用制度在社会资本形成中的作用研究

马克思的信用理论认为信用制度对于社会发展具有双重作用。马克思认为："信用制度加速了生产在物质上的发展和世界市场的形成；使这二者作为新生产形式的物质基础发展到一定的高度，是资本主义生产方式的历史使命。同时信用加速了这种矛盾的爆发，即危机，因而促进了旧生产方式中各要素的解体。"[①] 此外，马克思也认为"信用制度把资本主义生产的动力——'用剥削他人劳动的办法来发财致富'发展成为最纯粹最巨大的赌博欺诈制度，并且使剥削社会财富的少数人的人数越来越少；同时，信用制度也是一种从原有的旧形式转移到一种新生产方式的过渡形式。"[②]

首先，资本主义信用制度提高了社会资本积累的速度，提升了资本主义生产力水平，促进了整个资本主义社会的发展。

在《资本论》第一卷里，马克思在分析资本积累的过程中指出："信用事业是同资本主义的生产而形成起来的。起初，它作为积累的小小的助手不声不响地挤了进来，通过一根根无形的线把那些分散在社会表面上的大大小小的货币资金吸引到单个的或者联合资本家手中；但是很快它就成了竞争斗争中的一个新的可怕的武器，最后，它转化为一个实现资本集中的庞大的社会机构。"[③] 资本主义信用是资本积聚和积累的强大动力，具有促进资本集中的强大杠杆作用。信用制度能够使单个资本家扩大自己企业的规模并扩大生产，因为他可以拥有超过其实际资本限制的优势。单个资本家拥有的资本数量较少，只能通过取得支配别人的资本和劳动力来扩大资本量。由此可见，信用制度的产生促进了资本集中，小资本的数量越来越少，大资本的数量则越来越多，同时大资本也越来越大，而且大资本通过资本的扩张实现更快速度、更大规模的扩张，所以说信用制度是加速资本集中的强大杠杆。在《资本论》第三卷里，马克思论

---

① 中共中央马克思恩格斯列宁斯大林著作编译局. 资本论：第三卷 [M]. 北京：人民出版社，2004：500.

② 中共中央马克思恩格斯列宁斯大林著作编译局. 资本论：第三卷 [M]. 北京：人民出版社，2004：500.

③ 中共中央马克思恩格斯列宁斯大林著作编译局. 资本论：第一卷 [M]. 北京：人民出版社，2004：722.

述了信用与虚拟资本，指出："银行家把借贷货币资本大量集中在自己手中，以致与产业资本家和商业资本家相互对立，不是简单的单个贷出者，而是作为所有贷出者的代表即银行家。银行家成了货币资本的总管理人。银行一方面代表着货币资本的集中，另一方面又代表了借入者的集中。"①

资本主义信用制度加速了资本主义平均利润的形成。马克思指出："信用制度的形成，在促进利润率的平均化或在这个平均化的运动过程中起到了中介作用，整个资本主义生产就是建立在这个运动的基础上。"② 资本主义生产是建立在等量资本获取等量利润，即利润平均化的基础上，利润率的平均化是通过资本在各部门之间的自由转移而实现的。信用制度通过银行将货币资本集中起来，并将其贷放给职能资本家用于生产和扩大再生产，从而加速了资本流动，提高了企业经济效益。所以，信用制度是促进平均利润率形成的媒介，是促进资本主义发展的经济杠杆。

信用制度以信用交换为基础，在实际经济活动中可以减少货币流通的数量，从而加速资本的周转速度。首先，资本主义信用制度下商品买卖采用赊账的方式，利用汇票、银行券、期票等非现金结算方式进行，极大地加快了商品的流通速度，加速了利润率平均化过程。信用货币进一步代替了金属货币的流通，减少了金属货币的磨损，节省了流通费用。其次，信用制度将各个货币资本所有者的闲置货币资本集中起来投入货币流通，加速了货币的流通速度，从而减少了货币的周转时间，节省了货币流通量即减少了流通中实际需要的货币量。最后，在商品买卖和货币储蓄量不一致的情况下，信用制度在商品生产者和商品出售者之间采取一种延期付款或赊购赊销的方式进行商品交换，提高了商品流通的速度，减少了为购买生产资料所需要的货币准备金，节约了货币资本的周转时间，缩短了商品的流通时间，节省了商品在流通中的保管和物流等费用。由于这些费用的减少或节约，在一定程度上促进了生产资本的增加，进而促进了资本主义的商品生产，扩大了资本主义的生产规模，提高了资本主义生产的

---

① 中共中央马克思恩格斯列宁斯大林著作编译局．资本论：第三卷［M］．北京：人民出版社，2004：453.

② 中共中央马克思恩格斯列宁斯大林著作编译局．资本论：第三卷［M］．北京：人民出版社，2004：493.

经济效益，推动了资本主义社会的发展。

信用制度在一定程度上推动了股份资本以及股份公司的形成和发展。"信用为单个资本家或多个资本家的联合提供在一定界限内绝对支配他人资本或他人财产的权利，以支付适量利息的方式给予他人报酬。这是对社会资本而不是对自己的资本的支配权，是对社会劳动的支配权。因此，一个人实际拥有的或者公众认为他拥有的资本本身，只是成为信用这个上层建筑的基础。"① 资本主义的基本矛盾在于社会化大生产和资本主义生产资料私有制之间的矛盾，而股份资本和股份公司的出现，是资本主义基本矛盾下的必然产物，也是资本主义生产发展的必然产物。在资本主义的社会化大生产过程中，伴随着资本主义经济能力的不断提升以及生产力的持续发展，单个资本家必须不断扩大生产规模，但是单个资本家的资本能力是有限的，于是就需要借助他人的资本，这时候就会产生资本主义的股份公司，而股份公司的形成和发展又进一步加速了资本的集中，进而促进了资本主义经济的发展。显然，股份公司的建立和发展，与资本主义的信用制度有着密不可分的联系，因为股票的发行是以信用作为基础的。正如马克思所说："没有从资本主义生产方式中产生的工厂制度，合作工厂就不可能发展起来；同样，没有从资本主义生产方式中产生的信用制度，合作工厂也不可能发展起来。信用制度是资本主义的私人企业逐渐转化为资本主义股份公司的主要基础，同样，它又是或大或小的资本主义国家逐渐扩大合作企业规模的手段。"② 同时，股份公司的形成，在一定程度上也缓和了资本主义生产力与生产关系的矛盾，"这是资本主义原有生产的简单方式转化为联合生产方式的过渡形式，只不过在前者那里，对立是消极的，而在后者那里，对立却是积极的"③。所以，信用制度加速了资本主义社会资本的集中，对资本主义商品经济的发展起到了重要的推动作用。

其次，资本主义信用制度也加速了资本主义的危机爆发，资本主义信用的

---

① 中共中央马克思恩格斯列宁斯大林著作编译局. 资本论：第三卷 [M]. 北京：人民出版社，2004：497 – 498.

② 中共中央马克思恩格斯列宁斯大林著作编译局. 资本论：第三卷 [M]. 北京：人民出版社，2004：499.

③ 中共中央马克思恩格斯列宁斯大林著作编译局. 资本论：第三卷 [M]. 北京：人民出版社，2004：499.

发展加剧了资本主义的基本矛盾，促使经济危机的爆发。

资本主义信用制度的发展，使资本主义的生产规模可以不受资本家自有资本的限制而不断扩大，加速了生产的社会化。同时，资本主义信用制度加速了资本集中，使生产资料和产品日益集中到少数大资本家手里，这就使得资本主义社会的内在矛盾进一步尖锐化。此外，信用还造成了对商品的虚假需求，加剧了各生产部门之间发展的不平衡，进而促进和加深了资本主义的经济危机。马克思认为，正是因为信用的存在，买方和卖方才可以不用同时进行交易而可以分离开来进行，因而就会产生投机的行为。在再生产过程中，只有现金交易是最有效的，如果所有的交易都以信用制度为基础，那么当信用突然出现停止或者出现失信情况的时候，经济关系的危机就会出现。资本家盲目扩大生产规模的同时，带来了资本主义的生产过剩。1825年7月，英国爆发了第一次周期性的普遍生产过剩的经济危机，这次危机是从货币危机开始的，到1826年初，股票价格下跌的损失超过一千万英镑。此后，每隔十年左右，西方就有一次经济危机爆发。造成连锁反应的第一次危机是1847年蔓延欧洲的工商业危机。英国、法国、德国等发达的资本主义国家纷纷受到了不同程度的危机影响。正是商品市场的商品严重过剩以及东印度贸易的疯狂投机行为才导致了1847年严重的经济危机。当消费的速度远远比不上生产的扩大时，过剩就随之而来了。大规模的生产过剩就表现为资本主义的危机，所以说，资本主义信用制度在扩大生产、提高生产力的同时也加速了资本主义危机的爆发。

综上所述，无论是信用还是信用制度都是随着商品交换和货币流通的出现而产生并发展起来的。在商品交换中，卖方将商品先让渡给买方，买方在未来的某一时间再支付相应货币，即形成以卖方为债权人和买方为债务人的关系。这种关系产生后，信用也随之产生。从信用的实质来分析，信用关系并不是资本主义生产方式所特有的，而是为商品货币经济关系所共有。由此可见，任何社会只要存在商品经济，就必然需要信用。因此，我国目前仍然需要完善的信用制度来促进社会经济发展。我国信用制度的建设方面还存在诸多不足之处，信用制度还不够健全，需要不断地加以完善，以适应中国特色社会主义发展的需要。

第三节　西方经济学的企业融资理论

一、基于中小企业生命周期理论的融资理论

企业作为一个系统组织，可以把它看作是一个有生命力的有机体，成长并发展是企业所追求的永恒主题，任何一个企业从其诞生的那一刻起，就有追求成长和发展的内在冲动。融资行为贯穿于企业不同的发展阶段，那么融资方式也随之处于不断的变化之中，并且明显地呈现出一种周期性。

企业的成长根据企业生命周期理论分为四个阶段，标准的生命周期分析认为，市场经历发展、成长、成熟、衰退几个阶段。内澳·C. 邱吉尔和弗吉尼亚·L. 刘易斯（Neil C. Churchill and Virginia L. Lewis，1983 年）把中小企业的动态成长过程划分为五个阶段：创业阶段，生存阶段，摆脱束缚、成功发展阶段，起飞阶段和成熟阶段；美国学者伊查克·格雷纳将企业的发展也分为五个阶段，与上述不同，其五个阶段分别为：创新成长期、指导成长期、授权成长期、协调成长期和合作成长期；20 世纪 70 年代，韦斯顿和布里格姆（Weston and Brigham，1970 年，1978 年）根据企业不同成长阶段融资来源的变化提出了企业金融生命周期的假说。早期版的企业金融生命周期被划分为初期、成熟期和衰退期这三个阶段，其后被扩展为六个阶段；美国经济学家 Berger 等人基于美国小企业金融调查（NSSTBF）和美国联邦独立企业调查（NFIB）的相关数据，根据企业金融成长周期模型，对美国中小企业的融资结构进行了检验。他们把中小企业的成长周期划分为四个阶段，即"婴儿期"（0～2 年）、"青少年期"（3～4 年）、"中年期"（5～24 年）和"老年期"（25 年及以上）；爱迪思（Ichak Adizes，1989 年）把企业的成长周期又划分为成长阶段、再生与成熟阶段、老化中的企业这三大阶段。其中又把成长阶段细分为：企业孕育期、婴儿期、学步期；把再生与成熟阶段细分为：青春期、盛年期；把老化中的企业细分为：稳定期企业、贵族期、官僚化早期、官僚期及死亡期。刘国光和陈乃醒（2001 年）认为，所谓的企业成长周期，就是指企业诞生、成长、衰退，甚至死亡的过程。通过对国内外企业成长过程的考察，企业的成长周期可以较为科

学地划分为孕育、求生存、高速成长、成熟、衰退和蜕变等几个阶段。

国内学者对中小企业融资方式、政策的研究较多，但缺乏针对性，较为笼统，没有就不同阶段中小企业的融资需求、资本结构变化做出相应的具体分析。国外对于中小企业的不同阶段的融资问题的探讨和研究则较为深入。20世纪70年代，Weston 和 Brigham 提出了企业的成长周期理论。该理论是根据企业的不同成长阶段融资情况的变化所提出的，该理论提出了影响企业融资的几个主要因素，分别为：企业的销售额、利润以及企业的资本结构，由此将企业的成长分为三个阶段：成长初期、成熟期和衰退期。在经过进一步的研究之后，Weston 和 Brigham 又将在企业成长过程中影响企业融资变化的过程细分为六个主要阶段：创立期、成长阶段Ⅰ、成长阶段Ⅱ、成长阶段Ⅲ、成熟期、衰退期，同时又明确地指出了在不同的阶段企业的融资来源，详见表1-10。

表1-10 企业在各个融资阶段的融资渠道及特点

融资阶段	主要融资渠道	特 点
创立期	创业者的自有资金	资本化程度低
成长阶段Ⅰ	自有资金、留存利润、商业信贷、银行短期存款、透支、租赁	存货过多、流动性风险
成长阶段Ⅱ	金融机构的长期融资	存在缺口
成长阶段Ⅲ	证券市场融资	控制权分散
成熟期	包括前期的所有融资渠道	投资回报趋于平衡
衰退期	金融资源撤出，企业并购、股票回购及清盘	投资回报开始下降

（资料来源：以上表格根据相关资料编制而成）

美国经济学家 Berger 和 Udell 对影响企业融资结构的因素进行了研究，并修订了 Weston 和 Brigham 的企业金融成长周期理论，构建了新的企业融资模型。Berger 和 Udell 把信息约束、企业规模、资金需要等作为影响企业融资结构的因素来构造企业的融资模型。Berger 和 Udell 指出：伴随着企业成长周期而发生的信息约束条件、企业规模大小和资金需求量的变化是影响企业融资结构变化最基本的因素。该模型指出了企业融资结构变化的一般规律，即依据企业成长阶段的不同，信息约束、企业规模以及资金需要对融资结构的影响有所不同，显现出不断变化的状态，企业融资结构也在随之不断变化。处在成长初期阶段的企业，其多数由于资产规模小，财务审计信息封闭，缺乏相应的业务记录，外源融资的约束条件多，融资途径相对较少，因此，企业获取资金主要依靠内源融资。而伴随着企业规模的不断扩大，企业可以用于抵押的资产在不断增加，企业本身的诚信程度也在不断提高，所以企业融资渠道在不断扩大，获得的外源融资也逐步增多，尤其是可以拓展股权融资的方式，大大地拓宽了企业的融资渠道。当企业进一步发展进入稳定增长的成熟期后，它们已经产生了较多的业务记录，财务制度也比较完备，逐步具备进入公开市场的条件。通过公开市场业务所实现的持续的直接融资方式也在逐步增多，部分优秀的中小企业借助良好的外部融资环境并通过自身的努力发展成为大型企业。金融成长周期理论表明，在企业不同的成长阶段，企业的融资渠道和融资结构会伴随着企业的信息、资产规模等约束条件的变化而不断发生变化。其基本的变化规律是：随着企业经营规模的持续扩大和业务模式的不断成熟，外源融资的渠道将会越来越宽。处于早期成长阶段的企业，外源融资的约束较紧，渠道也越窄；而处于发展成熟阶段的企业，外源融资的约束较松，融资渠道四通八达。在企业外部融资环境中，私人资本市场的存在对其发挥着极其重要的作用。相对于公开市场上的标准化合约，私人市场显得更加灵活，同时关系型特征明显的合约在解决非对称信息问题，同时在降低融资壁垒的过程中也具备更强的能力，能较好地满足具有巨大成长潜力的中小企业融资需求。因此，企业要有所发展，就必须要有一个与其不同成长阶段融资需求相适应的多样化、多层次的金融体系与之相适应。

Berger 和 Udell 在后期的研究中发现，较多新设立的企业或者信息透明度较低的企业更多地依赖于内部融资或贸易融资等。当企业的规模逐步扩大，企业逐步成熟之后，它们可运用的间接融资渠道也逐步增多，最后将会使用公共权益或债务市场进行直接融资。Berger 和 Udell 还指出：每个企业的规模、年限及其信息的透明程度是不完全相关的，所以这种融资的倾向性适用于所有的中小企业。Michaelas（1996 年）在研究中发现：很多企业在成立之初以及成长阶段的两个周期中会较多地使用债务融资的方式，当它们逐渐进入成熟期时，其对债务融资的依赖性则会逐渐降低。如 Fluck（1997 年）在对威斯康星州的企业的调查、研究中发现：在企业的初始创立阶段，企业采用外源融资（债务融资）方式的较多，而采用内源融资方式的较少，随着企业的不断发展，前 7 ~ 8 年，在企业融资方式中外源融资在整个融资数额中的占比会不断下降，但是并不是一直不停地下降，而是到达一定的程度时，外源融资的比例又上升，呈现出的是一种"U"形的发展态势。Berger 等基于美国中小企业金融调查和联邦独立企业调查的数据，对美国中小企业的融资结构进行检验并证实了该理论。企业融资的生命周期理论和融资次序理论两者分析角度和方法有所不同，但都是研究企业在不同发展阶段融资方式的选择问题。

国内学者对中小企业的融资政策、融资方式的研究较多，但大多过于笼统，缺乏一定的针对性，没有就不同发展阶段中小企业的资本结构、融资需求变化做出具体分析，同时也缺乏针对不同阶段中小企业融资方式的选择提出相应的建议。而目前国内有关学者对企业金融成长周期理论多用实证分析的方法进行研究，企业金融成长周期理论虽在一定程度上解释了处于不同发展阶段的中小企业的融资结构特点，但该理论是否适用于中国特殊国情下的中小企业融资还没有完全证实。相关调查数据显示，当前在我国中小企业融资方式选择中，通过银行贷款（即间接融资）来扩大企业经营和生产规模的占 38.89%，利用企业积累的自有资金的占 48.41%，通过公开市场发行股票和债券进行融资（即直接融资）的仅占 2.38%，通过其他形式筹资的占比不足 13%。这说明了我国中小企业较少地使用发行股票或债券、银行贷款等外源性融资资源，而多把内源融资作为首选的融资方式。中国国际金融公司（IFC，2019 年）在北京、温州、顺德、成都等地开展的一项针对中小民营企业的调查表明，我国中小民营企业不论在哪个发展阶段，都严重依赖于内部融资。同时，张捷（2020 年）运用暨南大学"中小企业发展与支持系统"课题组的相关数据，对我国中小企业融资结构进行检验后认为，企业金融成长周期理论基本上可适用于我国中小企业融资结构的变化趋势。

二、关系型贷款理论

最早关注关系型融资的是著名的经济学家马歇尔，他在《货币、信用与商业》一文中说道："一个银行家若一直与住在其银行附近的人来往，则常常可以只根据他们的个人信用来确定是否发放贷款，并且是能准确判断其风险的，而这恰恰是那些与其顾客不直接打交道的大股份银行的经理所做不到的。私人银行的股东们只关心自己银行的繁荣，可以根据自己的判断和考虑，不受任何约束地从事自己认为值得的有风险活动，尽管这种冒险在银行看来是不值得的。他们也可能会和银行附近的工商界领袖们平等地密切往来，从而可以对借款申请人的个人品质和经济情况做出正确的判断。"[①] 可见，在马歇尔看来关系可以作为判断风险的重要参考信息，并且可以作为是否给予融资支持的决定因素。有关关系型贷款理论的研究大多集中在 20 世纪 90 年代，但是关于关系型融资的定义却有着不同的观点，Peterson 和 Rajan 是较早对关系型贷款理论进行深入研究的学者，他们以企业的角度为出发点，认为关系型融资能够让企业获得更多的贷款资金支持以及更低的融资成本，但是这种关系是有条件的，它以信息的耐用、信息的不轻易转移和信息生产的规模经济作为前提条件。青木昌彦和瑟达尔·丁克（1998 年）从融资收益的角度出发把关系型融资解释为："出资者在一系列事先未明确的情况下，为了将来不断获得租金而增加融资的一种融资方式。"Berger（1999 年）认为，在判断一个国家在某一时期的融资活动是否属于关系型融资时可以通过三个显著特征进行判别：第一，对于局外人而言，内部信息自始至终都具有机密性，仅仅为关系型融资双方所持有；第二，金融机构所拥有的业主信息是通过与同一客户长期的或者多种的金融服务交易过程中积累而得到的；第三，金融中介机构所拥有的业主信息具有高度的机密性，是普通公众所无法获得的。Boot（2000 年）以关系专用型投资为基础，强调了信息的专有性，认为银行在提供关系型融资的金融服务过程中获得了企业的专有信息，其实银行是在为企业提供专属的金融服务，并且通过这种与企业长期交往获得的专有信息来判断投资的盈利前景，进而获取一定的收益。Berger 和 Udell（2002 年）从银行贷款技术的角度出发认为：判断融资的类型是否属于关系型融资取决于银行做出贷款决策时的依据，当银行将与借款企业的长期接触且多渠道接触而获取的信息用于是否给予贷款的决策时，且银行根据借款企业

---

① 马歇尔. 货币、信用与商业 [M]. 叶元龙，郭家麟，译. 北京：商务印书馆，1998：125.

及其业主的相关信息做出判断时，这样的贷款就可以被认定为是关系型贷款。Elsas（2005 年）在对融资的定义进行解释的过程中指出：融资主要是基于契约论的基础，它是一种契约关系，主要表现为一个银行与借款人之间长期的、隐含的并且默契的契约关系。国内对于关系型融资的研究起步较晚，林毅夫和李永军（2001 年）、张捷（2002 年）主要是从中小企业贷款时的成本角度出发，强调"小银行优势"，主张发展中小金融机构为中小企业服务。曹敏（2003 年）、周好文和李辉（2005 年）通过实证研究认为，银企关系型融资的关系时间越长，利率越低，增加企业贷款的可得性就越强。近几年，吉林大学的迟宪良则利用中小企业板数据对关系型融资进行了检验，其结果表明企业年龄与企业的总负债率没有显著的相关性，这说明企业成立时间对其融资结构没有影响，出现这种状况的原因可能是国内的中小企业尚未与银行建立良好的合作关系。因此，在我国，中小微企业进行关系型融资是需要条件的，并不是企业与银行维持时间越长，就能获得更多的贷款额度或者享受更低的贷款利率。

从以上学者的研究中我们可以看出，关系型融资的本质特征是资金供求双方之间的长期互动，资金供给方在关系存续期间收集到大量的企业及其业主的私有信息，其中包括：企业的真实财务状况、现金流量、企业以前的还款记录和项目的执行情况等可以传递、复制的、数码化的"硬信息"和企业主个人的素质、品德、还款意愿等不可复制、不可数码化的"软信息"，这些信息一方面能够帮助银行更好地了解企业，另一方面成为银行是否能为企业继续提供贷款的依据。总之，对于关系型融资定义的描述多种多样，其中的关键点是对借款企业的信息的获取方式。通过长期的接触以及沟通而获取的信息仅为借贷双方当事人所知晓，通过这样的渠道而获取信息并决定是否进行融资支持的贷款就是关系型贷款。

关系型贷款的优势是为众多学者所肯定的，他们认为，关系型贷款可以规避银行和借款企业之间由于信息不对称问题而引起的风险，能够更好地为中小企业的融资提供帮扶；同时也有学者在研究中发现，相比大银行而言，关系型贷款能为中小银行带来更多的利益。Petersen 和 Rajan（1994 年）认为，多重银企关系会对企业不利，不利于企业融资行为的开展。Berger 和 Udell（1995 年）基于美国中小企业局的相关数据对关系型融资的成本与收益进行了实证研究，其研究结果发现：建立有效的关系型贷款能够降低资本成本，同时增加中小企业的贷款可得性。实证结果还指出：与小银行相比，大银行发放的中小企业贷款在所有贷款中占比较少，也即是在为中小企业提供融资服务的过程中中小银行更具优势。Elsas 和 Krahnen（1998 年）则认为，关系时间的长短与企业融资的获得呈现正相关关系。Ongena 和 Smith（2000 年）认为，银企之间关系终止的可能性会随着时间的推移而增加，这意味着银企关系的价值随着时间的推移呈现不断下降的趋势。Boot（2000 年）对此做过一个较为全面的论述，并列举了关系型贷款的五种潜在收益：第一，关系型贷款可以实现银企间信息交换的帕累托改进；第二，关系型贷款能促使银企间较为稳定的、长期的合约生成，从而弥补显性条约中的缺陷；第三，关系型贷款允许契约的扩展与调整以避免相关利益的冲突；第四，关系型贷款有利于银行对所抵押的资产进行监控；第五，如果关系期间足够长，银行可以将短期内不盈利的出资行为在长期内实现盈利，这是一种贷款的跨期平滑，这样就有可能使银行向本无利可图的中小企业提供贷款支持。Stein（2002 年）运用 GHM 理论（即控制权的安排影响激励），从理论上论证了小银行比大银行更具有优势的假说：与大银行相比，小银行的组织架构更加简单、更加科学且层级设置也相对比较少，信息的传递也更加流畅和便利，因而在提供关系型融资时具有比较优势。吴洁（2006 年）研究认为，管理层次少且决策权较为分散的小银行基于企业软信息发放关系型贷款方面具备比较优势，而集权式大银行在依据企业硬信息发放市场交易贷款方面则表现更佳。

从已有的理论文献研究中我们不难发现，关系型贷款是在现实中较为广泛存在的一种融资方式，对于银行而言可以获取更多真实的信息从而减少信息不对称所引发的风险，通过关系型贷款，能够在一定程度上降低或缓解对中小企业的贷款要求的限制；而对于中小企业自身而言，可以通过与贷款银行建立良好的认知关系而获取较低成本的融资支持，同时，良好关系的建立也可以在长期的银企合作中实现一定的跨期平滑，例如投资者的短期损失可以通过长期的、稳定的、良好的关系来进行适当弥补。总之，对于中小企业而言，关系型贷款融资方式是一种较为合理并且可取的融资方式。

第二章　我国中小企业的发展历程及融资现状

第一节　我国中小企业的发展历程

我国中小企业的整体发展可以以 1978 年改革开放为分界线，改革开放之前主要以传统体制时期形成的国有中小企业和城镇集体企业为主，改革开放之后这些中小企业进一步发展，并且出现了更多新型的农村乡镇集体企业和城乡个体私营企业等非公有制企业。

一、改革开放以前的中小企业发展（1949—1978 年）

新中国成立之前，我国很少有现行定义的大中型企业，大多数企业属于以家庭为单位的个体经济，具有一定规模的企业主要是外国资本、官僚资本和部分民族资本的企业。据统计，在 1949 年，我国个体经济的总交货值在工农业交货值中的占比为 75%，处于分散落后状态的农业和手工业占国民经济的 90%，而以机器大工业为特征的现代工业仅占 10%。在新中国成立初期，我国的民族资本工业企业的户数超过了 12 万家，总的资本金数量超过 20 亿元，总的从业人数超过了 160 万人，平均每家企业的资本金为 1.6 万元，平均从业人数为 13人，属于中小企业的规模水平。在当时的现代工业成分中，现代工业的 20% 是民族资本工业企业，中小企业在当时的地位也是举足轻重。

新中国成立之初，我国的中小企业规模在不断地发生变化，国家在进行有计划的、针对性的重点工程建设。当时，我国颁布了手工业个体经济向互助合作社发展的相关政策，在全国各地迅速创办了各类大小合作社，相比于个体经济而言，合作社的规模较大，因此，当时中小企业的平均规模也在不断扩大。据相关数据统计，新中国成立后截至 1952 年，当时全国的私营工业企业的总户

71

数较新中国成立时增加了 21.4%，总交货值也比新中国成立时增加了 54.2%，私营工业企业的就业人口也增加了 25.1%，私营商业的总户数较新中国成立时也增加了 6.9%，零售额增加了 18.6%，私营商业的就业人口也增加了 2.2%。1952 年之后，我国手工业企业的整体规模在不断扩大，当时的手工业合作化运动出现火热局面。1955 年的农业合作化高潮进一步带动了手工业合作化运动。除了手工业和农业的合作化之外，工业行业中的公司化合营、工业企业也在不断发展，对于合作化本身来说，也就是通过合作化的道路，把分散的、独立的个体手工业经济改造成为社会主义集体经济，在这种情况下，企业规模不断扩大，但由于合并联营企业数量却在逐步减少。

1957 年之后，特别是 1957—1978 年这一时间段属于我国传统的计划经济体制时期，国民经济的发展主要以国家的计划调控为主，即经济发展主要是依靠政府的行政力量来调拨资金、人力及物力，在国家有计划的经济政策指引下优先发展重工业，不断推动工业化进程。这一时期中小企业的发展相当落后，其增加率也几乎为零。通过技术变革，原有一批规模较小的企业通过扩大自身规模，不断发展壮大，由中小企业升级为了大中型企业。尽管这个时期中小企业的比重呈现不断下降的趋势，但是其绝对数量还是有所增加，主要表现为：在人民公社化运动中兴办了很多中小型的工业企业，1959 年工业企业的数量发展到了 70 万个，交货值逾 100 多亿元。城镇中合作性质的工业、商业企业也如雨后春笋，形成了新中国成立后中小企业创业的高峰期。自 1960 年之后，地方国营工业企业大量增加，据不完全统计，1970 年地方小钢铁厂的炼钢能力比上年增长了 1.5 倍，钢铁生产量也增长了 1.8 倍，小型水泥厂和化肥厂的产量已经占全国产量的 40%。同时，在一些过去经济不发达的地区建设了一些纺织、制糖、日用化工、小五金和小百货等轻工业项目。回看发展历程，1970 年是继 1958 年之后地方小型工业项目掀起建设高潮并再次发展的又一年。

二、有计划的商品经济时期中小企业发展（1978—1992 年）

党的十一届三中全会改变了我国中小企业的发展轨迹，改革开放之后我国中小企业的发展表现为以下几个基本特点：第一，所有制的变化。从单一的公有制转变为多种所有制经济共存的局面。我国逐渐从完全的计划经济向有计划的商品经济转变，带动了集体工业和城乡个体工业的发展。农村乡镇小企业和城镇小企业也迅速崛起，改变了完全计划经济时期的局面。第二，经营体制的变化。随着传统计划经济体制向市场经济体制的转变，中小企业也逐步转变为自主经营、自负盈亏的经营模式，并一步一步地发展成为社会主义市场经济的主体。第三，中小企业的数量增长较快。据统计，截至 1992 年底，我国中小企业的数量超过了 56 万户，企业数量占比超过95％。在改革开放初期，发展最快的是城市集体企业和农村乡镇集体企业。其中，农村乡镇集体企业承继了人民公社时期的集体资产，发展农村集体企业的乡村大多数是比较贫困的偏远地区，所以很少有个体能兴办私营企业，即使是申办一个小型的工作作坊也需要几户甚至十几户共同劳动和共同经营。我国传统的农村集体经济一般以当地的农民或农户为依托，在平等自愿且互利互惠的原则基础上组建而成，在同一区域的农村劳动群众共同占有生产资料，是一种基本的生产资料归集体共同所有的公有制经济形式，在生产与交换过程中实行某种程度的合作经营，在分配上实行一定程度的按劳分配的集体所有制经济。在村镇集体企业兴起之前，农民要赚取日常生活的经费主要是依靠生产小队集体所有的工业或副业生产小作坊。在20 世纪 80 年代初期，我国农村逐渐推行了家庭联产承包责任制，逐步废除了旧时期的人民公社管理体系和相关制度，农村人口获得了土地的生产经营权和使用权，原有对农业生产进行直接指挥并管理的生产大队也随即消失。

1981 年，中共中央、国务院颁布的《关于广开门路、搞活经济，解决城镇就业问题的若干决定》指出：国营经济和集体经济都是社会主义的基本形式，鼓励多种经济形式共同发展。该决定促进了独立核算、自主经营、自负盈亏的集体经济的发展，使得城镇集体经济迅速发展。由此，城镇中小企业也如雨后春笋，中小企业在国民经济发展中的地位越来越凸显，作用也越来越重要。1978 年至 1982 年城镇集体企业解决、吸纳了 1237.9 万的劳动力人口就业，到1990 年城镇集体职工人数比 1978 年增长了 71％，城镇集体企业职工在全部就业人数总数中所占比例也不断攀升。

党的十一届三中全会为乡镇企业的发展指明了方向和道路，同时也提供了相应的物质基础。社队企业，也即是原有农村人民公社及其所属生产大队经营的各种社会主义集体所有制企业的统称，在农村经济体制改革后，自 1983 年起改称为"乡镇企业",进入了稳步发展时期,同时,农户也开始大力兴办中小企业。主要是由先前的单一的社队集体企业发展为乡办或村办集体企业,并且还兴起了个体企业、联户企业和私营雇工企业。到1988年底全国乡镇企业的从业人数比1983年增加了24.2%,有9500多万人,乡镇企业的企业年产值也达到了7000亿元,超过了农村社会总产值的一半①。

改革开放之后,我国中小企业的发展发生了天翻地覆的变化。非公有制经济快速发展,民营经济比重明显提高,随着工作重心进一步转移到经济建设上来,极大地促进了城镇集体企业中农村乡镇企业的发展。与此同时,城镇集体企业和农村乡镇企业的发展也为我国经济繁荣和民生发展做出了巨大贡献。改革开放之后不断涌现的个体户以及乡镇企业使得农村经济的发展蒸蒸日上,为整个国民经济的稳步前进推波助澜。在此期间,中小企业的经济地位是显而易见的,它们不仅仅是市场经济中最活跃的主体,同时也为整个经济的发展和百姓民生注入了新生活力。

为加强中小企业对外合作工作的宏观指导,中小企业对外合作协调(指导)小组在1985年8月21日由国务院正式批示,并于1986年3月30日正式成立,中小企业对外合作协调(指导)小组组长由时任国家经委党委副书记、副主任的朱镕基同志担任,小组成员包括国家经委、对外经济贸易部及上海市有关单位的领导同志。协调小组的对外官方名称为"中国中小企业对外合作协调中心",下设中小企业对外合作协调办公室。中心的主要任务是协调各地区及各主管部门有关中小企业的对外合作业务,调查并研究国外中小企业的基本情况,向国内外中小企业提供服务,为国内外中小企业的合作开辟渠道。1986年10月,国家为了把引进技术、引进人才、引进外资这三项工作更好地结合、统一起来,以期提高我国对外经贸的合作效率,原国家经委将外资企业管理、智力引进工作并入中小企业对外合作协调中心,根据工作需要分别使用"企业引进国外智力办公室""中国中小企业对外合作协调中心"和"外资企业管理局"三种名义,协调并增进各地区及各主管部门有关中小企业的对外合作事宜,为国内外中小企业的深度合作开辟了新的渠道。由于相关政策的鼓励和支持,在

---

① 国家统计局. 中国统计年鉴1988 [M]. 北京:中国统计出版社,1988:256.

当时众多的中小企业中逐步分离出专门从事外向型业务的中小企业，它们在增进我国对外经贸合作过程中的文化交流、技术交流、人才交流等领域均发挥着不可替代的积极作用。

三、社会主义市场经济条件下的中小企业发展（1992 年至今）

2010 年 1 月，为顺应发展变化的形势和中心实际工作情况，经工信部审核并报中编办批准，中国中小企业对外合作协调中心正式更名为"中国中小企业发展促进中心"。中国中小企业发展促进中心，即工业和信息化部中小企业发展促进中心，属于我国的直属事业单位，主要为中小企业提供服务。改革开放以来，我国的中小企业发展较快，已经在吸引外资和对外贸易中发挥了重要的作用，成为国民经济发展的推动力，也成为国际经济市场的重要组成部分。中小企业发展促进中心的成立说明了我国中小企业的迅猛发展以及在国民经济当中发挥的重要作用以及重要地位。

在社会主义市场经济不断发展和持续完善的过程中，我国中小企业的发展异常迅猛，已经成为国民经济的"半壁江山"。根据我国《第二次全国基本单位普查主要数据公报》数据，从企业的从业人员规模看，截至 2001 年底，在全部企业法人单位中，全国有 1.9 万个大企业从业人数已经超过千人，占全部企业的 0.6%，相比 1996 年的数据，大企业的数量减少 0.2 万个，占全国企业总数的比例下降了 10.5%。全国拥有 248.5 万个小企业（按照从业人数少于 50 人/企业的口径计算），占全部企业的 82.1%，相比 1996 年的数据，小企业的数量增加了 46.1 万个，占全国企业总数的比例也增加了 22.8%。由此可见，我国超过千人的大型企业数量在不断减少，但是中小企业的数量却呈现不断增长的趋势。到 2008 年底，我国企业已经有超过 4200 万户属于中小企业范围，占我国全部企业总数的 99.4%以上。其中，在工商行政管理部门登记注册成立的中小企业已经超过 430 万户，个体工商户的数量也超过了 3800 万户。2010 年底，我国的中小企业数量已有 4700 多万家，其中，全国规模以上中小工业企业数量达到 44.9 万家。"十三五"时期，中小企业数量大幅增加，截至 2020 年底，全国市场主体总数超 1.4 亿户，其中，企业数达 4331 万户，分别较 2015 年底的 7746.9 万户和 2185 万户大幅增长。以 2020 年规模以上企业（包括规模以上工业、服务业，有资质的建筑业，限额以上批发和零售业、住宿和餐饮业企业）为例，其中，中小企业户数90.9万户，占全部规模以上企业的95.68%，与2015年相比，中小企业户数增长了12.8%。从我国中小企业发展的数量增长上不难看出，我国中小企业的增长速度非常迅猛，这也同样反映了一个国际性规律：中小企业的发展确实已经成为推动整个国民经济增长的重要动力。

另外，统计数据显示，我国"十五"期间规模以上工业中中小企业的增加值年均增长超过了20%，远远超过了整个国民经济年均增长的9.5%。"十三五"时期，中小企业吸纳就业的作用更加显著，经营实力不断加强，经济贡献稳步提高，截至2020年底，在规模以上企业（包括规模以上工业、服务业，限额以上批发和零售业、住宿和餐饮业等）中，中小企业的营业收入总计为137.3万亿元，占全部规模以上企业的60.83%，资产总额168.3万亿元，占全部规模以上企业的55.01%，与2015年相比，营业总收入增长了16.5%，资产总额增长了40.2%，地位作用凸显。从这些数据可以看出，在市场经济条件下，中小企业的总体实力在稳步攀升，其在国民经济增长中的作用也越发显著。当前，我国中小企业上缴的税收占国家总体税收总额的50%左右，国内生产总值60%左右的服务价值和总体经济产值是由中小企业创造的，近65%的发明专利及80%以上的新产品开发都是中小企业完成的，中小企业的创新能力在不断提升，它们已经逐渐成为技术创新和模式创新的生力军，截至2020年底，规模以上工业企业中，有研发活动的中小微企业占全部有研发活动企业的比重为81.1%，研发经费较2015年增长了102.5%，有效发明专利数也比2015年增长了233.2%。

据国家统计局统计数据，2018年，我国非国有经济创造的增加值占GDP的比重为63.57%；2019年，非国有经济创造的增加值占GDP的比重增加到69.37%。显然，非国有经济已成为支撑国民经济的重要力量，在我国特殊的经济形式下，非国有经济中的主要部分仍然是中小企业。在我国现阶段下，要建立完善的社会主义市场经济体制，就必须要大力发展非公有制经济，非公有制经济的重要组成部分是我国的中小企业，因此大力发展中小企业，发挥中小企业对经济的主要拉动作用，将成为建立社会主义市场经济不可或缺的手段和办法。

非公有制经济持续快速增长，为经济发展贡献了巨大力量，特别是党的十八大以来，民营经济蓬勃发展，在促进增长、稳定就业、增强活力等方面发挥了重要作用。2018 年末，规模以上私营工业企业达 22.1 万个，占全部规模以上工业企业数量的 58.3%，主营业务收入为 30.6 万亿元，占比达 30.0%。目前，我国民营企业超过 2500 万户，对税收贡献超过 50%；民营企业创造的国内生产总值、固定资产投资以及对外直接投资超过 60%；民营企业中高新技术企业占比超过 70%；民营企业城镇就业超过 80%，对新增就业贡献率达到了 90%，成为支撑经济持续健康发展的重要力量。

第二节 我国中小企业的融资现状

一、我国中小企业的融资结构

融资结构也称为广义上的资本结构，通常是指企业在获取资金支持时，通过不同渠道筹借到的资金的有机构成以及各种资金在全部融资中所占的比重关系。目前，世界上主要的融资模式可以分为两种：一种是以银行为主导的直接融资模式，主要以德国和日本为代表。这种融资模式的特点主要是企业通过向银行借款来实现融资。另外一种是以市场为主导的间接融资模式，主要以美、英等国家为代表。其主要特点表现为企业通过在资本市场上发行有价证券来实现融资，例如发行股票或者债券等。20 世纪 80 年代日本经济的繁荣使得第一种融资模式备受关注和青睐，随后到了 90 年代美国经济持续上升，日本经济持续衰退，以市场为主导的融资方式开始受到人们的关注。近年来，诸多国内外学者对企业融资结构的问题开展了深入研究，当前该问题已经成为经济发展中的热点问题。如 Allen 和 Gale 对五个发达国家的金融体系进行了对比，其研究结果发现：金融制度是朝着市场主导型的融资趋势发展的。在众多的国外研究中发现，发达国家的中小企业融资结构中主要由政府扶持融资、商业银行提供贷款、投资公司直接融资、公开市场业务这四大部分构成，也主要是通过这四种方式解决中小企业的融资问题。我国学者吴敬琏、吴晓求等人就金融体系的发展方向进行了研究，认为金融体系的发展将会出现革命性的变化，随之而来的传统商业银行的融资主导地位也将会慢慢弱化。

中小企业在吸收大量社会就业的同时，更为国民经济的持续发展注入了创新活力，是推动国民经济前行的重要力量，但其在发展过程中始终难以摆脱融资难的困境。这种困境早已有之且显而易见，大部分中小企业缺乏规模经济效应，缺乏市场竞争力，财务制度不完善，抵押物品不健全且在发展过程中融资成本居高不下等成为制约中小企业进一步发展的瓶颈。基于当前金融抑制的大背景，在中国金融制度改革变迁的过程中始终伴随着严重的企业所有制偏好，大部分金融资源沉淀在低效的国有经济领域，与中小企业相匹配的中小金融机构因制度约束而处于弱势地位，中小企业融资陷入困境，而且整个金融制度的变迁陷入了金融资源配置低效的制度锁定状态。有调查显示，在我国的主要私营企业中，其融资顺序大致为企业积累、银行或信用社贷款、亲戚朋友筹款、民间借贷等。当前，我国中小企业的融资结构具有鲜明的体制特点，主要表现在以下几个方面。

（一）基于企业自身积累的内源融资方式

内源融资就是指企业经营活动结果产生的资金，即企业内部融通周转资金的总称，主要是由企业本身的折旧或者是企业的留存收益构成。企业在经营、发展的过程中不断将自身的储蓄转化为投资资金以满足企业的日常流通周转需求。企业自身的储蓄主要有企业在经营活动过程中的定额负债、留存盈利和折旧等。内源融资在企业融资过程中具有以下显著特点：自主性、原始性、抗风险性、低成本性。在企业发展的生命周期中，内源融资方式是缓解和解决其在经营周转过程中所需流动资金的不可或缺的重要融资手段。我国中小企业在整个国民经济发展过程中扮演着越来越重要的角色，但是中小企业的融资方式一直都是困扰企业发展的问题之一，在融资方式和融资途径上并没有受到金融机构的特别"关顾"。我国数十年中小企业发展的实践表明，中小企业在发展过程中始终以内源融资为主。由于国有企业和国有商业银行的所有权关系并不独立，仍然同属国家所有，再加上国有企业的产出与国有商业银行的信贷支持两者之间确立了一种刚性依赖关系①，国有企业的融资方式首选为国有商业银行，国有商业银行也并不会过多地评估国有企业的还贷能力和企业信誉。而对于中小外资企业而言，其融资方式主要凭借跨国公司海外总部的支持，整个生产销售环节的资金需求问题也比本土中小企业容易解决。我国的中小企业大多是通过经营者创业自营起来的，在持续发展、做大做强的过程中既没有国家财政机关和商业银行的强大资源支持，也不具备中小外资企业海外母公司或集团公司资金支持的优势，其创业和发展过程也只有依靠自身资本的积累。

独立自主的内源融资来源于自有资本的不断积累，一则企业受成长时间、经营规模、管理水平等一系列因素的影响，其在经营过程中的资本积累是有限的。二则内源融资有其弊端：第一，受公司盈利和原始积累的影响，无法进行大规模融资；第二，如果是公司制企业特别是上市公司，其分红比例会受到部分股东的限制，且分红比例要维持在一定的水平；第三，如果企业分红过少，那么这将不利于吸引有分红偏好的机构投资者，降低了公司投资的吸引力，可能会影响到企业未来的外源融资。我国大部分中小企业的经营方式为家族式经营，家族式企业的各项经营管理制度还处于不断规范的过程中，因此银行很难准确地获得企业信用的完整信息，导致银行难以对企业借款存在的风险进行科学评定。由此可见，在缺乏有效抵质押和担保的情况下，中小企业想通过银行实现间接融资自然会存在一定的困难。

（二）基于银行贷款的间接融资方式

银行贷款的间接融资方式有其独特的优势：第一，方便且灵活，特别是在贷款期限的设定以及贷款类型的选择上，与其他融资方式相比具有绝对的优势。第二，费用少，相对于其他的融资工具，银行贷款是成本最低的一种，银行贷款的利率要根据具体的情况而定，现阶段国家采取了一系列支持中小企业发展的相关措施，金融机构贷款的利率优惠就是其中一项，一般企业的贷款利率要高于中小企业贷款的优惠利率，信用等级低的企业贷款利率普遍要高于信用等级较高的企业等。综合计算，银行贷款利率仍具有较大的优势。第三，资金来

---

① 张杰. 制度、渐进转轨与中国金融改革［M］. 北京：中国金融出版社，2001：369 – 371.

源稳定,由于银行实力雄厚,资金充足,资金来源也比较稳定,只要中小企业的借款申请通过了银行的审查,订立贷款合同且满足放款条件后,一般情况下,银行总是能及时向企业提供资金,以满足企业的融资需求。其缺点就是申请的手续比较烦杂,需要企业提供详尽的可行性研究报告、财务报表等相关资料,申请借入的资金还要根据企业的还款来源及企业的整体信用进行评定,批贷资金往往无法满足中小企业的经营发展需要。通过银行贷款的间接融资一般情况下不涉及企业资产所有权的转移,但一旦企业没有能力清偿到期贷款,银行方面不仅会停贷,还会采取司法诉讼的方式保护银行方的权益,这就有可能会使企业陷入困境,使原本困难的企业雪上加霜,甚至导致企业破产。尽管如此,现阶段中小企业融资最常见的方式还是以银行为中介的间接融资。因为中小企业在向银行借款时还是存在一定的便利性,主要表现为:首先,中小企业向银行借款的融资速度较快。只要符合商业银行的借款要求,企业就可以较快地获取融资,并根据贷款类别要求自主支配所获得的借款。企业通过与银行多次的沟通与协商,可以相互商议借款的金额、期限、利率以及类别。其次,在后续借款延续的过程中,当企业的经营状况发生变化时,可以和合作银行达成互利的调整协议,适当更替原有的借款条件、金额等要素。最后,获取资金的成本较低。利用银行借款筹集资金,所付的利息可以在税前支付,那么企业的税前利润就会减少,从而可以冲减应交所得税税额。但中小企业在向银行借款时也会存在一定的限制:一方面,银行对于中小企业借款的要求较高。中小企业要获得银行贷款必须要有良好的信用基础。例如在通货膨胀严重的情况下,贷款额度收紧,银行自然而然会提高贷款的准入门槛,中小企业需要提供足够的抵押或者担保。但是对于中小企业来说,可以抵押的资产较少或者根本没有。另一方面,中小企业自身存在着较高的财务风险。商业银行在发放贷款时要求借款主体按时并足额地支付对应的利息,同时也约定了相应的还款期限。企业在借款到期时必须要依据借款合同全部结清,当中小企业因经营不善导致亏损或者破产时,就会拖欠银行借款,由此会造成较高的复利利息和滞纳金,加重了原本就困难重重的企业的财务负担,同时给中小企业带来了征信上不按时还款的"污点"。

2019 年 3 月,"中国私营企业研究"课题组对我国主要金融机构的贷款做了调查，结果显示，在中小企业向银行申请贷款时，有超过60%的企业会感到相当困难，有超过20%的企业感到偶尔困难偶尔比较容易，只有14.6%的企业感到向银行贷款比较容易。国家统计局的金融统计数据显示，我国中小企业从国家银行和金融机构获得的贷款融资数量较少，国家银行和金融机构提供给各类非国有经济的贷款余额普遍都比较低，从统计的数据可以看出我国国有金融机构普遍对中小企业戴有"有色眼镜"。我国的中小企业向银行借款感到困难，主要原因在于中小企业的抵押能力较弱并且很难找到财务状况好的担保企业，但是银行方面对于借款提供的抵押要求相对比较高，因而形成了两者之间的矛盾。我国学者殷孟波和贺向明在《商业银行贷款担保偏好与信贷交易成本》一文中指出：担保机制的存在使得贷款的交易成本降低，包括监督成本、筛选成本以及审查成本。特别是在现阶段我国经济转型时期，银行与企业间的信贷交易不确定性较大，银行更具有发放担保贷款的偏好[①]。因此，中小企业很难满足银行借贷的抵质押担保要求。然而，通过银行贷款的间接融资又是当前中小企业发展的重要融资路径。商业银行的风险控制要求和运行机制往往会使中小企业的银行在进行间接融资时望而却步，没有充足的抵质押担保一直以来是困扰中小企业融资的"硬伤"。

（三）基于财政渠道的融资方式

获得政府的资金支持是中小企业补充流动周转资金的另外一种重要方式。从其他各国的情况来看，对中小企业的资金支持主要包括以下几种：通过财政补贴给予支持、通过税收优惠给予支持、给予贷款援助或支持其开辟直接融资的渠道等。政府的财政资金支持也是中小企业外来资金获取的一个重要组成部分，但是各国政府财政支持的具体比例则差别较大，主要与不同国家各自的财政实力、企业文化以及对中小企业发展的重视程度等因素有关。

当前，我国的货币市场和资本市场的各项功能还在不断地发展、健全并完善，特别是这两大市场的融资功能还未完全释放，还未充分发挥作用。因此，可供中小企业选择的融资方式或渠道还尚未完全畅通，发展的实践充分证明：

---

① 殷孟波，贺向明. 商业银行贷款担保偏好与信贷交易成本［J］. 财经科学，2007（12）：25.

任何企业的发展壮大都离不开"金融活水"的有效支持。鉴于中小企业在国家技术进步和社会发展过程中的重要作用，中小企业要有所发展离不开政府的财政支持。政府充分发挥财政资金对中小企业发展的支持作用可以通过以下几种方式来实现：第一，建立金融机构考核奖励制度，及时兑付支持中小企业发展的奖励资金，引导银行的信贷资金进入实体经济，解决企业流动周转资金需求。切实支持企业创新驱动高质量发展，获取先发优势，同时增加对中小企业发展的财政补贴支持。第二，深化开发性金融合作，积极争取国开行、农发行、进出口银行等政策性银行的支持。第三，加强与投资集团、投资基金等财团组织对接，积极引进财团资金，支持生态工贸区开发、重点项目和园区建设。第四，争取债券资金，加强企业债券发行工作，着力缓解中小企业发展资金压力，适当降低资本市场准入门槛，鼓励中小企业走直接融资的渠道。第五，搭建融资平台，支持创投公司、担保公司、小额贷款公司、典当行等组织的发展，缓解中小企业融资过程中的担保难题。激发政府投融资平台融资功能，要通过创新融资方法和途径，利用企业上市、企业债券、融资租赁、BT、BOT 等多种方式来充分激发和有效发挥财政融资的功效。

我国财政资金是宏观经济调控的重要手段，可以对宏观经济调控发挥有效的杠杆作用，弥补市场机制调控的缺陷与不足，但财政资金规模毕竟有限，国家需要合理统筹、科学安排。发达国家根据其财政资金的用途以及明确的社会目标设立了两项专项基金：一类是用于帮助降低市场风险的财政基金，例如农业补偿基金等；另一类是鼓励劳动人口就业的创业以及科技创新基金，例如专门用于科技研发的教育基金、科研基金、科技成果转化基金，以及用于鼓励劳动人口就业的失业人口和小企业的创业基金等。发达国家将财政资金和银行资金进行了严格区分，运用专项财政资金支持中小企业的发展。专项基金在设立之前要明确资金拨款的数量、对象、用途、支付方式以及补贴方法等，通过对这些资金各方面的约定与管理，提高了该基金的透明度与公信度，以防止在基金的运作过程中违规操作、滋生腐败。总体上来说，用于支持中小企业发展的专项基金管理和直接的财政拨款有所不同，在管理和使用上也更加严格。在我国，政府的财政资金在用来解决中小企业资金流动周转和融资困难问题时，除了对某些特殊项目的直接投资之外，更主要的作用还是设立专项基金帮扶中小企业的发展。例如，政府以财政资金为杠杆融合金融机构以及社会其他组织的资金形成担保基金和科技创业基金等。同时，要加强基金的日常管理，特别是在申报使用的操作层面及环节上要更加公开、公正和透明，确保国家的财政资产能够发挥应有的作用，防止腐败问题的产生，为中小企业的发展提供资金保障，同时也为国民经济的发展贡献力量。

（四）基于资本市场的直接融资方式

资本市场又称长期资金市场，是金融市场的重要组成部分，通常指进行中长期（一年以上）资金（或资产）借贷融通活动的市场。由于在长期金融活动中，涉及资金期限长、风险大，但可以获得较为稳定的收入，类似于对企业进行的资本投入，故称之为资本市场。资本市场是企业筹措资金的一个重要渠道，其主要方式有发行股票、债券或者实行股本入资。资本市场上的直接融资与银行的间接融资相比具有较为明显的特征：一方面，资本市场上更多是投资行为，大部分为权益类产品即不用偿还本金；另一方面，直接融资的期限较长，具有较高的投资回报率，且成熟的多层次资本市场能够同时为大、中、小型企业提供融资平台和股权或股份交易等服务，正是因为这"金字塔"式的资本市场结构应对了不同类型、不同需求的企业主体。

我国资本市场自 20 世纪 80 年代初问世以来，在历经了几十年的风云变化之后，资本市场的发展取得了巨大成就。经历了从无到有，从小到大，从无体系、无规范到渐成体系，逐步规范化的演进过程。我国第一支职工股票出现在 1984 年，北京天桥百货公司为筹集店面装修资金而向公司内部职工发布，在当时由于公司本身并不是股份公司，所以这些投资并没有以规范的股份出现。直到 1991 年，深圳和上海的股票交易所开张，我国资本市场的融资渠道才逐渐走向规范化。最初在上交所和深交所发行股票的企业其规模也不大，随着我国资本市场的不断发展及制度变迁，现在对拟在公开市场上发行股票进行直接融资的企业的要求已经大幅提高，一般的中小企业由于其在经营规模、财务数据、管理水平等方面很难满足现行我国资本市场股票或债券发行的相关要求和条件，存在较多的限制和阻碍。一方面，证监会对发行股票企业的规模和经营业绩有一定标准的要求，在资本市场建立初期，能够公开上市发行股票进行直接融资的企业多数是国有大型企业。随着市场经济体制的不断完善以及国有企业改革的进一步深化，大批的民营企业通过自己的努力已经成功地进入了资本市场，还有许多企业在排队等待上市融资，大量地占用发行股票的指标，这就导致了中小企业能进入公开市场融资的数量非常少。另一方面，我国的中小企业大部分规模较小，股票或债券的上市发行成本又较高，即使能够成功跻身资本市场，由于企业自身流通盘子较小，其发展的前景极有可能不被投资人看好，使得中小企业在资本市场上融资面临着较大的不确定性和风险性。由于中小企业对会计制度和财务报表的重要性缺乏认识，在财务管理、报表编制等许多方面均存在不足之处，而根据现行《中华人民共和国公司法》《中华人民共和国证券法》等法律法规的规定，在交易所上市的公司不但要依法披露财务状况，同时还要披露可能影响公司收益的投资、交易等各类重大事项，这对中小企业公司治理的进一步加强和管理能力的进一步提升做出了更高的要求。所以，中小企业要在公开市场发行有价证券实现直接融资，还存在一定的缺陷和困难。

　　总而言之，中小企业要进入上交所或深交所的主板市场发行股票不仅难度较大，且成本较高。首先，对于中小企业自身来说，由于其经营规模较小，要想进入主板市场存在一定的难度。主板市场是目前我国资本市场中的准入门槛和要求最高的市场层次，通常对企业的资本金、持续创利水平、连续经营业绩、公司治理水平等方面都提出了较高的要求，中小企业的目前状况很难符合相应的要求。其次，中小企业在拟上市前需要增加花费较高的管理费用，在上市前的准备阶段，企业必须要聘请专业的会计或审计机构以及律师事务所对企业进行上市前的总体评估，而对已上市成功的企业，还必须聘请独立的专业会计或审计中介服务机构进行定期和不定期的经营信息披露，在此过程中需要向这些中介服务机构支付较为昂贵的服务费，这对于资金需求规模较小的中小企业来说成本太高、负担太重。最后，中小企业即使已成功在公开市场上发行股票，但由于企业自身规模以及经营管理问题，其在投资者心目中的信心不足问题仍旧凸显，存在着较大的融资风险。因此中小企业能否成功筹集到发展所需要的资金，要取决于资本市场中广大投资者对市场的预期以及对风险的判断。当前，我国除了对股票发行的要求较为严格之外，对企业发行债券也有严格的管制，除了行政审批较严，同时还对发行债券的额度和利率实行管制。由于中小企业的总体实力较弱，社会资信度不高，信用评级较低，中小企业的企业债发行也是困难重重。

随着我国资本市场运行体制的不断健全和持续发展，在深圳证券交易所开设了中小企业板，同时在上海开设了科创板，这两个资本市场板块主要为高新科技企业以及有发展潜力的中小企业提供融资服务，虽然我国部分的中小企业在技术服务与创新等领域做出了一定的贡献，但由于受研发资金的限制还是普遍缺乏技术研发和技术创新的能力，大多数集中于传统的劳动密集型行业，在企业特征上不符合中小板或科创板上市企业的基本要求。虽然目前国家在这两个资本市场板块试行注册制，但无论是中小板还是科创板，其上市标准、管理规章以及行情走势等方面都与主板市场没有太大的区别，虽然这对科技创新型中小企业的上市融资起到了一定的作用，但毕竟其在中小企业中的占比仅是冰山一角。为了继续支持中小企业的创新发展，同时深化新三板改革，北京证券交易所（简称北交所）于 2021 年 9 月 3 日注册成立，这是经国务院批准设立的我国第一家公司制证券交易所，其服务宗旨是打造服务创新型中小企业主阵地，扩大对中小企业的服务。

（五）基于非正规渠道的其他融资方式

非正规渠道的融资方式是指处于监管当局视线之外的、非正式组织的民间金融活动。由于中小企业正规融资渠道的不畅通，这为非正规金融的作用发挥提供了重要空间。这种非正规金融渠道主要以亲友借贷、职工内部集资和民间借贷等形式存在。2019 年，中央财经大学课题组对全国 20 个省份的非正规金融进行了调查，结果表明：我国中小企业通过非正规金融渠道获得的融资约占全部融资的三分之一。中国人民银行的统计数据显示，温州地区小型企业通过向亲友借款和内部集资方式实行融资的占比分别为 68.6% 和 45.7%，中型企业的这个比例则为 45.8% 和 41%。但由于全国各地经济发展水平和民间信用体系建设的差异，江浙一带和中西部地区的非正规金融渠道所发挥作用的程度差异也较大。

非正规金融渠道的优点之一，就是减少资金供求双方的信息不对称问题。而正是交易双方的信息不对称问题导致了中小企业常常在正规金融渠道进行融资时遇到挫折，导致了融资失败或融资额度大打折扣，进而转向并借助非正规金融的融资渠道。首先，中小企业获取资金的来源通常是本地区较为熟悉的亲朋好友或者是企业的合伙人等，一般情况下这些贷款人对借款人的各方面信息以及竞争优势等都有比较清晰的了解，这就减少了由于信息不对称所带来的逆向选择和道德风险。其次，非正规金融渠道具有交易流程优势。非正规金融渠道具有正规金融渠道所不具备的"快速、小额、短期"等绝对优势，通过正规金融机构获取融资，通常时间较长，且有较为复杂的贷款审批程序，经常会导致中小企业对资金的需求时点与金融机构的实际配给时点存在较大的差异。而通过非正规金融渠道获取融资的手续较少，操作也相当灵活，并且还可以根据企业的实际情况予以变通，在一定程度上提高了资金的使用效率，某种意义上对中小企业来说也是交易成本的节约。最后，非正规金融渠道对中小企业的抵质押担保要求相对较低。正规金融机构对贷款主体或发行主体的担保物种类、数量、质量等方面都有比较严格的要求，对于中小企业来说，符合要求的抵质押担保物，如房屋、土地等通常不足，加之企业的流动资产在企业生产经营过程当中其物质形态也经常处于变动之中。因此，中小企业在向银行申请贷款时会面临较多的限制条件。相反，中小企业通过非正规金融渠道获取融资时，出资人通常对借款人担保物的约束条件相对较少，可以用作抵押担保的物品种类也相对较多，这为中小企业的融资提供了便利。但非正规金融处于监管当局的视线之外，缺乏有效并科学的引导、管理和约束，其主要缺陷表现如下：第一，我国的非正规金融经济活动缺乏有效的监督与管理，存在一些危害人民利益的非法融资活动；第二，非正规金融的融资有效性也受到资金规模和数量上的限制；第三，非正规金融的投资行为容易产生一定程度的金融风险，引发社会的不稳定。由于当前我国的非正规金融在投资上存在着一定的盲目性，如当下的民间借贷游离于正规金融的监管之外，还没有明确且完善的法律法规对其加以规范和引导，在一定程度上容易导致交易风险，同时也容易引发洗钱犯罪以及非法集资等违法行为。

长期以来，我国的民间非正规金融在不断地发展和壮大，存在一定的合理性、必然性和不可或缺性，民间融资是其主要的表现形式，它是出资人与受资人之间，在国家法定金融机构之外，以出资人取得利息回报与受资人取得资金使用权并支付约定利息为目的而采用的民间借贷、民间票据融资、社会集资等形式暂时改变资金使用权的金融行为。民间融资在一定程度上是正规金融机构融资的有效补充，正是由于正规融资不能满足中小企业的融资需求才会显现出民间融资的重要性。现阶段，我国的民间资本较为充足，并且在为许多中小企业发展以及公众的大病医疗或者子女教育等方面提供了极大的帮助。因此，并不是所有的民间融资都是有害的，国家要对民间融资进行正确引导和合理规范，做好融资的监督与管理，使民间融资真正能为中小企业的发展提供资金动力，也为民生保障提供资金支持。

二、我国中小企业银行融资现状的实证研究

实证研究是基于当前的实际问题而进行的调研资料收集，为提出理论假设或检验理论假设而展开的研究。基于此，首先，本书筛选并初步拟定研究对象，对研究的技术路线和总体研究思路进行构思并说明研究的具体内容；其次，选定相应的研究工具和统计分析方法进行研究分析并呈现数据分析和研究结果；最后，得出实证研究的总体结论。

其中，在研究对象中对备选样本的来源和选取原因进行了详细解读；在研究工具中采取分门别类的方式介绍了本次要研究的变量量表；在数据统计分析方法中介绍了本节拟要采用的统计学方法；在数据研究结果中呈现了运用 SPSS 23.0 进行统计分析后的数据结果；最后，基于实证研究的结果总结本次研究，得出相关结论。

（一）实证研究过程

本节主要基于两个方面来描述研究的总体思路：一方面，对研究对象的筛选进行说明，为后期调查研究过程中问卷的设计、发放、回收做好准备工作；另一方面，进一步梳理实证研究的技术路线和整体研究思路以及主要假设条件。

1. 研究对象的选取

本次研究的关注点在于造成中小企业融资困境的影响因素，其目的是通过对有代表性区域的中小企业群进行具体分析得出一般性的可供参考结论。本书研究的样本数据来源于各个中小企业，主要以福建宁德地区、泉州地区以及浙江温州地区、义乌地区的中小企业为主。本书之所以选取这四个具有代表性的区域进行调研，主要基于以下几个方面的考虑。

第一，福建宁德以福安电机电器为代表的闽东中小电机产业，是宁德市经济发展的一大支柱产业，同时也是福建省的重点支柱产业。截至目前，宁德市全市已经拥有各类电机以及配套中小企业 2000 多家，从业人员超 20 万人，行业年总产值超过 800 亿元，其产业集中度、市场竞争力、品种覆盖率、产品出品量以及年销售额在全国同类地区中稳居首位，成为"全国百佳产业集群"。据统计，"十三五"以来，宁德市电机电器企业共投入技术改造、技术研发资金 100 多亿元，建立了一批电机自动喷漆烘干、数控模具加工、高速冲压、精密铸造等生产线，开发新产品 500 多项，新产品产值增幅达 45% 以上。2019 年以来，一批技术含量、附加值相对较高的发电机组产品，更是在欧美高端市场上保持 35% 以上的销售增速，市场竞争力日益提高。因此，选取宁德地区的中小企业，是全国中小企业产业群的典型代表。通过对宁德地区中小企业融资现状的调研和考察，深入挖掘该地区具有代表性的中小企业在其融资方面存在的问题与困难，可以为我国中小企业提供普遍的具有参考价值的融资建议。

第二，福建泉州地区的产业集群主要集中为传统劳动密集型产业，如工艺制品、建材陶瓷、纺织鞋服等。泉州市各县（市、区）有众多区域性的全国性品牌产品，如泉州生产的鞋、伞、休闲服装、建材、石雕、工艺陶瓷、芦柑等，在全国同类市场上均占有很大的市场份额。这些产业都已经成为辐射全省乃至全国的专业化、区域性龙头产业。在泉州市，中小企业的龙头企业数量不多，发挥的带动作用也不是很强，全市仅有不到 200 家企业的年销售收入超过亿元。晋江尽管有众多的服装鞋业生产工厂，并且有很多的企业已经成为行业的代表，但是整体上规模不大，最大规模的工厂年销售收入也只有 15 亿元，而浙江宁波的雅戈尔集团、杉杉集团，销售收入都已经超过 30 亿元。但泉州当前已经初步形成了产业集群优势，主要以五大传统优势产业和三大主导产业为导向，带动了整体经济的发展。一些老牌行业兴起较早，底蕴深厚，特色鲜明，其企业数量也相当可观，具有一定的规模效应，但总体来说，泉州的民营企业数量众多，规模都属于中小企业类型，这为本次研究中小企业的融资问题提供了良好的外部研究环境。从整体上看，该地区中小企业数量较多，企业类型较为丰富，涉及的领域较广，其中具有代表性的生产型和贸易型的中小企业群体活跃，为本次研究提供了有价值的样本对象，同时，提供了较为可靠和具有代表性的调研数据。

第三，浙江温州地区是众所周知、大家公认的中小企业发展的领头羊。有学者在研究过程中表明，温州是中国民营经济发展的"晴雨表"。从区域经济产业发展结构上来看，温州目前已经获得国家有关部门确认的生产基地就有近50 个，温州被称为我国的鞋都、锁都、皮都等。当前温州已经形成了 40 多个产业集群，并且都是具有相当经营规模的产业集群，这已经成为推动温州经济发展的强大动力，成为温州经济高质量发展的主力军，也是温州在全国闻名的一个亮点和特色。温州产业集群创造了一批誉享全国的知名品牌，全市共有 16 家企业集团跻身首届中国企业集团竞争力 500 强，有 136 个国家免检产品，有32 个中国驰名商标和 32 个中国名牌产品。该地区部分产业的全国市场占有率有着骄人的成绩，其中，温州的轻工产业在全国占据了大部分的市场份额，全国超过三分之一的低压电器、20% 的皮鞋、10% 的西服、95% 的金属打火机、80% 的眼镜都产自于温州。此外，一些产品常年远销海外，在国际市场上占据霸主地位，如金属打火机，在国际市场上的占有率已经超过了 70%。据统计，1978 年温州全市的工业总产值只有 10 亿元，仅到 2009 年，温州全市规模以上工业总产值就达到 3400 亿元，整个经济水平发生了翻天覆地的变化，其中不可忽视的是产业集群创造的巨大的经济效益。在温州的产业集群中大部分为轻工业产业，它们通过充分、细致的行业分工，社会化协作程度不断加强，大大降低了原有的技术要求并节约了经济成本。从温州的整体产业集群来看，能够为本次研究提供具有代表性的研究样本和数据。因此，本书选择温州地区的中小企业进行调研是极具代表性的。

第四，义乌地处浙江中部，改革开放以来，义乌坚持和深化"兴商建市"发展战略，以培育、发展、提升市场为核心，大力推进工业化、国际化和城乡一体化，走出了一条富有自身特色的区域发展道路，成为改革开放以来全国 18个典型地区之一。2011 年 3 月，经国务院批准开展国际贸易综合改革试点，2015 年 12 月义乌被定位为世界"小商品之都"。在市场培育新时期，义乌紧紧把握住进出口双向贸易的机会，打造了国内最大的进口商品市场，实现了从"买全国、卖全国"到"买全球、卖全球"的转型升级。早在 2012 年 6 月底，义乌全市的中小企业就达到了 2.6 万家，规模以上中小企业达到了 619 家，新增年销售收入 5 亿元以上企业 20 家、10 亿元以上企业 7 家，全市亿元企业达到

138 家。全市累计完成工业总产值 660 亿元，同比增长 10.4%；619 家规模以上工业企业累计完成工业总产值 302.16 亿元，同比增长了 9.4%，与金华全市增速基本持平，列全省 17 强县市第四位。在浙江，义乌是"小狗经济"的典型代表。截至 2020 年底，义乌市场共培育了近 3 万家中小企业、20 万户市场主体，吸引了全国各地 150 多万人在义乌创业就业。目前，义乌中小企业数量占据全市企业总数的 98% 以上，小商品远销海内外，是名副其实的世界小商品之都，其中中小企业具有鲜明的代表性。因此，本次研究选择该地区的中小企业作为研究的样本企业具有一定的研究价值。

第五，笔者对于福建宁德、泉州以及浙江温州、义乌等地区较为熟悉，同时，拥有较多的人脉资源，能够为本次的研究提供较多的帮助和便利，这在一定程度上能够确保并提高所采集数据的准确性和可信度。因此，在经过实际考察之后，本书最终选择上述四个地区进行实地调研，为本书的实证分析打下良好的基础。

2. 研究思路以及假设条件

基于现有文献的梳理以及理论研究的铺垫，同时通过实地调研和考察，笔者发现中小企业在融资过程中存在着一些共性。

首先，在主观条件层面，企业经营者素质的高低存在着一定的共同点，并且存在共性的这些企业在银行的融资方式或别的融资渠道上也存在共性或相似，如大部分的企业经营者的学历更高时或者其从业的年限更长时，其在银行取得融资或通过别的渠道进行融资时会更加容易，其借款的额度或者票据业务的额度会更高。因此，基于这种考虑提出如下假设条件。

假设 1：企业经营者的综合素质正向影响企业在银行的融资方式及额度。

其次，在客观条件层面，笔者在对回收问卷的整体情况进行分类统计时发现，当企业的财务状况以及企业自身的经营规模存在共性时，其在银行的融资方式或别的融资渠道上也存在共性或相似性。如当企业的总资产较高时，企业在银行的借款额度以及票据业务的额度会更高，同时其获得借款或者是票据融资时选择的方式会更多；当企业总负债较高时，企业在银行的借款额度以及票据业务的额度会更低，同时其获得借款或者是票据融资时选择的方式会更少，或者银行给予借款或者票据融资时的要求或条件会更加严苛。因此，在此基础上提出如下假设条件。

假设2：企业的资产项目对企业在银行的融资方式及额度呈正向影响关系。

假设3：企业的负债项目对企业在银行的融资方式及额度呈负向影响关系。

此外，在企业的自身经营规模层面也存在着共同点，如当企业拥有自有厂房或者经营场所时，这些企业在银行的融资方式或其他融资渠道会更多，通常会选择抵押或者质押，或选择政府财政担保等；当企业没有自有厂房或者营业场所时银行在审批、给予其贷款或者票据融资时会设置更多的补充条件，这些企业通常会选择多个企业联贷联保或者专业担保公司担保等方式。另外，企业的注册资本以及营业场所的占地面积两个要素却存在着一定的不同之处，就企业注册资本而言，当注册资本较高的企业在进行银行融资时其选择的方式跟注册资本较低的企业就有所不同，注册资本较高的企业一般情况下比注册资本较低的企业更容易获取银行的融资支持。但是当企业营业场所占地面积较大时，这些企业在银行取得借款或者进行票据融资或者其他融资的方式选择上并没有什么明显的差别。因此，在此基础上提出如下假设条件。

假设4：企业是否拥有自有厂房或营业场所对企业在银行融资方式的选择存在显著差异。

假设5：企业营业场所占地面积不同时，企业在银行的融资方式及额度的选择上不存在显著差异。

假设6：企业的注册资本不同时，企业在银行的融资方式及额度的选择上不存在显著差异。

3. 研究工具的选择

本书采用调查问卷（详见附录）的方式收集研究所需要的基础数据，并运用SPSS 23.0的统计分析工具进行详尽的数据分析。基于数据分析的需要，本节对调查问卷的内容做了一定的选择和调整，其中选定企业自身经营规模、企业经营者的综合素质以及企业基本财务状况这三个研究变量，同时，选取企业融资方式的衡量为因变量，详见表2-1至表2-4，以下列表中涉及的货币均为人民币。

表 2 - 1　企业自身规模描述因子表

因　　素	样本特征	分　　类	编　码
企业自身经营规模	注册资本	500 万元以下	1
		500 万 ~ 1000 万元	2
		1000 万 ~ 3000 万元	3
		3000 万 ~ 5000 万元	4
		5000 万元以上	5
	营业场所占地	100 平方米以下	1
		100 ~ 200 平方米	2
		200 ~ 300 平方米	3
		300 ~ 500 平方米	4
		500 ~ 1000 平方米	5
		1000 平方米以上	6
	自有厂房或办公场所	是	1
		否	2

表 2 - 2　企业经营者素质描述因子表

因　　素	样本特征	分　　类	编　码
企业经营者综合素质	从业年限	3 年以下	1
		3 ~ 5 年	2
		5 ~ 10 年	3
		10 年以上	4
	最高学历	大专以下	1
		大专	2
		本科	3
		研究生及以上	4

续　表

因　　素	样本特征	分　　类	编　码
企业经营者 综合素质	管理层人数	小于5人	1
		5~10人	2
		10~20人	3
		20人以上	4
	普通员工人数	小于20人	1
		20~50人	2
		50~100人	3
		100人及以上	4

表2-3　企业财务状况描述因子

因　　素	样本特征	分　　类	编　码
企业基本 财务状况	连续完整的会计年度	1年以下	1
		1~3年	2
		3~5年	3
		5年以上	4
	企业总资产规模	3000万元以下	1
		3000万~5000万元	2
		5000万~8000万元	3
		8000万~1亿元	4
		1亿元以上	5
	企业固定资产	500万元以下	1
		500万~1000万元	2
		1000万~3000万元	3
		3000万~5000万元	4
		5000万元以上	5

续 表

因　素	样本特征	分　类	编　码
企业基本财务状况	近两年平均年销售收入	3000 万元以下	1
		3000 万 ~ 5000 万元	2
		5000 万 ~ 8000 万元	3
		8000 万 ~ 1 亿元	4
		1 亿元以上	5
	近两年平均年总成本	100 万元以下	1
		100 万 ~ 300 万元	2
		300 万 ~ 500 万元	3
		500 万 ~ 1000 万元	4
		1000 万元以上	5
	近两年平均年财务费用支出	5 万元以下	1
		5 万 ~ 10 万元	2
		10 万 ~ 30 万元	3
		30 万 ~ 50 万元	4
		50 万 ~ 100 万元	5
		100 万元以上	6
	近两年平均月应付账款	50 万元以下	1
		50 万 ~ 100 万元	2
		100 万 ~ 300 万元	3
		300 万 ~ 500 万元	4
		500 万 ~ 1000 万元	5
		1000 万元以上	6

表 2 - 4　企业融资方式描述因子

因　素	样本特征	分　类	编　码
企业融资方式	短期投资	无	1
		50 万元以下	2
		50 万 ~ 300 万元	3
		300 万 ~ 500 万元	4
		500 万 ~ 1000 万元	5
		1000 万元以上	6
	长期投资	无	1
		100 万元以下	2
		100 万 ~ 500 万元	3
		500 万 ~ 1000 万元	4
		1000 万 ~ 3000 万元	5
		3000 万元以上	6
	短期借款	无	1
		100 万元以下	2
		100 万 ~ 500 万元	3
		500 万 ~ 1000 万元	4
		1000 万 ~ 3000 万元	5
		3000 万元以上	6
	借款方式	抵押/质押	1
		政府财政担保	2
		上市公司担保	3
		专业担保公司担保	4
		多个企业联贷联保	5
		单个一般企业担保	6

续　表

因　素	样本特征	分　类	编　码
企业融资方式	应付票据	无	1
		100 万元以下	2
		100 万～500 万元	3
		500 万～1000 万元	4
		1000 万～3000 万元	5
		3000 万元以上	6
	票据业务方式	抵押/质押	1
		政府财政担保	2
		专业担保公司担保	3
		上市公司担保	4
		多个企业联贷联保	5
		单个一般企业担保	6

　　由表 2-1 至表 2-4 可知，企业自身经营规模从调查时所得到的注册资本情况、营业场所占地情况以及企业自身是否拥有自有厂房以及办公场所等几个方面来衡量；企业经营者综合素质从经营者从业年限、最高学历、管理层人数以及普通员工人数来衡量；企业财务状况从连续完整的会计年度、企业总资产规模、企业固定资产、近两年平均年销售收入、近两年平均年总成本、近两年平均年财务费用支出、近两年平均月应付账款等几个因子来衡量；企业融资方式从短期投资、长期投资、短期借款、借款方式、应付票据以及票据业务方式等因子衡量。为了便于后续的进一步研究和分析，将各个类型的不同情况进行"1~6"的编码赋值，其中，每一个编码所代表的内容也即是各自的具体分类情况。如对于企业注册资本来说 1 代表"500 万元以下"的选项，2 代表"500 万～1000 万元"的选项，3 代表"1000 万～3000 万元"的选项，4 代表"3000 万～5000 万元"的选项，5 代表"5000 万元以上"的选项，后面各影响因子以此类推。其中，需要特别说明的是题项"企业是否拥有自有厂房或办公场所"时，选项"是"编码为 1，"否"编码为 2；企业融资方式中对企业"借

款方式"以及"票据业务方式"的选项中"1~6"的赋值是针对银行给予企业资金支持时向企业所提要求的难易程度而言，1表示难易程度最高，6表示难易程度最低。

4. 数据统计分析方法

（1）描述性统计分析

描述性统计分析是本次调查分析的第一个步骤，即对问卷调查过程中所得到的大量数据资料进行初步筛选、整理并归纳，以找出这些资料的内在规律——集中趋势和分散趋势。对此，主要借助于本次调查过程中所收集到的各种数据所表示的统计量，如均数、百分比等，进行单因素分析。本书充分运用描述性统计分析分别对样本的注册资本、营业场所占地以及企业是否拥有自有厂房或办公场所等基本特征做统计性描述。另外，分别计算调查表中各因素或因子题项的最大值、最小值、平均值和标准差，用以反映样本对各变量的感知特征。

（2）效度分析

要保证研究设计和测量的有效性，就需要对量表进行效度检验。所谓效度（validity），就是指有效的程度，它是指测量工具或者手段能在多大程度上准确测出所需测量的事物。效度一般分为三种类型：内容效度、准则效度和结构效度。在效度分析过程中，因素分析是最理想的方法，因为只有它才能测度效度分析的全过程以及有效项目在其解释整个量表变异形态中的百分率。因素分析实质上是一种将一组变数相互作为自变数和因变数的数学模式，一是能用较小的共同因素来说明多个变数的关系；二是能从一组变数间的关系中发现未曾发现的因果关系因素，并具有提出假说的意义；三是因素分析不仅能够提出假说，而且能够更进一步证明假说。本书基于前期调研的成果提出了六个假设条件，同时在因素分析的过程中结合主成分分析和正交旋转法对收集的问卷进行效度检验，为证实研究的有效性提供了强有力的支持。

（3）信度分析

所谓信度（reliability），是指在运用相同的研究技术测量同一个对象时，得到相同研究结果的可能性，即在检验研究过程当中所使用的量表在测量潜在变量的过程中是否稳定或是否一致，量表中的题项能否测量同一个对象。简言之，就是检验量表当中各个题项之间相符合的程度以及两次差异测量的结果是否一致。本次研究当中的信度分析是针对三个量表进行的内部信度分析，以信度系数 Cronbach's alpha（克隆巴赫系数）来衡量同一个概念下各测量项目的一致性，并检验各变量和量表的信度。一般而言，Cronbach's alpha 数值越大，表示该变量的量表中各个题项的相关性越大，即内部一致性程度就越高。Nunnally（1978年）指出 Cronbach's alpha 以 0.70 为可接受的边界值，0.70 ~ 0.80 之间代表相当好，0.80 ~ 0.90 之间代表非常好，0.90 以上趋于比较理想的状态，或许要考虑删除量表的一些题项。其中，也有研究指出，如果在量表中的题目数量比较少的情况下（少于 6 个），Cronbach's alpha 只要大于 0.60 也是可以接受的，0.50 是能接受的最低水平。

（4）相关分析

相关分析（correlation analysis）是研究两个或两个以上处于同等地位的随机变量间相互关系的统计分析方法：一方面是研究随机变量间是否存在相关性关系；另一方面是研究某两个对象之间是否会存在某种依存关系，并对具有这种依存关系的对象继续研究，探讨其相关性关系的方向和程度。本书采用相关分析探讨企业经营者素质与企业在银行融资方式上的相关关系，以及企业财务状况与企业在银行融资方式上的相关关系。此外，本书还有效运用了在相关分析研究中应用较为广泛的 K. Pearson 积差相关分析法，侧重于发现随机变量间的种种相关特性。

（5）方差分析

方差分析（analysis of variance，简称 ANOVA）又称变异数分析或者 F 检验，用于两个及以上样本均数差别的显著性检验，通过分析研究中不同来源的变异对总变异的贡献大小，从而确定可控因素对研究结果影响力的大小。由于各种因素的影响不同，研究结果所得到的数据呈波动状。单因素方差分析是对成组设计的多个样本均数进行比较，通常采用完全随机设计的方差分析。所以本次研究中用它进行相关检验：企业的不同特征——注册资本、营业场所占地以及自有厂房或办公场所几个因素对企业在银行融资方式上的影响。

5. 实证研究数据结果

（1）样本特征

本次研究的数据来源于问卷调查（问卷发放时间为 2021 年底），由于新冠疫情的原因，采取了线上和线下相结合的方式进行相关问卷的收集。问卷调查的主要发放地区为福建宁德、泉州以及浙江温州、义乌四个地区。通过网络问卷和纸质问卷相结合的方式进行，在回收整理问卷过程当中，经统计共收回问卷569份，剔除回答不完整以及不能有效配对的问卷之后，有效问卷一共553份，其中，在浙江温州地区共回收有效问卷146份，在浙江义乌地区共回收有效问卷166份，在福建宁德地区共回收有效问卷107份，在福建泉州地区共回收有效问卷134份，如表2－5所示。

表2－5　研究样本基本情况统计表

样本特征	分　类	样本数	百分比
所在地区	浙江温州	146	26.40%
	浙江义乌	166	30.01%
	福建宁德	107	19.35%
	福建泉州	134	24.24%
注册资本	500万元以下	28	9.12%
	500万~1000万元	78	25.41%
	1000万~3000万元	178	57.98%
	3000万~5000万元	18	5.86%
	5000万元以上	5	1.63%
营业场所占地	100平方米以下	56	18.24%
	100~200平方米	77	25.08%
	200~300平方米	115	37.46%
	300~500平方米	47	15.31%
	500~1000平方米	12	3.91%
	1000平方米以上	0	0.00%
自有厂房或办公场所	是	83	27.04%
	否	224	72.96%

（2）数据分析结果

本书根据回收的样本数据进行编码整理之后，运用 SPSS 23.0 进行数据分析，分析结果呈现如下。

①描述性统计分析

表 2-6　企业经营者综合素质描述统计量

	N	极小值	极大值	均　值	标准差
企业经营者从业年限	310	1	4	3.65	0.688
企业经营者最高学历	309	1	4	3.58	0.750
管理层人数	310	1	3	2.64	0.723
普通员工人数	310	1	5	2.45	0.712
有效的 N（列表状态）	307				

从表 2-6 可以看出，在本研究样本中，企业经营者从业年限的均值为 3.65，处于 3 和 4 之间，也就是样本大部分的经营者的从业年限都是在 5~10 年之间；企业经营者最高学历的均值为 3.58，即说明统计样本中多数经营者的最高学历为大专，管理层人数的均值是 2.64，普通员工人数的均值为 2.45，即说明样本大部分的管理者人数为 5~10 人，普通员工人数大部分为 20~50 人。从标准差的数值来看，研究对象企业各个调查项目的标准差均小于 1，说明样本数据整体上比较集中。

表 2-7　企业总体财务状况描述统计量

	N	极小值	极大值	均　值	标准差
连续完整的会计年度	310	1	4	3.15	0.958
企业总资产规模	310	1	5	1.17	0.931
企业固定资产	310	1	5	3.37	0.898
近两年平均年销售收入	310	1	5	2.26	0.895
近两年平均年总成本	309	1	5	2.37	0.912
近两年平均年财务费用	310	1	7	3.35	0.904
近两年平均月应付账款	310	1	5	2.11	1.013
有效的 N（列表状态）	309				

　　从表2-7可以看出，研究样本的财务总体情况大致为：该次调研中大部分被调查企业的经营时间也即是连续完整的会计年度为3~5年，企业总的资产规模为3000万元以下，企业的固定资产为500万~1000万元，近两年的平均年销售收入为3000万~5000万元，近两年的平均年总成本为300万~500万元，近两年的平均年财务费用支出介于10万~30万元之间，应收账款为100万~300万元，近两年平均月应付账款为50万~100万元，存货约为50万~100万元的中小企业较多。从标准差的数值分析来看，所研究企业各个调查项目的标准差均在1左右浮动，说明样本数据整体上比较集中。

表2-8　企业在银行融资方式的描述统计量

	N	极小值	极大值	均　值	标准差
短期投资	309	1	6	3.43	0.833
长期投资	308	1	6	3.75	0.752
短期借款	309	2	5	3.45	0.861
借款方式	307	1	7	4.40	0.812
应付票据	308	1	6	3.44	0.854
票据业务方式	308	1	7	3.57	0.743
有效的 N（列表状态）	306				

　　从表2-8可以看出，研究样本在银行的融资方式大致为：短期投资和长期投资分别集中在50万~300万元以及100万~500万元，大部分被调查企业的短期借款为100万~500万元，借款方式大部分为专业担保公司担保，其中，企业应付票据余额集中在100万~500万元，大多数企业票据业务的融资方式为由专业的担保公司提供担保获取。

　　②调查量表效度及信度分析

　　基于研究结果的可靠性以及可信性，在做相关研究之前应该对采用的调查量表进行效度和信度分析。常用的检验量表结构效度的方法是对量表取得的数据进行 KMO 和 Bartlett 检验。本书对研究所涉及的三个变量的调查量表进行检验，得到如下结果。

a. 企业经营者综合素质量表效度信度检验结果

表 2 - 9   KMO 和 Bartlett 的检验

取样足够度 Kaiser – Meyer – Olkin 度量		0.676
Bartlett 的球形度检验	近似卡方	181.147
	df	6
	Sig.	0.000

如表 2 - 9 所示，经检验的 KMO 值为 0.676，表示变量之间的相关性较高，适合做因素分析；Bartlett 球度检验的卡方值为 181.147（自由度为 0.6），p 值小于 0.05，表示代表总体的相关矩阵有共同因素存在，适合做因子分析。

在 KMO 和 Bartlett 检验结果的基础上，采用主成分分析法、碎石图以及最大变异转轴法，将因素结构做了正交旋转，选取特征值大于 1 的因素。数据处理的结果得到了 1 个因素，解释了变量 67.89% 变异，具体结果如表 2 - 10 所示。

表 2 - 10   成分矩阵[a]

	成　分
	1
企业经营者从业年限	0.715
企业经营者最高学历	0.71
管理层人数	0.718
普通员工人数	0.685

提取方法：主成分分析法。

a. 已提取了 1 个成分。

从表 2 - 10 测量的结果可以看出，调查问卷选取的几个因素可以反映"企业经营者综合素质"这个变量，并且从企业经营者从业年限和企业经营者的最高学历可以反映出企业经营者的实际工作经验以及自身知识水平，从管理层人数以及本企业的普通员工人数可以反映企业经营者的管理能力和对整个企业的营运能力，在一定程度上具有可靠性。

与此同时，在检验完调查量表的结构效度之外，还应该对量表的信度进行检验。检验统计量表信度的方法通常采用阿尔法系数，该系数检验克服了部分折半法的缺陷，是目前在统计研究中最经常使用的信度指标，它是测量一组同义或平行侧"总和"的信度。其检测结果如表 2 - 11 所示。

表 2 - 11　企业经营者综合素质量表的可靠性统计量

Cronbach's Alpha	项　数
0. 666	4

从表 2 - 11 可以看出，进行因子分析之后的企业经营者综合素质量表的 Cronbach's alpha 系数为 0. 666，其结果大于 0. 5，在信度分析的理论基础上，说明此量表是可以接受的，具有较高的可信性。

b. 企业的财务状况量表的效度和信度分析结果

表 2 - 12　企业财务状况量表的 KMO 和 Bartlett 的检验

取样足够度 Kaiser - Meyer - Olkin 度量		0. 834
Bartlett 的球形度检验	近似卡方	1019. 34
	df	36
	$Sig.$	0. 000

如表 2 - 12 所示，检验过程中的 KMO 值为 0. 834，表示变量之间的相关性较高，适合做因素分析；Bartlett 球度检验的卡方值为 1019. 34（自由度为 0. 36），p 值小于 0. 05，表示代表总体的相关矩阵有共同因素存在，适合做因子分析。

在 KMO 和 Bartlett 检验结果的基础上，采用主成分分析法、碎石图以及最大变异转轴法，将因素结构做了正交旋转，选取特征值大于 1 的因素。数据处理的结果得到了 2 个因素，解释了变量 62. 995% 变异，具体结果如表 2 - 13 所示。

表 2 – 13　解释的总方差

成　分	初始特征值			提取平方和载入			旋转平方和载入		
	合　计	方差的%	累积%	合　计	方差的%	累积%	合　计	方差的%	累积%
1	3.379	48.266	48.266	3.379	48.266	48.266	2.779	39.702	39.702
2	1.031	14.729	62.995	1.031	14.729	62.995	1.631	23.293	62.995
3	0.813	11.61	74.605						
4	0.663	9.476	84.081						
5	0.455	6.501	90.582						
6	0.364	5.200	95.782						
7	0.295	4.218	100.000						

提取方法：主成分分析法。

在经过旋转成分之后可以看出每一个因素所偏向的方向较为集中，达到因子分析的目的，也即是将反映同一个因素的因子进行归类，然后得出该变量的内在因子。本次研究中企业总体财务状况的因子分析结果如表 2 – 14 所示。

表 2 – 14　旋转成分矩阵[a]

	成　分	
	1	2
连续完整的会计年度	0.818	0.096
企业总资产规模	0.853	0.149
企业固定资产	0.804	0.217
近两年平均年销售收入	0.698	0.325
近两年平均年总成本	0.32	0.763
近两年平均年财务费用支出	0.028	0.844
近两年平均月应付账款	0.381	0.591

提取方法：主成分分析法。

旋转法：具有 Kaiser 标准化的正交旋转法。

a. 旋转在 3 次迭代后收敛。

从表2－14可以看出，该变量可以由两个因子进行解释，其中，企业连续经营的完整会计年度、企业的总资产规模、企业的固定资产以及企业近两年的平均年销售收入作为一个集中因子1，企业近两年的平均年总成本、平均年财务费用支出以及平均月应付账款作为集中因子2。根据因子1和因子2所反映的具体内容，可以将集合因子1命名为企业的资产项目，将集合因子2命名为企业的负债项目。

主成分分析方法的主要原理就是降维，也即是用由多个变量描述的原始变量来对少数几个变量进行综合分析，通过综合变量来反映原始变量的变化情况。这些综合变量集中了原始变量也即是"企业总体财务状况"的大部分信息。其次，利用主成分分析法可以通过计算综合主成分函数得分，对客观经济现象进行科学评价。同时，主成分分析法在其应用上侧重于对信息贡献度或信息影响力的综合评价，这样就可以更加清晰地描述论文中所要研究的变量也即是"企业总体财务状况"。

同样的，为了检验的可信性，要对量表的信度进行检测，检测结果如表2－15所示。

表2－15 可靠性统计量

Cronbach's Alpha	项 数
0.810	7

从表2－15可以看出，进行因子分析之后的企业经营者综合素质量表的Cronbach's alpha系数为0.810，其结果大于0.5，在信度分析的理论基础上，说明此量表是可以接受的，具有较高的可信性。

c. 企业通过银行融资方式的量表效度和信度分析结果

表2－16 KMO和Bartlett的检验

取样足够度 Kaiser－Meyer－Olkin 度量		0.835
Bartlett 的球形度检验	近似卡方	668.360
	df	15
	$Sig.$	0.000

如表 2 - 16 所示，经过检验的 KMO 值为 0.835，表示变量之间的相关性较高，适合做因素分析；Bartlett 球度检验的卡方值为 668.360（自由度为 0.15），p 值小于 0.05，表示代表总体的相关矩阵有共同因素存在，适合做因子分析。

在 KMO 和 Bartlett 检验结果的基础上，采用主成分分析法、碎石图以及最大变异转轴法，将因素结构做了正交旋转，选取特征值大于 1 的因素。数据处理的结果得到了 1 个因素，解释了变量 68.918% 变异，具体结果如表 2 - 17 所示。

表 2 - 17　解释的总方差

成　分	初始特征值			提取平方和载入		
	合　计	方差的%	累积%	合　计	方差的%	累积%
1	1.378	68.918	68.918	1.378	68.918	68.918
2	0.622	31.082	100.000			

提取方法：主成分分析法。

表 2 - 18　旋转成分矩阵[a]

	成　分
	1
借款方式	0.83
票据业务方式	0.83

提取方法：主成分分析法。

a. 已提取了 1 个成分。

从表 2 - 18 可以看出，该变量可以提取一个因子，根据设置调查的项目——借款的方式和票据业务的方式可以将其命名为银行融资方式。

表 2 - 19　可靠性统计量

Cronbach's Alpha	项　数
0.647	2

同理，对企业银行融资方式的量表进行信度检验，得出的检验结果如表2-19所示。Cronbach's alpha 系数为0.647，其结果大于0.5，在信度分析理论的基础上，说明此量表是可以接受的，具有较高的可信性。

③相关分析

根据本书研究过程中拟定的假设：企业经营者综合素质、企业总体财务状况是否会影响企业在银行融资方式的选择，在本节运用相关分析验证前文所提出的假设。本书采用了 K. Pearson 积差相关方法来衡量变量之间的相关关系。

表2-20　企业经营者综合素质与银行融资方式选择的相关性分析表1

		企业经营者素质	银行融资方式
企业经营者素质	Pearson 相关性	1	0.259**
	显著性（双侧）		0
	N	309	306
银行融资方式	Pearson 相关性	0.259**	1
	显著性（双侧）	0.000	
	N	306	307

＊＊：在0.01水平（双侧）上显著相关。

表2-21　企业经营者综合素质与银行融资方式选择的相关性分析表2

		企业经营者素质	票据业务方式	借款方式
企业经营者素质	Pearson 相关性	1	0.271**	0.159**
	显著性（双侧）		0.000	0.005
	N	309	307	306
票据业务方式	Pearson 相关性	0.271**	1	0.378**
	显著性（双侧）	0.000		0.000
	N	307	308	307
借款方式	Pearson 相关性	0.159**	0.378**	1
	显著性（双侧）	0.005	0.000	
	N	306	307	307

＊＊：在0.01水平（双侧）上显著相关。

由表 2 – 20 和表 2 – 21 分析结果可以看出，企业经营者综合素质与企业在银行融资方式的选择之间存在相关差异，具有相关性。其中，企业经营者综合素质与企业借款方式之间的相关系数为 0.159，达到了 0.01 水平上的显著相关，表示其相关性较强，即说明了企业经营者综合素质会对企业在银行的融资方式产生较强的影响效应；同时，企业经营者综合素质也影响到企业在银行进行票据业务的融资，其相关系数为 0.271，也达到了 0.01 水平上的显著相关，表示其相关性也较强。由此可见，本书的假设 1 得到验证。

表 2 – 22　企业总体财务状况与银行融资方式选择的相关性分析表 1

		资产项目	负债项目	银行融资方式
资产项目	Pearson 相关性	1	0.000	0.543 * *
	显著性（双侧）		1	0.000
	N	309	309	306
负债项目	Pearson 相关性	0.000	1	− 0.048
	显著性（双侧）	1		0.400
	N	309	309	306
银行融资方式	Pearson 相关性	0.543 * *	− 0.048	1
	显著性（双侧）	0.000	0.400	
	N	306	306	307

* *：在 0.01 水平（双侧）上显著相关。

表 2 – 23　企业总体财务状况与银行融资方式选择的相关性分析表 2

		资产项目	负债项目	票据业务方式	借款方式
资产项目	Pearson 相关性	1	0.000	0.387 * *	0.511 * *
	显著性（双侧）		1	0.000	0.000
	N	309	309	307	306

续 表

		资产项目	负债项目	票据业务方式	借款方式
负债项目	Pearson 相关性	0.000	1	0.093	−0.012
	显著性（双侧）	1		0.104	0.835
	N	309	309	307	306
票据业务方式	Pearson 相关性	0.387**	0.093	1	0.378**
	显著性（双侧）	0.000	0.104		0.000
	N	307	307	308	307
借款方式	Pearson 相关性	0.511**	−0.012	0.378**	1
	显著性（双侧）	0.000	0.835	0.000	
	N	306	306	307	307

**：在 0.01 水平（双侧）上显著相关。

由表 2-22 和表 2-23 可以看出，企业总体财务状况与企业在银行融资方式的选择之间存在相关差异，具有相关性。其中，企业资产项目与银行融资方式之间的相关系数为 0.543，达到 0.01 水平上的显著相关，表示两者之间的相关性较强，说明企业的资产项目会对企业在银行的融资方式上产生较强的影响效应；企业财务状况中的资产项目对企业在银行借款方式方面的影响较为明显，两者之间的相关系数达到了 0.511，在 0.01 水平上显著相关，对企业在银行进行票据业务方式方面的影响相对较小，两者之间的相关系数为 0.387，达到 0.01 水平下的显著相关。与此同时，企业的负债项目与企业在银行融资方式这一变量之间的相关系数为 −0.048，达到弱相关水平，也即是说企业在银行进行融资的过程中财务状况中的资产项目会对其融资方式的选择产生更显著的影响，而总负债数据对于企业在银行融资方式的选择影响上会相对较弱。由此可见，本书假设 2 得到部分验证，即证明了企业总体财务状况会在一定条件下影响企业在银行的融资方式。

结合以上两次相关分析的数据结果，企业经营者综合素质与企业在银行的融资方式两者之间的相关系数为 0.259，企业总体财务状况中的资产项目与企业在银行融资方式之间的相关系数为 0.543，可以看出企业的总体财务状况比企业经营者综合素质更能影响企业在银行的融资方式选择，也即说明对于银行来说，当中小企业向银行提交贷款申请时，银行在进行相关资质和材料审查的过程中会更加关注企业的财务状况，良好的财务状况比略差的财务状况更容易得到银行的信贷支持。与企业经营者综合素质的影响因素相比较，银行更加关注企业的总体财务状况。由此可见，本书前期的假设 3 得到全部验证。

④方差分析

本节采用了单因素方差分析方法，讨论企业规模的不同特征对企业在银行融资方式的选择是否存在差异影响。因为要分析不同企业自有厂房或营业场所情况、不同营业场所占地以及不同注册资本对其生产行为是否具有显著性差异，并且自变量是间断变量，因变量为连续变量，所以使用的是单因素方差分析（one-way ANOVA）。

表 2 - 24　不同企业自有厂房或营业场所情况的 ANOVA 分析

		平方和	df	均　方	F	显著性
票据业务方式	组间	6.528	2	2.264	3.477	0.021
	组内	168.9	305	0.554		
	总数	169.429	307			
借款方式	组间	5.891	2	2.946	4.568	0.011
	组内	196.024	304	0.645		
	总数	201.915	306			

从表 2 - 24 分析的检验结果可以看出，企业是否拥有自有厂房或营业场所会对企业在银行借款的方式以及票据业务融资的方式产生差异影响。从显著性数据来看，企业是否拥有自有厂房或营业场所会对企业在银行的短期借款方式产生差异性影响（$sig = 0.011 < 0.05$），也会对票据业务的取得方式产生差异影响（$sig = 0.021 < 0.05$）。

表 2 – 25　营业场所占地不同的 ANOVA 分析

		平方和	df	均　方	F	显著性
票据业务方式	组间	3.619	3	1.206	2.209	0.0870
	组内	165.482	303	0.546		
	总数	169.101	306			
借款方式	组间	1.921	3	0.640	0.968	0.408
	组内	199.83	302	0.662		
	总数	201.752	305			

从表 2 – 25 分析的检验结果可以看出，企业营业场所所占面积的不同不会对企业在银行票据业务融资的取得方式以及银行借款的取得方式产生差异影响。从显著性数据来看，sig 值都大于 0.05，也即单因素方差分析结果显示该因素没有产生差异性影响。

表 2 – 26　不同注册资本的 ANOVA 分析

		平方和	df	均　方	F	显著性
票据业务方式	组间	1.763	3	0.588	1.065	0.364
	组内	167.666	304	0.552		
	总数	169.429	307			
借款方式	组间	1.403	3	0.468	0.707	0.549
	组内	200.512	303	0.662		
	总数	201.915	306			

从表 2 – 26 分析的检验结果可以看出，企业的注册资本不同不会对企业在银行票据业务融资的取得方式以及银行借款的取得方式产生差异影响。从显著性数据来看，sig 值都大于 0.05，也即单因素方差分析结果显示该因素没有产生差异性影响。

通过单因素方差分析的结果可以看出，不同的企业自身因素对企业在银行的融资方式的影响是不同的。至此，假设 4 得到部分验证。

（二）实证研究结果小结

1. 假设验证结果

至此，本书关于调研中小企业在银行借款和票据融资影响因素的数据分析研究已经全部结束，现将主要分析结果总结如下：

假设1：企业经营者综合素质正向影响企业的融资方式，部分成立；

假设2：企业总体财务状况影响企业的融资方式，其中资产项会正向影响企业的融资方式，负债项会负向影响企业的融资方式，部分成立；

假设3：企业总体财务状况对企业在银行融资方式的影响程度大于企业经营者综合素质的影响程度，完全成立，该项属于派生检验成果；

假设4：企业是否拥有自有厂房或营业场所对企业在银行融资方式选择的影响存在显著差异，部分成立；

假设5：企业营业场所占地面积不同时，企业在银行的融资方式及额度的选择上不存在显著差异，完全成立；

假设6：企业的注册资本不同时，企业在银行的融资方式及额度的选择上不存在显著差异，完全成立。

2. 量表的信度效度检验结果

本书对在实际调研过程中获取的相关数据信息进行分类整理并汇总得出了相对应的研究量表，通过完整的信效度检验，表明其效度和信度都是可信的、可接受的。

第一，对企业经营者综合素质的分析选取的调查问卷量表的结构效度 KMO 和 Bartlett 检验结果数值为 0.676，Cronbach's alpha 系数为 0.666，表明研究所选取的解释因子组成的分析量表是可信的、可接受的；

第二，企业总体财务状况量表的 KMO 和 Bartlett 检验结果数值为 0.834，Cronbach's alpha 系数为 0.810，表明研究所选取的解释因子组成的分析量表也是可信的、可接受的；

第三，企业银行融资方式量表的 KMO 和 Bartlett 检验结果数值为 0.835，Cronbach's alpha 系数为 0.647，表明研究所选取的解释因子组成的分析量表是可信的、可接受的。

3. 相关分析结果

本书研究了企业经营者综合素质与企业在银行融资方式的相关关系以及企业总体财务状况与企业在银行融资方式的相关关系，得出的检验结论如下：

（1）企业经营者综合素质对企业在银行的借款方式有正向影响作用，与企业的票据业务融资相关关系不显著；

（2）企业总体财务状况对企业在银行的融资方式有正向影响作用。其中，企业的资产项目对企业在银行的借款方式、融资额度以及票据业务取得方式都有着显著的正向影响作用，负债项目对企业在银行的借款方式、融资额度以及票据业务取得方式有着部分负向影响作用。

4. 方差分析结果

本书检验了企业是否拥有自有厂房以及营业场所、企业的营业场所占地面积以及企业的注册资本对企业融资方式的影响，通过单因素方差分析得到如下结果：

（1）企业是否拥有自有厂房以及营业场所会对企业在银行借款的方式以及票据业务融资的方式产生差异影响；

（2）企业营业场所占地面积的不同不会对企业在银行票据业务融资的取得方式以及银行借款的取得方式产生差异影响；

（3）企业的注册资本不同不会对企业在银行票据业务融资的取得方式以及银行借款的取得方式产生差异影响。

第三节　我国中小企业融资困境的现状

资金是中小企业设立、成长、壮大过程中不可或缺的重要生产要素，相对稳定并畅通的融资渠道是中小企业赖以生存和发展的重要生命线。当前，我国中小企业发展过程中最突出的问题就是资金的匮乏、融资渠道的不畅。有调查数据显示，中小企业从金融机构获得贷款时，有23.26%的企业认为很难，有60.47%企业认为较难，而觉得较容易获得贷款的只占16.27%。由于融资困难，中小企业的流动周转资金需求无法得到及时补充，这势必严重制约中小企业的持续生产经营和扩大再生产。根据上一节对福建宁德、泉州以及浙江温州、义乌四个地区的中小企业在银行融资状态的问卷调查研究结果以及通过现有数据资料的查询与梳理，我国中小企业的融资困境主要表现在以下几个方面：

（一）中小企业"轻资产"的现象较为严重

在我国当前大多数的中小企业普遍实行"轻资产"的发展战略，因此，生产制造厂房、车间或办公场所基本以租赁为主，向银行申请贷款时就会陷入抵质押担保缺失或不足的尴尬局面，因为贷款难度较大。有数据显示，当前在我国只有27.04%的中小企业拥有自有厂房或者办公场所，超过70%的中小企业没有购置自有厂房或办公场所，而是采取租赁的形式进行生产经营和日常管理。而根据此次实证的结果我们不难看出，是否拥有自有厂房或办公场所会直接影响企业在银行的借款方式、借款额度以及票据业务的取得方式。显然，如果企业拥有自有厂房或者办公场所，那么在向银行进行借款或票据融资时就会有足够的抵质押物作为担保，对于企业来说会节省更多的经济成本和时间成本而获得融资支持；如果没有抵质押物，那么中小企业会选择其他的形式，如寻找专业担保公司担保、上市公司担保或者多个企业联贷联保等方式获取银行融资支持。在此过程中除了给付银行相对应贷款本金的利息之外，难免会产生担保费、咨询费等一系列财务费用，这无形之中加重了中小企业的融资成本负担。银行贷款申办的难度大、额度少一直以来是困扰中小企业融资的重要难题。当不同经济主体之间的信息分布存在偏差或不均衡时，就会产生信息不对称的问题。信息不对称就会导致事前逆向选择，事后引发道德风险。中小企业在融资过程中的信息不对称表明，金融机构在信贷市场上无法准确了解借款主体的经营状况和偿债能力，从而降低对中小企业的融资发放率，使中小企业的经济发展处于不利地位。由于银企间存在信息不对称的现象，银行要给中小企业提供贷款必须要防范相关的信用风险，而实施较强的抵质押担保措施是金融机构在防范信贷风险过程中普遍采用的重要手段和工具。按照我国《贷款通则》中的有关规定，企业在向银行申请贷款时必须要提供有效的抵质押担保。现阶段，我国商业银行对抵质押品的要求也相对严格。一般情况下，商业银行普遍能接受的抵质押品仅为：土地、房产、存单以及可估价的有价证券等，很少会接受其他形式的抵质押品。中小企业由于资产规模有限，且普遍缺乏对有效资产的持有，因此，很难符合银行贷款申办时对抵质押品的要求，同时中小企业由于经营风险较大，很难寻求能够为自身贷款提供有效担保的担保机构或个人。中小企业在缺乏有效资产的情况下，要进一步打开甚至畅通银行的融资渠道困难重重。可以尝试选择国内的专业担保机构或保险机构以其自身的信用为企业在银行融资提供保证担保，但目前我国的担保机构（包括政府参与出资和未参与出资的所有担保机构）在解决中小企业融资困难中发挥的作用仍然受到一定的限制，由于担保机构规模小、资本金不足，其担保能力十分有限，同时反担保措施繁杂、担保中介费较高，这严重挫伤了中小企业通过保证担保在银行获取贷款的积极性。

当前，国家出台了各类支持中小企业发展的相关政策、措施，各金融机构也纷纷创新服务中小企业的信贷产品，简化审批流程，降低融资成本，这在缓解和解决中小企业融资难和融资贵的问题上起到了一定作用。但这些创新产品一般都是小额零星的贷款，也是以中小企业能够提供有效的抵质押担保作为前提的，或是以中小企业的年纳税累积额作为前提的。国家连续几年都出台了关于对中小企业减税减负的相关政策，大大地减轻了中小企业的税收负担，因此，金融机构基于中小企业年纳税累积额为前提的创新产品，其贷款支持额度微乎其微，杯水车薪，根本就无法满足企业的经营周转需求。因此，中小企业要通过银行获取经营周转的融资需求，其程序仍较为繁杂，在中小企业贷款申请的过程中，办理操作的环节多、时间长。当前，我国商业银行在受理企业贷款申请时要经过严格的各类审查审批手续，发放贷款除了要有信贷员专门的贷前审查，还要通过信贷主管部门的审核审批，以及对抵押物的评估、保险和公证等多个环节，从贷款申办、流程审批到贷款发放所经历的时间较长；同时，对基层经办银行的审批授权权限不足，为了办妥一笔权限以上的贷款，基层机构常常要往返上级部门数次，一笔贷款从申贷到发放快则十多天，慢则一个月，有时时间长达三四个月。由于中小企业贷款具有需求急、时效强的特点，往往一笔贷款批下来，却已经错过了最佳的经营时期。因此，很多优质中小企业缺乏向银行贷款的积极性。

（二）中小企业经营者的综合素质有待进一步提升

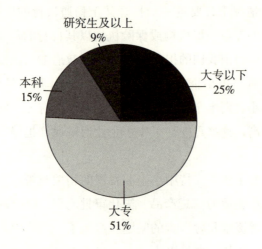

图 2 - 1　中小企业经营者最高学历分布

如图 2 - 1 所示，在中小企业的经营者当中，最高学历仅为大专的占比超过了一半，有 25% 的企业经营者最高学历在大专以下。在当前知识经济的新时期，在科技赋能、创新驱动的新时代，没有扎实的科学知识作为指导，对企业经营来说无疑是一个致命的弱点，中小企业经营者在专业知识的素养方面还比较缺乏，在企业经营管理方面出现的问题通常表现为管理方式的问题以及管理效果的问题。我国的中小企业大多数是家族式的管理模式，个人集权严重，公司治理体系缺乏，理念守旧且专业知识不足。在组织、领导、决策及控制等方面缺乏科学合理的制度约束和行为规范，这导致其在管理效果上出现较多问题，如员工的积极性不高，顾客满意度较低等情况。此外，员工跳槽现象也较为严重，常年处于"招聘—流失—再招聘"的不良循环中，人员流动过于频繁，团队稳定性较差，且员工整体素质不高，人员质量参差不齐。管理者往往仅重视短期利益，青睐能言善辩的销售人员和普通技术工作者，忽视对高端职业经理人的引进，忽略对优秀外贸人才的选聘与培养。因此，难以较好地认识市场形势和市场环境，容易错失商机。

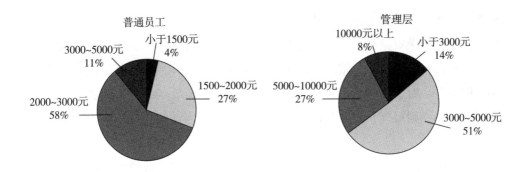

图2-2　中小企业普通员工月薪及管理层员工月薪占比

如图2-2所示，中小企业的总体薪酬水平相比于国有企业而言偏低，同时在员工福利的给予方面没有足够重视，管理缺乏科学性、规范性和系统性。据调查，大部分中小企业主在制定员工的薪酬水平时一味简单地根据市场平均水平来衡量，工资调整的随意性较大，其调整的标准大同小异，对员工并没有形成很好的激励作用，难以保留员工对企业的忠诚度。中小企业经营管理水平的高低会直接影响到企业的生存与发展，并且会立竿见影地反映在企业的财务数据上。根据本次的实证研究结果，中小企业在向银行申请融资借款时其总体财务状况会对融资的方式和融资额度产生正向影响，因此，企业的经营管理水平的持续提升是中小企业永恒的必修课。

（三）政府的扶持力度有待进一步加强

当前，虽然国内成立了一些专门从事中小企业服务的社会组织或机构，但是这些机构大多都是非政府、非官方机构或组织，缺乏统一性、公立性和权威性，并没有设立诸如培训中心、创业服务中心等专门的政府机构用于专项支持中小企业的发展。当前，世界总体经济处于下行期，突如其来的新冠疫情给人们的生活和企业的发展带来一定程度的影响，国家陆续出台了一系列如减免税收、减免租金、对中小企业进行纾困补贴等有利于中小企业复工复产的相关政策和措施，同时，金融机构也纷纷响应国家的政策号召，对中小企业原有的存量贷款进行降息，同时，对原有到期的存量贷款实行合同展期，让中小企业度过疫情下"寒冷的冬季"。由于新冠疫情的影响，原本就缺乏市场竞争力的中小企业，更是步履艰难。在中小企业发展举步维艰甚至摇摇欲坠的情况下，国家除了上述的政策制定外，还要加强对金融机构特别是商业银行的引导，应为中小企业广开融资路径，畅通融资渠道，让"金融活水"帮扶中小企业渡过难关。因此，政府的政策、措施还需要进一步完善与提升，政府是国民经济宏观调控的主导，对解决中小企业融资难的问题担负着重要的责任，要进一步明确政府干预的原则尺度，扩大政府的支持力度，这是当前解决中小企业融资难问题的重点所在。

自20世纪80年代初期起，支持中小企业创新已成为政府扶持中小企业发展的重点方向，大部分的工业化国家都在政策上对科技型中小企业的创新活动有所倾斜，基本上靠政府的直接资助以及民间的风险投资这两种投资渠道来扶持科技型中小企业的发展。基于政府的直接资助层面，许多国家通过实施相关的政府计划，直接利用政府的财政资金，引导和带动风险资本及社会各类资金支持中小企业技术创新活动。如美国的中小企业创新研究计划就是美国政府直接支持中小企业技术创新的专项计划，该计划早在1982年就设立，由政府有关部门按一定比例拨付资金，为在政府命题的研究开发项目中中标的中小企业提供资助；加拿大的产业研究支持计划是一项专门支持中小企业技术创新的联邦政府研究与开发支持计划，已有50多年的历史，2019—2020年度资金总预算就达到33.68亿加元。另外，英国的资助计划、德国的BTU计划、以色列的Yozma基金、欧洲的EIF基金等都是为了支持中小企业的科技创新而设立的专项基金或帮扶计划。这些由政府直接对企业进行资金资助的计划具有以下几个共同特点：第一，重点支持的对象是还处于初创期的中小企业，该部分企业虽然具有较大的创新和发展潜能，但当前的发展环境处于劣势状态；第二，重点支持的活动是依据政府的导向，贯穿于企业研究和开发成果的商品化和产业化全过程；第三，政府的这部分资金将最大限度地发挥其对其他资金（如社会资金）介入的引导和带动作用，即极大地发挥了政府该部分资金的强大杠杆作用。在对中小企业的政府扶持方面我国起步较晚，1999年，国务院批准建立中小企业技术创新基金，主要用于扶持科技型中小企业的发展，创新基金的成立在一定程度上起到了优化我国产业和产品结构的作用，支持中小企业发展的同时也创造新的就业岗位和机会，这对扩大内需，助推国民经济的稳定、健康和快速发展起到了一定的作用。但是从全国各个不同的地区来看，政府对中小企业的扶持力度和实施效果差强人意，以至于中小企业的融资问题一直是制约企业发展的关键问题，这在当前的后疫情时代无疑对中小企业的发展形成了强大冲击，直接威胁到中小企业的生存。

（四）中小企业融资渠道有待进一步拓宽

有研究表明，当企业发展到一定规模之后，将会越来越依靠外源融资而减少内源融资的比例，其中外源融资又主要分为直接外源融资和间接外源融资[①]。当前，直接融资的渠道主要是通过在资本市场上发行股票、债券或者基金。我国的资本市场起步较晚，发展时间较为短暂，在不断探索建立中国特色社会主义资本市场的过程中虽然取得了一定成就，但整体上还存在很多不足之处。近三年来，虽然上海证券交易所的科创板块和深圳证券交易所的中小企业板块都从原来的上市前审核制转换到当前的注册制，这在一定程度上有利于中小企业特别是科技型中小企业的直接融资，但对企业在一板市场发行股票、债券和基金等有价证券还是有较为严格的条件与限制。中小企业规模较小，自身条件有限，基本不能满足发行股票和债券的条件，而专门针对中小企业的二板市场即创业板和科创板市场规模毕竟有限。因此，只有极少数科技型中小企业才能在资本市场上实现直接融资。间接融资的渠道主要是通过银行贷款融资，但是现实情况表明，我国的金融机构对中小企业存在普遍的偏见和歧视，相比于大企业而言，中小企业从金融机构获取贷款的难度较大。并且中小企业的经营管理水平有限，抵质押担保或保证担保的能力也普遍较差，与银行贷款的要求与条件存在着一定的差距。据统计，上海中小企业的长期资金来源有超过40%来自上级部门（集团公司）的支持，有27%的资金是企业自筹资金，而仅有不到10%的资金来源于银行贷款。

当前，国内发行企业债券的非金融企业主要以具有较高评级等级的大型企业为主，其发债规模较大，债券利率也较低。而中小企业在达到发债条件的情况下，也只能仅以其单个企业的商业信用做支撑，发行规模非常有限，市场认可度相对较低。另外，中小企业通过债券融资，由于其规模限制和信用等级较

---

① 李恒光. 我国中小企业融资现状及改革策略［J］. 郑州轻工业学院学报，2003（1）：48－49.

低，往往承担着较高的财务成本，如较高的债券票面利率、较高的承销商服务费等。截至 2019 年底，国内仅有 436 家中小企业成功发行中小企业集合票据等直接债务融资产品，筹集资金 300 多亿元。我国中小企业融资的普遍特点是：以银行体系主导的间接融资为主，而直接融资大约只占总融资额的 20%，企业要寻求长远的持续发展，走资本市场的直接融资渠道是必经之路。当前，对于我国的中小企业来说，在直接融资渠道尚未畅通的情况下，如果没有银行贷款这种主要的间接融资渠道，企业要发展就显得异常艰难，甚至有的企业可能难以维系基本的生产运营。目前，在我国已经上市的绝大部分公司都是由国有企业改造而来，但由于行政机制的涉及以及市场机制的失灵，这些上市公司特别是在主板即一板上市的公司普遍存在着转轨却没转制的现象。现在的许多上市公司，从表面上看已经完成了改制，即已经从国有企业转变为股份制上市公司，在公司的名称上体现为股份有限公司，在组织上也建立了股份制的组织结构，同时在财务管理上执行了股份制公司的财务准则，但实际上的一些具体管理、行为和做法却伤害了大量投资者的利益，为了满足经营需求，通常资本市场的正常直接融资行为被说成了无厘头的"圈钱"行为，很多企业在发行股票时按照高于市场水平的溢价来募集资产，而没有从实际上考虑股东的利益和回报。在大部分上市公司中，国有股份通常都处于绝对的控股地位，而这些国有股大都处于"产权虚置"和"所有者缺位"状态，这就使得任何一个行政部门特别是上市公司的原主管部门都可以以国有股代表的身份来干预企业，却不对这种干预的后果承担任何责任。在激励机制方面，我国上市公司中普遍存在着激励机制不健全的现象。在市场经济较为发达的国家，上市公司中普遍实行经营者的即时薪酬和长期薪酬相结合的激励制度。中小企业要想在资本市场融资，要承担更多的成本以及接受更严格的要求，这无疑将中国大部分的中小企业阻挡在直接融资的大门之外。

（五）中小企业的信用担保体系需进一步完善

当前，我国在很多省市地区都成立了中小企业信用担保机构，这主要是因为中小企业在进行外部融资时，其自身在不能提供足够的抵质押担保时，要使外部融资渠道顺畅就必须要有良好的信用担保作为支撑。然而，现阶段我国信用担保机构良莠不齐，规模大小不一，没有一个较为统一的运营标准和完善的风险补偿机制，其在解决中小企业融资问题上所发挥的作用一则不明显，二则不理想。不同地区对中小企业贷款信用担保的管理规定也有所不同，有的信用担保机构对股东以外的企业提供担保时，特别是基于民营企业的信用风险和经营风险，其在设立反担保条件时通常十分苛刻，让中小企业主可望而不可即。因此，中小企业在贷款申办过程中，其信用担保的反担保条件和程序都比较繁琐且成本较高，使得中小企业的融资需求难以满足。

现阶段，我国中小企业的信用体系建设面临着诸多问题，主要体现在内部治理和外部环境两个方面。从中小企业的内部治理角度来看，我国中小企业的经营管理体制相对比较落后，还没有建立完善的现代企业管理制度，公司治理不完备，经营主合理统筹和科学规划的能力较弱，从而使得企业的整体管理水平偏低，经济效益不佳。因此，企业在进行外源融资时将面临较多的自身缺陷；同时，我国许多中小企业缺乏完善的客户评价制度，在经营销售过程中经常会与客户发生产品或服务的纠纷事件。另外，由于中小企业主的素质参差不齐，诚信经营的意识普遍不强，很多中小企业不重视信用文化的建设，受经营企业主的影响，企业员工也缺乏信用观念，企业在申报贷款的过程中经常会遇到因企业提供虚假的债务信息或失实的资产评估材料等情况被银行拒之门外，这在一定程度上影响到中小企业的整体信用评价。从市场经济发展的整体外部环境来看，当前，我国缺乏完善的中小企业信用担保评价体系，各地区成立的担保机构较为分散，规模普遍较小，在具体的业务办理过程中还处于不断摸索的过程，缺乏成熟的经验支持，由于中小企业涉及行业较广，经营能力不同，信息不匹配现象较为严重，这些无疑都给担保公司执行具体担保业务审核的过程提出了更高的要求。与此同时，在为中小企业提供信用担保时因缺乏相应的银行联动机制和风险补偿机制，容易引发道德风险，从而导致中小企业获得信用担保难度较大、费用较高、程序繁杂。另外，我国目前针对中小企业还没有形成一套完整、系统、科学的信用评价体系，担保公司或者金融机构在获取中小企业信用信息的过程中其信息的传输也不顺畅，中小企业主总是避重就轻，除了征信系统所能查询的资料，其他有关企业信用信息的查询和共享都存在一定的困难。此外，目前也没有明确的立法来规范整个信用体系的运维以及对中小企业的信用行为的约束，这在外部环境上使得中小企业的信用体系建设困难重重。

总之，通过梳理我们可以看出中小企业信用体系的建设不但要从内部"塑形"，而且要在外部环境上营造良好的氛围，不断克服中小企业内外部的不利影响因素，想方设法持续推进中小企业的信用体系建设，稳步发展中小企业信用担保业务，进一步拓宽中小企业的融资渠道，缓解和解决中小企业融资难问题。

第三章　我国中小企业融资困境的原因分析

第一节　中小企业自身方面原因分析

一、中小企业管理制度不规范

　　企业要想在竞争激烈的市场经济中获得长远的发展，那么就必须要制定合理、科学并适应本企业发展需求的管理制度，这样才能在保证企业的内部管理高效运行的同时，还可以提高企业的综合核心竞争力。科学、高效的管理首先是解决资源有限性与欲望无限性矛盾的手段与方法。由于资源的稀缺性，管理可以使组织在资源有限的条件下，获得最佳收益；其次，管理以企业经营目标为出发点，思考、组织、统筹企业的内外资源，并积极开发潜在资源，同时又以目标为衡量依据，确认经营活动的有效性，以保障组织目标顺利完成；再者，管理通过计划、组织、领导、控制等职能，保障组织各项活动的协调性、统一性，是组织开展生产经营活动的一种有效手段，具有一定的科学性，并在创新的过程中不断得到升华；最后，管理追求的是资源的合理利用与配置，企业在管理过程中运用的各种方法、工具、手段的终极目标都是追求资源的合理利用与有效配置，立足于企业自身实际，创造有效价值。

　　优秀的企业不但拥有创新的技术，同时也通过提升内部管理来获取先发优势。在经济全球化的今天，越来越多的企业主意识到管理在一个企业、一个组织中的重要性。管理学大师彼得·德鲁克曾经提过，21世纪的企业常青之道是通过管理来实现的。对于中小企业而言，要想发展并壮大，必须在管理制度上下功夫。形成我国中小企业融资困境的一个重要原因就是中小企业的管理制度不健全、不规范、不科学。从工信部中小企业局和中国企业联合会研究部对我国中小企业管理现状的调查结果来看，我国中小企业的管理制度问题主要表现在以下几个方面：

（一）中小企业在经营过程中的管理环节较为薄弱

有调查结果显示，中小企业在工作标准以及安全管理方面的制度相对比较完善，但其他方面的基础管理环节仍然比较薄弱。仅有27%的中小企业制定了明确的岗位责任制度，也只有59.11%的中小企业基本上制定了各类岗位的相关规范，还有2%的企业根本没有制定明确的岗位责任制度。明确的岗位责任制度可以规范企业员工的工作行为，使所有员工能够各尽其责并各司其职，提高工作效率。令人担忧的是，目前我国中小企业中仅有四成左右的"尖子生"企业，其余的中小企业主要的管理制度仅仅是纸上文章，制度化管理无从谈起，这也是中小企业在管理过程中所遇到的诸多问题中最为突出的，建章立制形同虚设，执行落实缺乏监督，中小企业大多为民营家族企业，个人集权严重，"老板一个人说了算"这一现象普遍存在，制度约束淡化，"人治"凌驾于"制治"之上，这在一定程度上束缚了企业的进一步发展。中小企业主经营管理能力的强弱已经成为制约企业发展的关键因素。世界500强的大型优秀企业，无一例外都有其独特的、成功的、适合本企业发展需求的管理模式和管理方法，只有通过对组织的全面管理才能在确定企业发展目标的基础上有的放矢，各个击破。良好并有效的管理方法对中小企业的发展来说至关重要，通过管理"塑形"不仅仅能够提高企业的自身形象，同时也为企业继续做大做强做优提供有力的内在保障。现阶段，我国大部分的中小企业依然延续家族式的管理方法，一人独大，领导说了算，无视或根本就没有建立现代科学管理方法和运营模式，在组织上较为涣散，这必然会导致组织发展的失效，缺乏有效的管理容易让中小企业陷入融资困境，不利于中小企业的长期、稳定发展。

此外，中小企业的管理创新体制不健全且目标不明确，中小企业的发展与良好的管理密切相关，需要可靠和清晰的管理体系。但是，根据实际问卷调查的结果，很多中小企业在这方面存在着诸多问题。首先，一些公司对管理不够重视，仍然使用企业管理系统的传统概念，管理系统不仅缺乏相关性，而且缺乏现代性，很难在公司治理中发挥特定作用；其次，管理系统需要企业根据发展的需求主动创新，要有明确的方向，而不是一种盲目的形式，否则就没有实际效果。目前，大多数企业领导者都充满着热情，但无法找到方向，因为他们没有专业的知识，也没有接受过训练。WIND 经济数据库调查问卷统计显示，在我国的中小企业法定代表人单位中，企业法人或实际经营者具有与行业相关专业本科学历及以上的占比仅为 6.85%，具有三年及以上相关行业从业经验的占比也仅为 39.87%，因此，中小企业的相关部门和研究人员还必须帮助公司了解创新的方向，协助经营者实施管理创新。

（二）中小企业的企业文化塑造有待进一步加强

企业文化是一个企业长期生产、经营、建设、发展过程中所形成的管理思想、管理方式、管理理论、群体意识以及与之相适应的思维方式和行为规范的总和，是企业领导层提倡、上下共同遵守的文化传统和不断革新的一套行为方式，它体现为企业价值观、经营理念和行为规范，渗透于企业的各个领域和全部时空。企业精神、企业价值观以及企业经营理念的培育是其核心内容，通过企业文化的建设与实施，使企业员工的文化素质不断提高，团队的稳定性与协作能力不断加强，助推企业综合竞争力的提高。其重要作用主要表现在：首先，企业文化对形成企业内部凝聚力和加强外部竞争力起到积极作用。在市场经济环境下，企业的竞争实质上就是企业文化的竞争。面临全球经济一体化的新挑战和新机遇，企业应不失时机地搞好企业文化建设，从实际出发，制定相应的行动规划和实施步骤，虚心学习优秀的企业文化，努力开拓创新。其次，企业文化建设是一项系统性工程，是现代企业发展必不可少的竞争法宝。一个没有企业文化的企业是没有前途的企业，一个没有信念的企业是没有希望的企业。从这个意义上说，企业文化建设既是企业在市场经济条件下生存发展的内在需要，又是企业实现管理现代化的重要方面。为此，应从现代企业发展的实际出发，树立科学发展观，讲究经营之道，培养企业精神，塑造企业形象，优化企业内外环境，全力打造具有自身特质的企业文化，为企业高质量发展提供动力和保证。

中小企业在其企业文化的塑造上一直以来较为薄弱，导致了其关键员工的离职率较高，经营团队不稳定现象较为严重。企业中的关键员工是指除高层管理人员以外的关键人员，主要包括企业内设各个部门的部门负责人、掌握关键客户资源的营销人员、掌握了企业各种核心技术的关键技术人员等。此外，还包括对企业内部协同分工和组织绩效有重要影响的员工。在企业内部不乏一些具有很强的团队影响力和感召力的人，尽管他们没有担任重要的职务，这类员工也应该属于企业的关键员工。WIND 数据库 2021 年的调查显示，从整体上来看，中小企业有重视并留住企业关键员工的意识，有的企业能够给予员工高薪并且以持股激励等长远的方法或手段留住关键员工。有 30.23% 的中小企业通过长期持股的计划留住关键管理人员，有 4.46% 的中小企业通过长期持股的计划留住关键技术人员。中型企业倾向于通过员工长期持股的计划留住关键管理人员，小型企业倾向于留住关键技术人员，主要是因为在企业实际经营过程中，中型企业的规模较大，管理上需要更高管理水平的关键人才，而小企业一般处于发展阶段，更加注重技术的创新以期保持并提高市场竞争力。由于企业文化的价值取向不同，以及企业所处的发展阶段和周期不同，各类中小企业对其关键员工的划分标准也存在不同。此外，由于企业文化的差异，关键员工的离职率在不同的中小企业间也出现差别，有超过 70% 的中小企业其关键员工离职率低于 5%，有 13% 的中小企业其关键员工离职率在 5%~9%，有 6% 的中小企业其关键员工离职率超过了 10%，还有 4.6% 的中小企业其关键员工离职率超过了 20%。此外，由于企业文化的缺失，中小企业一般员工的跳槽现象也较为严重，有的中小企业甚至常年处于"招聘—流失—再招聘"的不良循环中，人员流动过于频繁，团队稳定性较差，且员工整体素质不高，人员质量参差不齐。因此，中小企业的企业文化塑造有待进一步加强，以此加强并稳固经营团队，为其自身的长远发展奠定人才基础。

（三）中小企业普遍缺乏现代企业的创新意识

在我国，传统中小企业的经营管理方式大多是经验管理。随着市场经济的不断发展，市场竞争愈演愈烈，如今的中小企业主已经开始逐渐重视各类现代管理方法的应用，开始不断地向优秀的中小企业学习目标管理、战略管理、企业流程再造以及安全管理等科学管理方法，但是很多中小企业的管理却流于形式，缺乏效果，只有形式而没有实质，家族式的经验管理仍然占据着主导地位，极大地束缚了企业创意意识的开发。此外，在很多的中小企业中仍然存在较强的裙带关系，由于部分亲属及朋友参与到企业管理及生产中的各个环节，而且大部分人员还处在重要的位置上，一部分能力不足且工作态度不端正的工作人员甚至管理人员倚仗与老板的亲戚或朋友关系严重影响了企业运行的正常秩序，同时也伤害了一般员工的工作积极性。这种关系主义的中小企业实施现代管理方法和创新意识的效果往往大打折扣。缺乏良好的管理创新环境，极大地削弱了企业员工的创新意识。

从当前中国市场经济的总体环境来看，中小企业的创新氛围并不强烈，缺乏创新的热情。有中小企业的内设部门对公司治理结构创新非常感兴趣，但没有积极地发展它，以至于企业经营者不理解它们的概念。上层高管的漠不关心降低了参与管理创新的员工的积极性，降低了企业管理创新的激情，同时也并没有表现出创新的承诺与决心。就中国的中小企业而言，有时候"创新"被看作是一个口号，并且没有主观方法。首先，这些中小企业主对社会科学发展的认识不足，从长远来看，社会的发展是无法想象的，而企业更加注重短期的直接利益。企业创新是一个长期的过程，需要不断优化管理系统并调整管理模型，其影响在创新过程中逐渐体现出来，但是不会在一夜间就形成。因此，这种管理上的创新通常被中小企业主忽视。其次，中小企业普遍缺乏创新的勇气，管理创新是一条未知的道路，存在风险。对于企业家来说，基于现有的管理系统是安全的，不会出现大的错误，但是效用却不大。特别是在中小企业中，由于缺乏资源，管理体系不完善，所以管理创新是有必要的。

此外，创新的人力资源不足，这是企业长期忽视业务创新带来的结果。人才队伍建设薄弱，管理者往往仅重视短期利益，青睐能言善辩的销售人员和普通技术工作者，忽视对高端职业经理人的引进，忽略对优秀外贸人才的选聘与培养。与一般的管理工作不同，建立人才团队通常需要专业的、高素质的相关人员。然而，由于中小企业对此不够重视，相关人员的技能没有得到迅速提高，很难在短时间内有效解决相关问题，很多人对业务流程并没有自己的独立看法，只停留在表面上。此外，中小企业的公司治理也反映出人员结构存在的问题，一个人身兼数职的现象大量存在。因此，加强中小企业的人才队伍建设是中小企业实现高质量发展的重要保障。企业要将创新落实下去，而不能只停留在表面上，否则就无法得到良好的效果，从而打击企业经营的积极性。

（四）中小企业的信息化管理手段有待进一步提升

信息化管理是指以信息的带动来实现企业管理现代化的过程，它是将现代信息技术与先进的管理理念相融合，转变企业生产方式、经营方式、业务流程、传统管理方式和组织方式，重新整合企业内外部资源，提高企业效率和效益、增强企业竞争力的过程。随着科学技术的不断发展，中小企业已具备开展信息化管理的良好外部环境。但是，中小企业信息化程度参差不齐的现象较为明显，不均衡现象较为普遍。从规模上看，中型企业的信息化水平比小型企业要高，在中小型企业的比较中不难发现，中型企业在采购、销售管理环节以及客户关系管理环节的信息化水平上要远远高于小型企业，并且这种发展的不平衡还呈现地区差异的现象，如西部地区中小企业的信息化水平相比于东部地区和中部地区都普遍较低，这和西部地区的经济发展水平相关，同时也跟中小企业自身的技术开发水平有关。WIND 数据库 2021 年的调查显示，在西部地区实施会计电算化的中小企业只有 70.5%，而在东部地区实施会计电算化的企业有 78.5%；在西部地区实施办公系统自动化的中小企业比例为 55%，而在东部地区有 68% 的中小企业实施了办公系统自动化；在西部地区建立了中小企业公司网站的比例大约为 47.8%，而在东部地区这一比例达到 60.9%，远高于西部地区。另外，在实施客户关系管理和销售管理等信息化系统的配套上东部地区的中小企业比例也相对比较高。

信息的收集、筛选、甄别与分析已成为当前企业发展的重要环节，特别是对处于发展中的中小企业来说至关重要。传统、守旧的经营理念势必影响企业对当前市场形势中最前沿信息的采集与捕捉速度，也势必影响企业最终对市场实际需求和供给的判断和对未来发展形势的预测，造成较为严重的信息不平衡和不对称，时常导致贸易主动权受限甚至丧失，轻则易错失商机，重则造成损失。此外，我国的中小企业通常以劳动密集型产品和低附加值产品作为主导产品，产品工序简单，结构单一，交易额较小，受到诸多限制，缺乏市场竞争力。低附加值产品缺乏创新和技术应用，科技含量较低，并非生活必需品，在市场中缺乏主动性。企业信息化管理的精髓就是信息集成，其核心要素是数据平台的建设和数据的深度挖掘，通过信息管理系统把企业的设计、采购、生产、制造、财务、营销、经营、管理等各个环节集成起来，共享信息和资源，同时利用现代的技术手段来寻找自己的潜在客户，有效地支撑企业的决策系统，达到降低库存、提高生产效能和质量、快速应变的目的，增强企业的市场竞争力。

首先，中小企业应改变其原有的传统管理模式，实行扁平化管理和网络化管理，实现面向客户的集成化管理目标。应对原有管理进行重组与变革，重新设计和优化企业的业务流程，使企业内部和外部的信息传输更为便捷，实现信息资源的共享，使管理者与员工、各部门之间以及企业与外部之间的交流和沟通更直接，提高管理效率，降低管理成本。其次，中小企业要积极运用信息技术对企业的商流、物流、资金流和信息流进行有效控制和管理，逐步实现商流、物流、资金流和信息流的同步发展，通过四流系统将原来的管理金字塔体系打破，实现扁平化的流水线管理方式，通过这个主线条衔接并重建每个员工、每道工序、每个部门的数字化基础，并达到规范化、标准化的要求。企业领导和管理人员可随时调用生产、采购、财务等部门所有数据，既实现了资源共享，又实现了实时监控，同时防微杜渐，为企业自身的可持续、高质量发展奠定坚实基础。

（五）中小企业应增强培训力度并增进法律意识

WIND 数据库 2021 年的调查显示，我国中小企业对员工的继续教育与培训还较为薄弱，并且对管理者的培训和对员工的培训的重视程度存在着明显差别。中小企业的经营管理者接受的培训比例比员工接受培训的比例要高，中小企业经营管理者经常接受培训的比例为 66.7%，很少接受培训的比例为 30.2%，从来没有接受过培训的比例为 3.1%。关于中小企业的内部员工培训方面，定期对员工提供培训的中型企业有 58.5%，对员工提供简单的岗前培训的中型企业有 36.2%，而完全没有对员工提供培训的中型企业也还占到了 5.3%。在小型企业定期对员工提供培训的比例只有不到 50%。尽管有一半的中小企业认为提高经营者素质与员工素质是提高中小企业管理水平的重要措施，但是总体上说中小企业为员工提供培训的力度还不够。中小企业要提高管理水平不但要加强基础管理，建立约束机制，同时还要不断增强对企业经营者与员工的培训力度，从而提高从业人员的整体素质。人才兴业，人力资源乃立业之基，强企之本，人才队伍建设是中小企业健康可持续发展的内生动力。因此，中小企业要建立长效的人才培养机制，注重运用型人才的培养，要树立终身学习的意识，加强对新市场、新形势、新概念、新理念的认识，树立紧迫意识、忧患意识、改革意识、发展意识、创新意识乃至科技意识，主动适应新发展、新环境和新常态，为企业自身的发展提供强有力的人才保障。

此外，我国中小企业在经营管理上合法合规的意识还有待于进一步加强。一些中小企业缺乏必要的合同法律常识和意识，合同审查规范化管理不健全，对事先审查、论证、调研不够重视，在签订和履行合同中存在实体上及程序上的诸多问题，有经营者存在违规操作的现象，甚至仅凭哥们义气、人情关系就草率签约，导致合同权利、义务约定失误。中小企业在招聘员工时缺乏全面的劳动合同管理，而签订劳动合同是企业规范化经营和履行社会职责的重要表现。目前，仍有很多中小企业对劳动合同的约束力还不够重视，在招聘员工时没有签订明确的劳动合同，不仅使劳动者的权利得不到保障，同时也阻碍中小企业的管理水平的提高。调查显示，目前只有48.6%的中小企业注重劳动合同的签约情况，但是也没有达到全面签约；有19%的中小企业的劳动合同签约率为80%~95%，仍有14%的中小企业劳动合同签约率低于50%。我国东部地区的中小企业劳动合同签约率高于西部地区，劳动合同签约率在95%以上的中小企业在东部地区占51%，而在西部地区只有43%。可见，我国的中小企业劳动合同管理的意识普遍不够高，仍然需要在经营中进一步提升。此外，中小企业的随意担保现象较为严重，违约责任追究困难。有时陷入被动，代人承担履约责任，造成重大经济损失而无计可施。依法维权意识也不强，有的企业由于机制尚不完善，遇有合同纠纷，基于和气生财，尽量进行协商，但效果并不十分乐观。针对货款拖欠问题，有的企业上门讨债，但由于债务人故意推脱，隐匿财产，不仅效果很差，反而增加了追债成本，而对仲裁、诉讼等法律救济途径却较少使用。由于部分企业主的维权意识不强，依法维护企业权益的积极性不高，难免造成一些外欠款项难以收回，形成了呆账、坏账，积累了较大数额的不良资产。有的中小企业有时因忽视自己的法律权利，许多案件过了法定诉讼期限，法院不再受理，造成难以弥补的经济损失。因此，中小企业在经营管理过程中不仅要守法，还要懂法，时刻要用法律的武器来维护自身的正当利益。

二、中小企业财务制度不健全

健全且科学的财务管理制度在现代企业管理中发挥了不可忽视的重要作用，对于追求利润最大化的企业来说，成本控制无疑是一项最为基础的工作，而健全并科学的财务制度是控制成本、提高利润的基本方法。我国的中小企业有很大一部分都属于民营企业，投资者与经营者的界限较为模糊，并且大部分的投资者并不是专业的财务人员，而是业务技术人员。基于中小企业的经营管理过程，当要对组织做出决策时通常要以其业务判断作为标准，这时候就必须以科学、通盘的财务管理作为依托，进行相关决策的制定、部署与实施。当前，财务管理是中小企业在发展过程中相对比较薄弱的环节，主要体现在以下几个方面：

首先，大多数的中小企业缺乏健全的财务管理制度。只是简单地以经营者的经验为指导，没有形成明确的规章制度，这样缺乏科学依据，很容易在管理上产生财务风险与经营风险。由于没有严格地按照会计准则进行会计实务操作，这就很容易造成企业会计信息或数据出现问题，或者数据存在被伪造的情况；有的企业没有执行基本的会计制度，一些中小企业出现了一人身兼数职的情况，原本应该独立分设并相互监督的职位，企业经营者为了节约成本却安排同一人担任，失去了监督的作用；另外，有的中小企业在经营过程中严重缺乏预算管理，由于缺乏预算管理而导致了资金滥用、超支严重、资金回笼不及时等诸多问题；有的企业在资金的调拨使用方面也同样存在问题，其基本支出和项目支出界限划分不清，对于专项没有专用款项，一旦支出超出预算，就利用项目支出填补超出预算的支出。这些问题都是由于在企业的会计核算工作中，会计管理及监督制度并没有或者是很难起到其应有的管理和监督作用，企业主及会计人员对于此类情况也习以为常，对这些问题视而不见，从而造成了问题日益严重的情况。

其次，缺乏对财务管理理念的足够重视。很多中小企业主为了节约成本，精减人员，把财务人员视为辅助人员，可有可无，导致了优秀的专业人才难以留任，极大地限制了企业的财务核算和财务管理水平，因此，很难对企业的产、供、销做出正确的会计反映，同时也很难对经营管理的整个流程进行有效的会计监督。这充分体现了在企业日常的实际运转过程中，资金监控不严、财务控制薄弱，这是中小企业普遍存在的财务管理问题。其中，企业在财务控制薄弱方面主要表现在对其存货控制比较薄弱以及在现金管理环节上比较薄弱。存货控制薄弱则容易让企业形成呆滞资金，月末存货过多则又容易引起资金周转不灵。现实中很多中小企业的存货往往较多，没有做好存货管理，这也是造成资产浪费的重要原因。存货控制不利，大量库存产品占用大量资金，造成资金呆滞，周转不灵。此外，中小企业的现金管理不严格，容易造成资金闲置或者短缺。应收账款如果不及时收回，容易造成资金回收困难，甚至形成无法收回的呆账，影响企业效益。当前，虽然有的中小企业已经意识到财务管理的重要性，对财务管理制度和流程进行了重新梳理和规划，但由于种种原因并没有取得实质性的进步，只是停留在对原有管理办法的简单补充或添加，全面、科学、系统性的会计管理制度仍旧没有形成，导致中小企业在发展过程中的财务问题仍没有得到有效解决，其财务管理观念保守陈旧，没有形成科学的管理体系，很难适应当前市场经济发展的需要。

最后，中小企业对财务内部审计工作重视不够。贯穿于企业整个内部审计过程中的监督实际上包含着对多方面内容事项的监督，监督是企业内部审计最基本的职能工作。不仅要监督企业对会计准则等法律法规的遵守情况、企业内部管理控制系统的运营情况，还要监督企业员工是否遵守企业的各项规章制度以及各个部门对企业的各项方针、政策的落实和执行情况。内部审计不仅要发挥监督作用，同时还要发挥对企业内部的服务作用。内部审计的服务功能主要是指审计人员在工作中发挥自身的作用，从而更好地监督企业内部的运行情况。对于企业内部审计部门，不管是监督功能还是服务功能，归根结底都是为了企业的稳定运行而服务，都是为了帮助企业健康成长。当前，我国很多中小企业因为自身管理水平的限制，以及缺乏现代财务管理理念，并没有建立有效的财务管理机制，更没有设立健全的内部审计部门，即使有设立内部审计部门也往往是流于形式，缺乏独立性，很难发挥内部审计部门的监督与服务作用。

当中小企业向银行申办融资业务时，企业的总体财务状况首先是受理银行需要深入了解的，因为其是体现企业总体经营周转是否正常，现金流是否健康，业务流转和交易是否真实等情况的重要指标。这在一定程度上决定了中小企业能否成功地取得银行的融资支持，以及所取得的融资额度大小。所以，规范、健全且科学的财务管理制度建设对于中小企业的内在"塑形"至关重要，关乎中小企业的健康成长，也关系中小企业的长远发展。

三、中小企业信用制度缺失

《新帕尔格雷夫经济学大辞典》对信用做了这样的解释：提供信贷意味着

把对某物（如：一笔钱）的财产权进行让渡，以交换在将来某一特定时刻对另外的物品（如：另外一部分钱）的所有权。中国人民大学的黄达教授在其主编的《货币银行学》中也对信用做出了如下解释："信用这个范畴就是指借贷行为。这种经济行为的特点是以收回为条件的付出，或以归还为义务的取得；而且贷者之所以贷出，是因为有权取得利息，后者之所以可能借入，是因为承担了支付利息的义务。"综上，信用的基本要义就是对借的偿还，信用还有一个伴生物，即利息。信用的基本要义是对借的偿还，利息作为信用的伴生物构成了信用不可分割的一部分。在以私有制为基础的市场经济国家中，严格的信用关系建立在对私有产权保护的基础上，这既是信用的经济基础，也是它的法律基础。在现有的市场经济条件下，信用是建立现代企业制度的基础，也是现代企业制度的基本特征之一，它是建立在对资产的使用者充分信任的基础上的企业资产所有权与使用权的分离。从现代企业制度的最典型组织形式来看，作为企业资产的所有者——股份有限公司的股东，就是通过投资入股的方式，将众多分散的小额资产交给资产的使用者——企业经理人，从而形成独立的企业法人财产。现代企业的组织领导者凭借以企业资产为后盾形成的企业信用，独立开展经济活动。换言之，现代企业制度建立在充分信任的基础之上。企业的信用可以体现出企业的价值，信用标榜着一家企业的最高利益，企业失去了信用那么将会带来严重的后果。商务部的统计数据表明，正是因为信用制度的缺失，每年造成的直接或间接的经济损失已经超过 6000 亿元，严重影响了中小企业的发展。我国中小企业在经营过程中时常发生违约、造假以及商业欺骗的情形，严重影响了中小企业的信用状况。尽管从短期来看，这些失信的情况可能会给企业带来各种"好处"，但是从长远来看，却已经严重影响到中小企业的生存与发展。据数据统计，我国企业在每年签订的合约中经常出现协议双方或单方违约的情况，每年大概会有超过 40 亿份的合同违约，只有不到一半的履约率。同时，在经营过程中有的企业要通过不停地催收账款来完成先前的合约，有的企业甚至要通过法律途径才能解决欠账不还的顽症。总体上来看，企业的应收账款坏账率在逐年提升，有的企业甚至达到 10% 的应收账款坏账率。当前，市场经济的基本特征其实就是信用经济，但在我国现阶段的经济生活中，企业信用观念淡漠，已成为银行产生不良贷款和制约信用制度发展的重要原因。当前，我国的中小企业在融资过程中所体现的信用缺失问题主要有以下几个方面：

第一，中小企业存在信用能力的缺失问题。主要表现在两个方面：一是企业融资信用不足。我国商业银行对中小企业提供的有效信贷供给非常有限，前述我们已经讨论过很多中小企业向银行申报贷款时都存在抵质押担保不足、相关制度不健全、财务管理不规范、信息不透明等诸多问题。因此，对于资金的贷出方——银行来说，中小企业的信用风险偏高，银行不敢放贷，致使中小企业融资难问题突出，信用严重缺失。此外，在实际经营活动中，中小企业按期还款的意识还不强，经常会出现拖欠货款、欠账不还或欠钱有理的不良行为，有的企业不愿意信守承诺，不履行合约规定，能拖则拖，能赖就赖，甚至有的还采取违法犯罪的手段来解决债务问题，以期求得短期的利益和好处，究其原因是没有将企业的信用提高到足够的重视高度。与此同时，中小企业在向银行借款时还出现逃避债务的现象，让自身的信用陷入更深层面的危机。在我国现阶段市场经济还不完善的情况下，一些企业仍然费尽心思，利用企业兼并或者是承包租赁等方式"悬空"银行的相关债务，还有一些企业利用"迂回"手段抽逃银行资金，逃避银行监管，极大地损害了投资者的利益，同时也引发了银行的经营风险。中小企业恶意逃避银行借款，导致银行惜贷，致使银企间的关系几度陷入信任危机。中小企业的信用危机问题一直是恶化银企关系的重要原因，由于在现行的法律环境下，对企业失信的惩戒措施还不够完备，违约的机会成本不高，这就在一定程度上造成了中小企业的还款意愿不足的问题。并且在我国特殊的文化关系下，即使有了明确的立法，其在执行过程中也存在不到位的问题，致使中小企业的违约成本较低。银行更愿意将资金贷给大型企业，因为大企业失信、违约的成本较高，会对企业的经营发展、品牌形象甚至其在政府心目中的信任度造成一定的不良影响，出现借款违约的现象较少。二是中小企业由于规模小，管理不完善，经常会出现由于经营不利而导致的无力还贷的情况，一旦中小企业到期无法偿还银行的贷款，银行必定终止贷款合同，并采取相应的法律措施以保护自身的合法权益，这时就有可能会影响到企业的日常经营，甚至导致企业的信用链条断裂。随着国内土地价格和劳动力成本的不断攀升，中小企业原有低成本的传统竞争优势已逐渐消失，不复存在。且中小企业的产品附加值较低，科技含量不足，导致行业准入门槛不高，现有竞争者虎视眈眈，产品替代者跃跃欲试，行业潜在者则摩拳擦掌，市场竞争环境严峻，因此，中小企业的信用能力较弱。

第二，中小企业存在信用道德缺失的相关问题。以下从四个方面分别进行阐述：首先，在生产过程中的道德缺失问题。中小企业基于成本节约的考虑通常在生产过程中缺乏严格的质量管理体系和相关认证，有的企业甚至使用劣质、有害的原材料，采用非法生产手段，并隐瞒事实，这种欺骗或欺诈消费者、片面追求暴利的不耻行为表现出严重的道德缺失。其次，在销售过程中的信用缺失问题。部分中小企业时常通过放大产品功能、美化产品外观等大量不实广告宣传，来诱导消费者进行消费，严重损害了产权人或消费者的合法权益。再者，在经营交易过程中的信用缺失问题。在市场经济条件下，企业双方的贸易往来都是基于双方协商并签订的有关合同或协议来履行相应义务或责任的。买方有收货付款的责任，卖方则有按期出货的义务。根据上述的研究，由于中小企业经营的不稳定性，其抗风险能力较低，中小企业间的合同或协议的违约现象较为严重，经营交易过程中的信用缺失问题时有发生。最后，在内部管理过程中存在财务信用缺失问题。有时中小企业为了逃税或避税，违背会计准则，有意捏造或编造虚假的财务数据，与其实际经营的客观事实严重不符。在整个经营过程中，财务管理任意且随意，不科学、不严谨，有的中小企业甚至为了投资套利，虚假美化公司的财务报表，欺骗银行和管理部门。

第三，中小企业的税费负担对其信用能力造成了一定的影响。在国家对中小企业进行减税降费之前，中小企业在经营过程中要缴纳的税费名目繁多，不仅要缴纳营业税、增值税、个人所得税、企业所得税、印花税，还要缴纳房产税、资源税、契税、土地增值税等；同时税费还是分开缴纳和核算的，除了要缴纳教育费附加，还要缴纳排污费、社会保险费等。除了要上缴国家税法规定的各类税费之外，还要向有关部门提供服务费用等。在新冠疫情之前，有数据统计显示，2018年第一季度全国非税收入同比增长53.3%，金额超过了6000亿元，而其中有3400多亿元是地方非税收入，同比增长50.1%。很显然，非税收入已经成为地方财政收入的重要部分，事实上非税收入本应该是地方财政收入的补充部分而不是主要部分。众多学者认为，如果中小企业的税费负担过重，必将严重制约这些企业的扩大再生产规模，同时阻碍技术革新和产业升级。当前，在后疫情时期，我国中小企业面临着用工短缺、成本增加、资金不足、创新不够以及应变能力弱等诸多困境，因此，国家要进一步针对中小企业，有的放矢地执行减税降费政策，最大限度地减轻中小企业的税费负担，让中小企业在发展的困境中能"轻装上阵"，提升自身的获利水平，增强自己的信用能力，为可持续、高质量发展奠定基础。

当前，有部分中小企业甚至大型企业已经被金融债权管理机构认定为"逃债企业"，被限制贷款融资的同时其资本市场的融资渠道也在一定程度上被"堵死"。通过银行借款间接融资的中小企业出现拖欠银行利息、本金逾期不还的情况，主要是因为我国中小企业先天不足，经营理念传统、专业人才匮乏、信息传导不畅、产品创新不足等问题凸显，经营者普遍缺乏专业基础知识，缺乏科学、有效、长远的战略规划能力和实际经营能力，经营不善或不畅导致的无力还本付息的现象屡见不鲜，信用危机一触即发。中小企业的金融信用缺失问题不仅仅阻碍了中小企业自身的发展壮大，同时对信用担保机构的运行也造成了巨大压力。信用担保机构在为中小企业提供担保之后，由于中小企业的信用缺失而要连带负担其担保风险，由此造成的损失远远超过信用担保机构在担保过程中产生的业务收入，严重阻碍了信用担保机构的进一步发展。同时，中小企业信用缺失的潜在风险也减少了担保机构为其提供融资担保的信心，从而导致中小企业"自食其果"，阻隔甚至堵塞了中小企业的融资渠道。

中小企业的信用道德缺失和信用能力缺失是相互影响和相互作用的，有些道德缺失完全是由能力缺失而导致的，如某些中小企业由于当前市场制度缺陷的影响，或由于不可抗力因素的影响，经营效益不佳，为了生存，不得已而违约；而一些中小企业信用能力的缺失也是由道德缺失所造成的，如某些中小企业不注意自身的管理和内在建设，热衷于投机谋利的短期行为，不聚焦主业主责，其履约能力丧失殆尽，导致了信用基础严重不足。因此，既要不断地完善和提高我们整个社会的信用制度基础，为中小企业的诚实守信创造良好的外部信用环境，同时，又要从多方面加强对中小企业自身营运及盈利能力的支持与提升，锻造其强劲的信用执行能力。

第二节　银行方面原因分析

一、商业银行经营机制的转变分析

新中国成立之初，我国建立了带有"准财政"特征的银行体制，主要服务于高度集中的计划经济。在计划经济时期，由于国家对银行的严格管控，在相当长的一段时间内，对资金、利率等金融市场要素的管制在一定程度上抑制了当时我国金融市场的发展，商业信用被国家信用取代。新中国成立后的一段时间，我国只有一家银行，也就是中国人民银行，当时的中国人民银行既履行了我国政策性银行的职责，同时，又办理具体的银行业务，这是当时高度集中、统一的计划经济体制所决定的。在1979年之后，我国相继成立了中国工商银行、中国农业银行、中国银行和中国建设银行这四大国有银行，到了1993年，中国人民银行开始专门行使国家央行的职能。1994年，我国又新设立了中国农业发展银行、中国进出口银行以及国家开发银行这三家银行，专门行使政策性银行的职责和功能。随后又出现了11家股份制商业银行，各地的农村信用社通过改组、改制，也纷纷成立了城市商业银行。自1996年之后，从银行中脱离出来的农村信用合作社开始独立经营，自负盈亏。随着市场经济的不断发展，我国的银行机构也不断地朝着多元化的方向发展，但整体上金融体系还存在一定的不足，主要表现在：一方面，最早成立的四大国有银行由于成立早、规模大、市场占有份额大，在为企业提供资金支持时也倾向于大型国企以及大项目，虽然这些大型国有银行在全国各地广设分支机构，但是在某些信贷业务的办理上还缺乏灵活性，未能及时并高效地为中小企业提供有效的信贷供给，在为中小企业提供融资的过程中其服务欠缺；另一方面，我国的中小商业银行的资金实力不强，规模较小，所占的市场份额有限，而且许多中小商业银行的战略定位趋向于大型银行，想抢占大型银行已有的市场份额，而没有将战略重点定位于对中小企业的服务，并没有聚焦主业主责。因此，我国的金融体系在制度上存在不足，其在一定程度上收窄了中小企业的融资渠道，加重了中小企业的融资困难。

2003 年我国成立了中国银行业监督管理委员会（以下简称"银监会"），是中华人民共和国国务院直属的事业单位，负责对银行业的监督与管理工作。中国银监会的具体职责是对银行、信托投资公司、金融资产管理公司以及其他存款类金融机构进行监督管理，维护银行业的合法稳健运行。银监会最初为中国人民银行管辖的下属单位，后来从中国人民银行分拆出来，成为独立的监管机构。在银监会从中国人民银行分拆出来之前，银行业的监管工作由中国人民银行负责。银监会的分拆成立在当时被很多外国学者认为是中国试图加强中央银行货币政策独立性的重要举措。银监会对银行以及各类金融机构进行有效监管的目的是保护广大人民群众在银行存款以及消费的合法权益，进一步稳定金融市场的正常、有序运行，并且通过相关信息的披露以及经常性的宣传教育活动或工作，提高广大群众的金融知识和金融素养，进而减少金融犯罪以维护社会安定。银监会的成立在一定程度上加强了对我国商业银行的监督管理作用，同时，通过制定业务活动监督管理的规章、规则，审查批准银行业金融机构的设立、变更、终止以及业务范围等各种手段，促进了商业银行的规范经营。2018年 4 月银监会和中国保险监督管理委员会合并成立银保监会，原有银行业监督管理的职责不变，同时还将中国保险监督管理委员会的相关职责并入管理，使之更好地履行对我国金融机构相关业务的指导与监管。

我国商业银行（含中小银行）经营管理的发展先后经历了"资产管理模式""负债管理模式"和当前的"资产负债管理模式"三个阶段。资产负债管理理论指导下的商业银行经营寻求的是资产与负债的"相对对称"原则，这主要是指资产与负债科目之间期限与利率的对称，以期限和利率对称为主要目的来不断地调整资产与负债结构，以期实现风险最小化和收益最大化。这不仅是资产与负债规模的对称，也是资产与负债偿还期结构的对称。信贷产品的市场投放给银行带来了主要的资产业务，根据资产与负债偿还期结构对称原则，在负债到期前需安全地回收贷款本金。此时，对信贷供给的风险管理就尤为重要，特别是在经济下滑期，片面的"严控风险"高悬于头。在当前市场经济充分发展的新时代，根据参与市场活动主体的属性、规模、经营方式等的不同，按照一定的标准，这些企业被划分为若干层级，有着各自不同的信贷风险承受能力。银行对这些处于不同层级的企业也有着不同的风险偏好，传统的资产业务经营管理理念一直认为：大企业的风险小于中小微企业，国有企业的风险小于民营企业。故青睐于大型企业和国有企业的风险偏好主导着信贷资源的市场流向。于是，信贷资源的市场分配出现了不平衡和不均匀现象，而信贷资源的市场分配则主要通过信贷产品来体现。资产与负债偿还期结构对称要求银行要及时回收资产用于偿还到期负债。中小银行风险管理体系不够健全，不够完善，普遍缺乏对中小微、"三农"企业的风险管理措施。"风险问题"是信贷产品结构性问题中的主要问题，也是突出问题，但风险是可以识别、可以管理，亦是可以控制的，只要配套有效的风险管控措施，那么就不存在因风险的大小而导致的资源分配不均衡问题，这既提高了对中小微、"三农"企业有效信贷供给，同时又管理了风险，防控了风险，在维持资产和负债偿还期对称的同时，又落实了主责主业。因此，在服务中小企业融资的过程中，中小银行有其得天独厚的优势，国家应进一步放宽对中小银行发展的限制，鼓励中小银行通过多种方式、渠道补充自身资本金，同时也鼓励中小银行的服务重心下沉，聚焦主责主业，服务中小微企业，服务"三农"发展。

二、商业银行内部管理体制与信贷产品结构分析

第一，国有商业银行的内部体制问题。当前，面临世界百年未有之大变局，受更趋复杂严峻的国际环境和国内疫情冲击明显的超预期影响，经济新的下行压力进一步加大，我国的各类商业银行都面临着经济下行带来的经营压力与盈利压力。伴随着激烈的市场竞争以及经济下行给中小企业带来的发展困难，商业银行特别是中小银行在展业过程中略显信心不足，导致了银行在信贷业务拓展方面越来越困难，不管是基于居民个人的信贷受理，还是基于企事业单位的公司信贷或贸易融资支持，还是基于流动性紧缺的金融同业拆借等负债业务都受到不同程度的影响。在传统的经济体制下，我国的国有独资商业银行并没有完全脱离政府的管辖，属于政企合一的单位，并且承担了较多的政策性任务，这在一定程度上限制了其自主经营、自由发展的空间，造成了原有体制下的大量不良资产，这主要是由原有单一的国有产权形式所造成的。随着我国金融体制改革的进一步推进，特别是自进入 21 世纪以来，我国国有商业银行开始逐步进行股份制改革，改革后的股份制经营标志着我国国有商业银行已进入了实质

性的发展阶段。在实施股份制改革的发展过程中，我国国有商业银行对原有内部控制机制中的薄弱和缺陷环节进行了不断完善，建立并健全了适应股份制经营发展的商业银行内部控制机制，使其在良好的制度环境中有效开展经营与管理，从而实现真正意义上的有效发展。国有商业银行在股份制经营改革之后，一方面逐步建立了科学的法人治理机制，另一方面不断加强了内部控制，形成了内外良好结合的环境系统。只有进一步地明确国有商业银行的产权关系，通过建立现代化的金融公司治理结构与体制，进一步厘清国有独资银行与政府的相关职责，它们才能真正成为自主经营、自负盈亏且具有市场竞争活力的商业银行。倘若国有商业银行在经营管理过程中仍然政企不分，以政策性任务为主，不是完全的市场主体和法人主体，那么随着当前世界金融合作领域的不断深化与加强，其在自身改革与发展前行的过程中必然处于国际后位。因此，国有商业银行内部体制的不断完善，是我国金融体制不断改革的需要，是社会主义市场经济发展的客观要求，同时也是其自身发展的迫切需要。

第二，中小商业银行的自身不足问题。当前，深化金融供给侧结构性改革是国家加快金融体制改革的重要内容，习近平总书记在主持十八届中共中央政治局第十三次集体学习中强调，要深化金融供给侧结构性改革，并指出要构建多层次、广覆盖、有差异的银行体系。我国中小银行机构数量众多，根据银保监会披露的银行业金融机构法人名单，截至 2018 年底，我国有城商行 134 家，农商行 1427 家，村镇银行 1605 家，民营银行 18 家。它们在服务区域经济、践行普惠金融、服务中小微企业的过程中发挥着不可替代的作用，既是金融供给主体又是改革主体的重要成员。因此，中小银行必须以此次改革作为指导思想，在思想上高度重视，通过政策引导，深刻领会金融供给侧结构性改革精髓；在行动上积极响应，认真落地相关政策措施，发挥自身优势，逐步聚焦和践行主责主业。因此，中小银行要时刻找准自身的业务定位，扬长避短，聚焦主业。同时，要厘清并正视自身的不足，厉行改革，发展壮大。

首先，中小银行的盈利模式单一，利润逐年收紧。在我国大多数中小银行的中间业务收入极为微薄，据国家银保监局数据统计，截至 2019 年 9 月，上市城商行（城商行序列中实力较强者）、农商行的手续费及佣金净收入分别占其总收入的 15.36% 和 4.1%，低于大型银行的 20.13% 和全国股份制银行的

29.11%。由此可见，中小银行的盈利模式主要还是靠吸储放贷，存贷息差是主要的收入来源。这对于业务结构相对单一的中小银行来说，随着利率市场化脚步的不断加快，由于地缘关系的低成本负债优势已一去不复还，负债成本增加。与此同时，在国家宏观货币政策调控下，存贷款基准利率持续降低，中小银行的息差收入进一步收窄，利润空间逐年收紧。

其次，中小银行的市场定位模糊，产品同质化严重。我国一些中小银行其实就是大型银行的克隆，在经营策略和市场定位上基本效仿大型银行，缺少自身的特色和核心竞争力，市场定位较为模糊，甚至产生了偏差，盲从大型银行"大型客户争着抢，政府项目抢着上"的经营思路。此外，中小银行的产品研发理念也不能与时俱进，与市场同步，产品与市场的黏合度不高，往往是先有产品再推市场，以产品为导向，而不是以市场为中心，经常闭门造车，在产品的供给模式、区域分布等诸多方面存在着结构性不平衡问题。与此同时，中小银行之间的产品同质化严重，模仿、套用现象时有发生。特色不强，且更新迭代速度较慢，自身产品缺乏科技含量，内在创新动力不足，市场竞争力不强。

再者，中小银行的存款持续"搬家"，负债增速减缓。在储蓄存款方面，大型银行普遍加大了对零售业务的营销力度，中小银行原有份额受到侵蚀；大型银行加强了线上远程服务能力，极大削弱了地方性银行的地缘优势。在对公存款方面，大型银行较多以结构性工具进行揽储，增强表内存款竞争力，而大多数不具备金融衍生品交易业务资格的中小银行则面临结构性存款的发行限制，表内揽储进一步被压制。图3-1经中国人民银行和中国银保监会公布的相关数据整理、绘制而成，列举了在我国中小银行中占比较大，且具有代表性的城市商业银行和农村商业银行（以下简称"城商行"和"农商行"）近几年对公日均存款和储蓄日均存款同比平均增速情况。不难看出，从2013年起这两项主要存款指标较上一年度同比平均增速放缓，且基本逐年呈下滑的趋势，中小银行负债业务增长乏力。

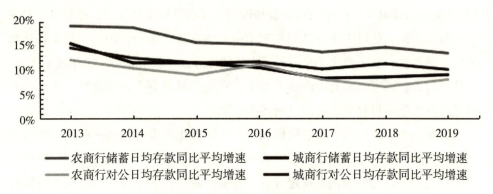

图 3 - 1　全国城市商业银行与农村商业银行日均存款同比平均增速图

最后，中小银行的风险防控压力大，不良资产包袱重。近年来，特别是我国经济进入"新常态"以来，许多中小银行的不良资产呈现上升态势，而且问题较为严重，大量地消耗了中小银行的资本金，在很大程度上已经影响到这些中小银行的进一步发展。图 3－2 经中国人民银行和中国银保监会公布的相关数据整理、绘制而成，列举了在我国中小银行中占比较大，且具有代表性的城市商业银行和农村商业银行近几年不良资产情况数据，这里的不良资产就是指在风险管理过程中贷款五级分类的"次级、可疑和损失"类贷款，以此作为统计对象。不难看出，从 2013 到 2019 年 9 月，我国两大主要类型的中小银行不良资产余额呈逐年增加的态势，特别是在 2013 年到 2016 年期间，不良资产的增加趋势最为显著。截至 2019 年 9 月，全国城商银行的不良资产总余额已破 2000 亿元，而农商银行近 3000 亿元。由此可见，风险防控压力大，不良资产包袱重。

单位：亿元

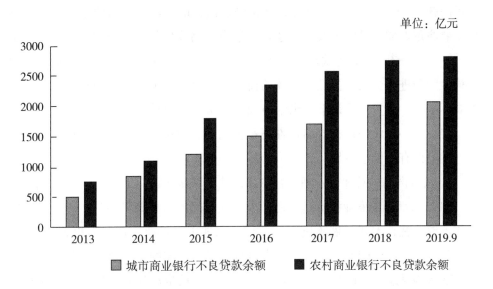

图3-2　全国城市商业银行与农村商业银行不良资产余额图

第三，商业银行信贷产品的结构性问题。2019年中央经济工作会议精神要求进一步深化金融供给侧结构性改革，并在改革过程中要注重缓解民营和中小微企业融资难融资贵问题。信贷供给是金融供给的主要表现形式，是连接中小银行与其服务对象的重要桥梁。因此，解决信贷产品的结构性问题也是金融供给侧结构性改革的重要组成部分，是缓解和解决民营和中小微企业融资难、融资贵问题的最佳切入点。"结构"一词在这里的理解已经不能简单地理解成组织方式和内部构造。而是与"功能"相对，是信贷产品体系中各组成要素之间相互关系、相互作用的方式，是体系组织化、有序化的主要标志，是时间和空间的有效统一。既是体系存在的方式，又是体系基本属性的体现，是整个体系层次性、功能性、整体性的基础和前提。既可根据已知对象的内部结构来推测对象的功能，也可根据已知对象的功能来推测对象的结构。由此可见，厘清并正视当前信贷产品结构中存在的具体问题，以及它们之间的相互关系和作用至关重要。

对于信贷产品来说，国家供给侧"三去、一降、一补"的结构性改革中的"一降、一补"是重心也是要点，"降"是降低，下降，就是做减法，即在信贷产品的结构性改革过程中要主动降低信贷供给的利率水平，缓解中小微企业融资贵问题；"补"是补充，补足，就是做加法，即在信贷产品的结构性改革过程中要注重增加可供中小微企业选择的信贷产品或信贷资源分配方式。怎样做到"一降、一补"？如何做好"一降、一补"？这就要求我们对当前信贷产品的结构性问题进行全面、合理、有效的梳理。福建省中小银行机构众多，且区域发展不平衡，信贷产品在市场供给方面虽然进行了改革、创新，取得了一定成效，但在诸多方面仍存在着结构性不平衡问题，中小微企业、"三农"信贷需求旺盛，但有效供给不足：

1. 信贷产品的总体研发理念存在结构性不平衡问题

（1）大部分的商业银行目前还都未设立专门的市场调研部门，对市场调研工作不够重视，工作开展不够深入，仅对当地市场行业进行较为粗犷的分类，未对行业进行细化归类。同时，也未对行业进行定期的市场回访与分析，未定期形成较为系统、全面的调研分析报告。因此，信贷产品的研发理念不能与时俱进，与市场同步，信贷产品与实际市场需求的黏合度不高。（2）往往是先有产品再推市场，以产品为导向，而不是以市场为中心，为导向，经常闭门造车；再者，信贷产品获利仍以"存贷比息差"作为主要的设计原则，产品同质化严重，市场上各商业银行供给的信贷产品大同小异，"羊群效应"显著，产品创新的内生动力不足，产品缺乏科技性。（3）一般以"严控风险"作为产品研发的主导思想，缺乏并忽视了有效风险防控方法、方式和手段的构建和应用，所以只能一味地强调对风险的控制，而忽视了市场的有效需求，缺乏平衡"业务发展"和"风险控制"的能力。

2. 信贷产品的供给模式存在结构性不平衡问题

（1）在信贷产品担保模式的设计方面，绝大部分信贷产品以抵质押的担保方式为主，甚至有的不接受、排斥设计保证担保类业务。传统的信贷执行观念片面地认为，抵质押的担保方式优于保证担保，即抵质押类业务风险普遍小于保证担保类业务。（2）在信贷产品的市场推广方面，产品宣传主推抵质押担保类产品，保证担保类产品业务形同虚设，或者门槛较高，多数民营或中小微企业可望而不可即。（3）在银行客户经理信贷业务接单受理方面，也是优先受理抵质押类业务，而滞后受理或排斥受理保证担保类相关业务。（4）在信用资金分配方面，信用资金大部分被国有企业瓜分，而民营或中小微企业能够得到的信用贷款仅是凤毛麟角。商业银行在信贷产品供给模式上受到了信贷产品开发理念中"严控风险"的影响，因此，信贷产品的模式比较单一，无法满足多层次市场客户的需求，特别是占市场份额较大的中下层次市场客户的需求。

3. 信贷产品的供给体系存在结构性不平衡问题

（1）从产品数量的供给上来看，在中小银行信贷产品体系中，针对国有企业、上市公司和大型企业的信贷产品的种类较多，可选的范围较大，产品更新迭代的速度也较快，而针对应民营或中小微企业的信贷产品的种类却较少，类型过于单一，过于传统，产品更新的速度也较慢，可选择的产品较为有限。（2）从供给产品的期限上来看，前者可选的期限也较多，有短期、中期甚至中长期可选，而后者通常情况下只有短期的产品可匹配。（3）从供给产品的利率水平上来看，前者的利率水平普遍低于后者。（4）从供给产品的实用性和适用性上来看，产品对前者的实用性和适用性较强，而对后者却较弱，有些产品对后者来说可望而不可即，形同虚设。商业银行信贷产品体系的构建同样也受到了信贷产品开发理念中"严控风险"的影响，普遍认为国有企业、上市公司和大型企业的信用风险小于民营或中小微企业。因此，在信贷产品供给体系中产品的分类就存在着"马太效应"，国有企业、上市公司和大型企业的信贷产品越来越多，而可供民营和中小微企业选择的信贷产品就少之又少。

4. 信贷产品的投放存在结构性不平衡问题

信贷产品的市场投放实际上就是信贷资源的使用。由于市场主体的多层次性，企业属性不同，信贷资源投放顺序不同，国有企业、上市公司和大型企业优先于民营和中小微企业；行业属性不同，信贷资源投放顺序亦不同，如地产开发投放优先于"三农"发展，供应链行业使用优先于实体行业等；授信审批条件不同，信贷资源投放顺序亦不同，抵质押类业务优先于保证担保类业务。商业银行在信贷产品投放即信贷资源的主动支配上同样受到了"严控风险"的影响。因此，在信贷产品的投放过程中也存在着"马太效应"，信贷资源过多集中到国有企业、上市公司和大型企业中，而可供民营和中小微企业支配的信贷资源虽在逐年投放中有所增加，但在信贷投放总量占比上却劣势突显，只是水涨船高而已。

5. 信贷产品的区域分布存在结构性不平衡问题

在经济较为发展或活跃的地区，中小银行的网点设立就多，信贷产品供给的数量就多，反之，供给的数量就少；网点设立多，信贷产品供给的种类就多，反之，供给的种类就少；网点设立多的地区信贷产品供给的柜面服务质量相对于没有网点的地区较好。绝大部分中小银行的信贷产品较为传统，缺乏科技含量，还未打破跨区域远程受理的界限，因此，无法辐射网点机构尚未铺设的"三农"产业地区。全国各个地区经济发展的不平衡，导致了商业银行网点设置的不平衡。在信贷产品的区域分布上同样存在着"马太效应"，经济相对发达的区域享受到的信贷资源就越多，反之，就越少。久而久之，地方经济发展的不平衡现象越演越烈，不利于各地经济的协同发展。

6. 信贷产品的风险处置存在结构性不平衡问题

（1）不同的企业属性，在风险处置运用的方式、方法上不同，国有企业、上市公司和大型企业的风险处置方法、方式就多于民营或中小微企业；（2）不同的企业属性，在风险处置的力度上也有所不同，对国有企业、上市公司和大型企业处置的力度要大于民营或中小微企业；（3）不同的授信审批条件，风险处置运用的方式不同，抵质押类业务风险处置方式好于保证担保类业务。一般情况下，保证担保类业务如遇风险事项会立即启动诉讼程序。商业银行在信贷产品风险处置上仍受到了"严控风险"的影响。因此，在对民营或中小微企业风险处置过程中所运用的"激进"手段往往会导致"多米诺效应"，会给暂时出现流动性困难的单个企业或企业联保体带来"灭顶之灾"。对信贷产品的风险处置应该要具体问题具体分析，风险处置的方法应该多样化，处置方法或方式的不得当不仅无法减少风险、挽回损失，反而会引发、传导更多的风险事项，造成不可估量的损失。

三、我国中小银行的定位与作用分析

（一）中小银行范畴界定

"中小银行"看来并不陌生，但在我国的银行体系中到底哪些银行才属于"中小银行"，当前并没有一个明确的界定标准。我们所说的"中小银行"是一个动态的、相对的概念，主要是反映它们在行业中所处的地位。学术界把"中

小银行"分为狭义和广义概念两种。广义上就是把工、农、中、建、交这五大国有银行以外的其他全国性或区域性的银行统称为中小银行；狭义上就是指规模较小的、主要支持区域经济发展的银行，包括城市商业银行、农村商业银行、农村信用社、村镇银行、民营银行等。

（二）中小银行主责主业界定

相对于大型国有商业银行或全国股份制商业银行，中小银行有其自身显著特征。

首先，中小银行作为地方性商业银行，其建立之初经营范围相对比较狭小，基本都是从与当地中小微企业合作中发展起来的。因此，其往往更加青睐与中小微企业合作，在对地方中小微企业提供服务的过程中也更容易抢占先机。其次，由于扎根基层，中小银行更能较为便捷、较为全面地掌握企业的经营情况、资信水平、管理者与实际控制人素质等相关信息。能够更为有效地克服银企合作期间"信息不对称"的问题，在对中小微企业进行信贷扶持时能更为精准、更为快捷、更为有效。中小银行与生俱来的优势赋予了它们服务于中小微企业、服务于"三农"、服务于地方百姓民生的主责主业。

根据中国人民银行公布的统计数据，截至 2019 年 12 月底，全国中小银行（狭义概念，含地方法人机构）投放中小型企业和微型企业的贷款余额（存量信贷），分别占其年末总贷款余额的 27.31% 和 18.55%，两者合计 45.86%，未超过 50%，投放"三农"领域的贷款余额甚至更少，仅占 5.3%。数据表明作为主要服务于中小微企业、"三农"的中小银行，其信贷支持占比有待于进一步提高，需要正确、科学的有效引导。由于信贷产品是信贷供给的主要表现方式，主责主业的聚焦就是要增加对中小微企业、"三农"信贷的有效供给，而不是光打雷不下雨，信贷产品的"一篮子"供给要切合实体、切合中小微、切合"三农"，不可形同虚设。

我国的中小银行数量众多，且区域分布不均，在信贷供给的过程中存在着诸多结构性问题，信贷产品市场投放的有效供给不足。从需求侧看，我国拥有数量庞大的民营企业、个体工商户、"三农"客户等中小微企业群体，信贷需求旺盛。信贷供给不满足需求的原因在于：市场上供给的信贷产品本身存在着诸多的结构性问题。因此，必须通过转变产品研发理念，提高产品创新科技含量，加强行业纵深分析，解放研发思想等举措进行必要的改革和调整，这也有利于我国中小银行进一步聚焦主责主业。此外，在解决中小银行信贷供给结构性问题的过程中，要在提高信贷产品市场供给的有效性和防范风险两者之间做好结构性平衡工作，要构建风险防控预警体系，最终实现信贷产品供给与需求、有效增量与风险控制的动态平衡，有序遵循资产与负债偿还期对称原则。中小银行要依靠自己的区位优势，走特色发展道路，更好满足实体经济多层次、多样化的金融需求。政府要大力推动城商行、农商行、农信社等中小银行机构回归本源，使其充分利用熟悉本地客户的优势，根据市场需求提供有针对性的行之有效的信贷产品乃至金融产品，走差异化发展道路，服务于经济高质量发展需求，服务于百姓民生。

（三）中小银行的作用分析

第一，地缘优势明显。国家统计局相关数据显示，截至 2019 年 12 月底，全国大中型企业总数占全部企业总数的比重仅为 1.56%，但占据的金融资源却达到了 66.13%，国内商业银行对规模以下企业的贷款覆盖率不足 8%，仅为 7.43%。显而易见，在我国有大量小微和"三农"企业的资金需求得不到有效满足。与此同时，特别是在经济欠发达地区，除了国有大型银行外，其他全国性的股份制银行也较少，因此，可以说中小银行守着一个巨大的市场和丰富的客户资源。中小银行作为地方性银行，基本都是从与当地中小微企业、"三农"客户合作发展起来的，与所在地的企业有着较深的渊源，中小银行要牢牢地守住这些客户群体，同时，还要挖掘具有发展潜质和良好态势的当地新兴小微和"三农"客户群体，将服务深入企业，将服务植入"三农"。在彼此了解的基础上增进彼此互信，充分发挥"近水楼台先得月"的地缘优势，聚焦主责主业，服务地方经济发展。

第二，经营效率明显。与大型银行相比，中小银行规模较小，组织架构相对简单，本地支行直接受总行管理，异地支行直接受总行或当地分行管理，业务受理上更加灵活、快捷，经营决策的传达和反馈也较快，因此，效率较高。快速的经营决策有利于中小银行及时把握市场机遇，建立先发优势，更有利于在深化金融供给侧结构性改革的背景下转变经营思路，聚焦主责主业。差异化经营与发展道路是中小银行可持续发展的必由之路，无论是决策调整还是业务办理的"短、平、快"都为中小银行赢得了自己的生存和发展的空间。对于一些比较简单的小微资金支持项目，有的中小银行甚至给出了当天受理、隔天放款的业务承诺。可见，中小银行并没有就此满足于自己原本就较为高效的经营效率，还在想方设法地进一步提升业务效率，以争取更多的客户资源，为更多的客户提供更为高效、更为及时、更为便捷的金融支持，更好地服务当地经济的发展。

第三，社会效益明显。中小银行诞生于基层，是"土生土长"的银行，天生具有服务中小微企业和"三农"的基因。建立之初由于经营范围相对狭小，基本都以当地小微企业和"三农"客户作为目标客户群，特别是在信贷业务的受理方面，中小银行以较为简单、快捷的方式助力小微，服务"三农"，这样的经营策略有效地填补了区域经济发展过程中弱势群体领域的金融服务空白，这对服务百姓民生、优化区域经济结构有着重要意义，享有"百姓身边的银行"这一品牌美誉。随着经济的不断发展，中小银行的业务重心有所偏离，有的中小银行甚至已经不以中小微企业作为主要的服务对象，甚至完全退出了"三农"服务的领域。金融供给侧结构性改革要求金融服务于实体，服务于百姓大众，要求中小银行沉下服务重心，聚焦主责主业，让中小银行重新怀揣"服务百姓民生"的人文情怀，释放"服务区域经济"的金融活力，再次扎根基层，重塑自我品牌，重构"百姓身边的银行"这一社会效益。

四、中小企业信用评级分析

银行资产质量是指资产提供收益能力的大小和风险的高低，对于一家银行而言，其资产的收益率较高，风险较小，则资产质量较高，反之资产质量较低。资产质量具有明显的相对性、时效性与层次性，从其本质属性上看，不同的经济环境、行业特点、生命周期、发展战略等背景下的资产质量有所不同。近年来，国内商业银行不良贷款余额和不良贷款率总体保持双降态势，但因为经济与金融改革推进程度的不同，资产质量的演变趋势呈现出明显的阶段性特征。准确把握资产质量演变态势与阶段性特点是商业银行有效防控风险、实现逐步转型发展的重要前提。商业银行只有保持自身资产质量稳定，才能具备持续服务实体经济的能力。因此，商业银行要准确把握宏观调控政策的脉搏和银行监管政策的变化，前瞻性地采取风险管控措施，有效防范重点行业、重点区域、重点产品风险，把保持资产质量持续稳定放在更加重要的位置。在现实中，因为银行与企业之间存在着明显的信息不对称问题，商业银行通常会根据中小企业信用评级机构对中小企业的评级意见而选择是否给予信贷支持或者给予多少额度的信贷支持，中小企业信用评级机构对中小企业的评级对银行的风险防控起到了一定的作用。但是，我国现行的中小企业信用评级还存在一定的问题，主要表现在：

第一，信用评级没有统一的标准、程序以及统一的监管部门。目前，受经济利益的驱使，在市场上存在一定的企业信用评估滥用现象。一些与企业信用体系评估根本不相关的政府机构，例如工商部门、海关部门等职能部门在企业办理业务的过程中要求企业进行信用评估。而这些评估的可信度以及准确性与专门的信用中介服务机构存在很大出入，主要是这种内部的评级机构在评价的标准、目标、方法以及依据等方面没有达到专业的要求。这就造成了企业的信用评级在各个市场上"百花齐放"，没有一个统一的行业准则。对于企业来说没有什么评判的标准，而对真正需要使用到信用评级的机构则会造成不良影响。此外，某些行业协会的信用评级乱象丛生，目前，在专业服务业领域中，一些行业协会存在信用评级的情况，通过评级，将企业分为三六九等，然后把资源向大企业倾斜，导致中小企业的发展受限，一些行业协会名义上是在搞所谓的"信用评级"，但实际上评级都是以企业的业务规模、营业收入、员工人数等作为主要指标，有关"信用"本身的指标很少，甚至有的获得高级别评级的企业还会发生失信和违法的情况。当前，国家提倡"专精特新"，就是为了扶持不同专业、不同特色的中小企业发展，如果仅以企业规模等作为指标且占很大的权重进行信用评级，这就有违公平竞争原则。所以专业评级机构的成立以及监管是迫切需要的，如果没有标准的行业准入规则以及监管机构，那么企业评级产生的结果将失去意义。

第二，信用评级机构缺乏独立性。中小企业信用评级机构的显著特征是作为第三方机构为银行等金融机构和中小企业自身提供可靠且可信的评价信息，应当保证其评级的公正性和客观性。我国的信用评级机构最早是在计划经济体制时期，在政府部门的大力支持与推动下建立起来的。作为企业信用的专业评级机构，其最根本的原则就是要保持评级机构的公平性、公正性、独立性以及中立性。但是，这些信用评级机构一开始得到了政府相关部门的支持，在其成立之初就与政府部门形成了千丝万缕的联系，带有一定的行政色彩。目前，仍然有很多信用评级机构依附于政府部门，缺乏自主经营的独立性，在资金的调拨使用、人员的招聘提任以及日常业务的管理上并没有完全脱离政府，没有真正成为独立经营的第三方机构，因此，在评级的公信力以及权威性上大打折扣，由于政企混合，在管理上容易出现多头管理，导致信息上通下达不通畅，整体营运管理效率低下。

第三，我国关于信用评级机构的法律法规体系有待进一步加强，国家还没有出台明确的法律法规对信用评级行业的运营进行监督与管理，也没有对企业诚信数据的采集和使用进行规范化管理，针对信用评级行业的法律法规缺乏系统化和规范化。此外，评级行业的整体评估水平也难以被普遍认同，中小企业对评级机构的评估也持一种将信将疑的态度。评级机构不仅仅要收取昂贵的评估费用，同时评估的结果也存在一定的偏颇性，客观性不强。因此，我国应当出台明确的法律法规对不公正评估的评级机构进行相应的惩罚，使评估机构切实发挥独立第三方评鉴的有效作用。目前，从金融行业协会或相关监管部门颁布的相关政策规定来看，我国信用评级机构的评级公信力不尽如人意，中国证券业协会发出通知，要求所有的信用评级机构员工都必须通过证券业协会规定的从业人员资格考试；原保监会（现银保监会）发布的《保险公司投资企业债券管理暂行办法》中，规定了保险公司可以买卖评级在 AA 级以上的企业债券，但是这个评级结果必须经 5 家信用评级公司分别进行评估并出具评估报告，而且必须同时 5 家信用评级机构对该企业的评级均在 AA 级及以上；国家发展和改革委员会则要求企业在发行债券时，必须要经过特级的信用评级机构进行评估，这个特级指的是承担过国务院特批企业债券评级业务的信用评估机构。这些政策和规定都表明了金融行业对企业信用评级机构的要求高。正是因为当前我国总体信用评估机构的评估缺乏公信力，泥沙俱下，所以，当企业真正需要对自身进行较为权威或可信度较高的评级时往往需要多家信用评估公司进行同时评鉴，这无形之中增加了企业的成本，加重了企业的财务负担。2022 年的政府工作报告提出，深入推进市场经济条件下公平竞争政策的实施，加强反垄断和反不正当竞争，维护公平有序的市场环境。报告还提出，围绕打造市场化、法治化、国际化营商环境，持续推进"放管服"改革，对取消和下放审批事项要同步落实监管责任和措施。应全面落实公平竞争审查制度，对基于所有制形式、企业规模、营业收入等设置歧视性资质要求、评审标准限制中小企业参加政府采购、招投标等行政行为，要坚决予以纠正，切实降低中小企业市场进入壁垒和制度性成本。

对中小企业而言，向金融机构通报或者向社会公告自身的信用评级等级会对企业产生一定压力，进而会促进企业为了获得优良的评级等级而不断提升企业自身的经营管理水平。中小企业信用评级制度的推广与实施在一定程度上促进并增强了中小企业维护自身良好信用的意识。对商业银行而言，专业的中小企业信用评级机构具有一定的规模优势，同时也具有可信的执业能力优势，能够在客观、公正的基础上评价中小企业的总体经营状况，商业银行将评级结果作为决定是否给予中小企业信贷支持的参考并结合贷款标准决定给予贷款支持的具体额度，这不仅能在一定程度上降低贷款的潜在风险，还能提高商业银行的收益水平。因此，要不断地完善中小企业的信用评级制度。政府不仅可以将中小企业从银行获取的信贷支持额度作为评级结果的参考，同时，还可以在税收优惠待遇、企业工商年检等方面均将中小企业的信用评级结果作为参照指标。此外，政府要提高中小企业信用评级结果的利用率，明确中小企业信用评级活动的法律地位，强制保证信用评级结果能够得到最广泛的运用。这些措施既有利于政府减少行政成本，提高企业信用评级结果的利用率，同时又能促进中小企业规范自身的经营行为，正视自身的信用形象，从而促进信用经济的发展以及整体信用环境的改善。

五、银行与中小企业之间信息不对称分析

信息不对称是指交易中的各方所拥有的信息不同，在市场经济活动中，经济活动交易的双方掌握不同量的信息，存在一定的差异，一些成员拥有其他成员无法拥有的信息，由此造成信息的不对称。掌握信息较多或者较充分的交易方通常在交易活动中处于更加有利的地位，信息贫乏的一方则处于不利地位。在中小企业融资的过程中，一些企业主对个人信息或企业经营信息的保护意识

比较强，不愿意将企业自身在经营过程中的隐性信息公开；部分中小企业主自身的信用观念比较薄弱，存在逃费逃债等行为。基于上述情况，银行在中小企业申办贷款时，无法全面了解中小企业的真实经营状况，不能够正确评估该笔贷款的风险程度，因此，在风险无法识别或控制的情况下通常不愿意向中小企业提供信贷支持。另外，在资金借贷市场上，中小企业为了获得银行的信贷支持，通常情况下"报喜不报忧"，只披露有利于借款审批的一些信息，而将不利于借款审批的其他真实信息有意隐藏或隐瞒。显而易见，在这种状况下，银行处于信息获取的劣势一方，面临着较大的授信风险，此时银行为了"补偿"这些潜在风险可能带来的经济损失，通常会对中小企业的贷款收取更高的利息。因此，由于商业银行和中小企业之间的信息不对称，银行很难客观全面了解并评估中小企业的真实经营状况，无法准确地识别对中小企业的授信风险，从而阻碍了商业银行对中小企业的信贷支持行为[①]。

当前，我国中小企业在有关财务信息的披露方面也存在诸多缺陷，其中有一个较为普遍的现象是：很多中小企业没有完善的财务会计核算系统，相比于大企业而言，中小企业没有规范的财务报告制度以及顺畅的财务信息披露通道。我国的中小企业在财务信息上无法做到真实、及时、完整、全面地反映本企业的基本财务状况。从中小企业自身内部的局限性来看，一方面，大多数中小企业的会计机构设置不规范，没有职能职责明确的专门的会计机构或者部门，有很多中小企业委托外部的会计机构或者财会人员代理记账；另一方面，从事中小企业财务管理的会计人员普遍素质较低，同时没有健全完善的内部会计制度，会计核算不规范。同大企业相比，中小企业缺乏同时具有理论知识和实践经验的会计人才。从中小企业外部的监管环境来看，国家有关部门对中小企业也缺乏有效的会计监管，国家监管的重点是那些关系国计民生的企业。对于大部分属于非公有制的中小企业来说，国家在人力投入、物力投资以及行业监管等方面还要继续加强。同时，中小企业在政策资源方面也落后于大企业，在"有利资源"或"稀缺资源"的选择上中小企业困难重重，因此在道德上，中小企业更愿意在公众面前表现良好的一面，甚至为了"粉饰"业绩不惜进行财务数据

---

① 李恩燕．基于信息不对称理论的中小企业融资问题探讨［J］．中国集体经济，2011（2）：26 – 28．

造假以寻求更多的大众关注与资源支持。所以，总体来说，中小企业与商业银行之间的信息不对称问题无论在内部还是外部环境方面都有其存在的环境土壤。中小企业要提高自身的信用等级，做到财务信息的真实完整披露，拒绝包装，拒绝造假，进而解决银企之间的信息不对称问题，那么商业银行或将为中小企业提供更多的信贷资源支持。

第三节　信用担保机构方面原因分析

一、担保机构规模偏小

当前，我国的担保行业随着中小企业融资需求的发展应运而生，是新兴发展的行业，担保行业的兴起与发展和中小企业融资渠道的拓展有着紧密联系，在一定程度上解决了中小企业在银行融资过程中由于抵质押担保缺失而导致的融资失败的困境，同时中小企业的融资担保需求也进一步促进了担保行业的发展，两者相辅相成。据统计，我国中小企业数量已达企业总数的99%，为解决中小企业融资难题，帮助银行分担风险，我国担保行业应运而生。1993年，我国成立了中国经济技术投资担保公司，中国的担保行业在经历了20多年的发展后，其在经济生活中发挥了重要的作用，担保行业一方面关注弱势群体，促进中小企业的成长；另一方面也增加了政府的税收，为国民经济的健康快速发展推波助澜。现在担保行业已成为中国市场经济体系和信用体系建设中不可或缺的关键环节。

我国担保行业的整个发展历程，大致上经历了四个明显的阶段。以1993年至2000年为起步发展阶段。这一阶段，我国的担保行业整体发展比较缓慢，担保公司的规模较小，数量也很少，主要以政府出资经营为主，是在探索中缓慢发展的阶段。以2001年至2007年为持续发展阶段。在这一阶段，我国的担保行业发展迅速，担保公司注册数量不断增多，规模也逐渐扩大，特别是在中国加入世界贸易组织之后，在市场经济体制不断完善下民营经济迅猛发展的大环境下，担保行业的发展态势喜人，出现了百花齐放的现象，从原本以政府出资经营为主转变为大量民营资本进入。以2008年至2010年为迅猛发展阶段。在这一阶段，我国中小企业受金融危机的冲击，生存异常艰难，政府加大对担保行业的扶持力度，有大量的境外资本以及民营资本开始进入担保行业，因此担保公司的数量增长迅猛，担保公司涉及的业务范围也越发广泛，但是在这个时期也出现了许多担保公司不规范经营的现象。2011年以来为整顿发展阶段。在这一阶段国家开始大力整顿担保行业，随着七部委《融资性担保公司管理暂行办法》的出台，各地广泛开展融资性担保公司的整顿工作，担保行业整体上处于规范经营、稳步发展的新阶段。

上述所提及的传统的担保机构一般由政府负责出资成立，这是造成担保机构普遍规模较小的主要原因之一。由于全国各地经济发展水平千差万别，每个地区的政府领导在认识上也各有差异，同时牵头发起部门也各有不同，这就导致了担保机构呈现高度分散化的趋势。与此同时，所成立的各个担保机构担保办法和公司营运方式各不相同，业务受理与担保管理也大相径庭，难免出现在担保业务的执行、监督与管理上的不一致，容易引发担保风险。同时，各地政府的财政压力普遍较大，可以拨付给中小企业型担保机构的资金较为有限。地方政府财力本就有限，又分散出资，这就不可避免地造成担保机构的担保资本金受限，进而影响到担保公司的担保规模，以致不能充分满足中小企业的融资担保需求。据统计，截至2019年底，我国已经注册的融资性担保法人机构一共有7030家。从整体区域分布上看，中西部地区发展较缓，东部沿海地区发展较快，分布状况出现不平衡的状态。从出资分布上来看，国有控股的担保法人机构有1427家，占比为23.7%，民营及外资控股5603家，占比为76.3%。全部注册的融资性担保法人机构的资产总额达到6923亿元，净资产达到5798亿元。已经提供担保的余额总计21503亿元，其中，融资性担保贷款余额为9931亿元（不含小额贷款公司融资性担保贷款）。从股本结构看，民营及外资控股的担保公司占整个行业的76.3%，担保行业已由政府主导逐步发展为政策性和商业化并存。从业务类型看，传统的银行贷款担保业务仍然是担保公司的主营业务。与此同时，债券、基金等直接融资担保业务和非融资性担保业务不断拓展，并且成为大型担保公司营业收入的重要来源。

二、担保机构管理水平较低，内控机制有待完善

在西方国家的担保机构业务中，美国、日本和德国的担保机构业务都是政府出资规模较大的，但是尽管政府出资规模大，担保机构所提供的担保额度也不会超过中小企业贷款数额的十分之一，也就是说政府担保并不是最主要的担保来源，不起决定性的作用。中小企业的信用担保业务本质上来说是一种市场交易的经济行为，其产生的根源在于中小企业在融资过程中存在着自身无法解决的各种问题，主要表现为金融机构的贷款额度收紧、金融行业的整合、银企之间信息不对称引发的道德风险、抵质押品较少或者抵押不足以及由于中小企业经营困难而出现的违约倒闭等情况。

在市场经济体制下，政府在市场经济活动中发挥着宏观调控和社会管理的职能，对市场经济活动进行必要监督与有效管理，制定各种市场规则并且维护市场秩序稳定。但是，政府并不能解决所有市场经济体制下的问题。事实上，我国的中小企业数量众多，并且发展速度较快，覆盖面较广，融资需求也呈现各种不同的诉求，完全通过政府的财政担保获得融资贷款是基本不可能实现的，因为政府在完成宏观调控以及履行应有的社会管理职能之后已经没有足够的财力、物力为中小企业提供担保。因此，中小企业的信用担保如果完全依赖于政府，不能从根本上解决其生存、发展所必备的融资需求。我国的政府担保的范围和力度有限，因此要扩大市场能提供担保的担保范围，市场本身在运行过程中有其特有的机制和能力来解决各种问题，例如，中小企业的融资缺口问题。中小企业出现融资缺口是由市场的供需状况决定的，因需求大于正常的供给而出现了一种不均衡的状况。为了扩大供给量，民间资本也参与到中小企业的贷款融资活动中，为其提供一定的担保数量和期限，这在一定程度上扩大了中小企业融资的供给量。前述提及我国的担保行业起步较晚，担保公司在管理上存在着诸多亟待解决的问题。第一，担保行业的战略危机，即普遍缺乏对整体担保行业发展的研究，不能很好地做出判断，或对担保行业未来发展认识不清而不能制定出行之有效的发展战略，影响长远发展。第二，担保行业的文化危机，即随着担保行业二十几年的不断发展，以往的企业文化已不再适用于当代社会经济发展的要求而引起了企业内部人事、业务管理的危机。企业管理的有效与否直接影响到企业能否保持充分的竞争力并具有独特的企业文化内涵。有效的企业管理是企业发展壮大的重要因素，是维持企业生命力的血液，因此担保机构管理危机的预防和处理尤为重要，应该给予足够的重视。

此外，担保机构的内控机制有待进一步完善，其主要表现在：第一，风险控制与效率关系处理不当。企业实施严格的内部控制无疑是需要成本的，并且在一定程度上会影响到运行效率。一个是企业存亡问题，另一个是企业发展速度问题。对企业原有流程、利益格局进行打破和调整的同时，也会带来部分效率的牺牲，如果处理不好，管理者在执行过程中就经常处于一种矛盾心态，使得真正好的管理理念无法以制度形式固化下来，这是当前我国的担保机构在内控过程中较为凸显的问题。第二，没有统一的信息管理系统，信息失真。在信息资源管理上，一方面没有统一归口，比如担保费收入的指标从营销、财务、统计等口径报出的都不一样；另一方面担保业务过分地依赖于业务人员，使企业的资源掌握在个人手中，极易造成企业对业务失去控制。笔者在这次的实证调研过程中所接触的一家企业便是如此，一些业务人员可以以手中掌握的客户资源作为筹码，要挟企业满足个人不正当要求，有的甚至还与客户串通一气，牟取私利。第三，担保公司的审计监督机制和职能不健全。当前，很多担保公司都设立了审计部门，但是很多又隶属于财务管理部。这就导致了在内部控制的形式上缺乏应有的独立性。另外，在内审的职能上，很多担保公司还在重复做审核会计账目等外部会计师事务所的工作，没有真正发挥评价、监督内部风险控制体系的职能和作用。

三、担保机构缺乏必要的风险补偿和分散机制

担保机构的主要职能在于为企业特别是为中小企业在向金融机构融资时提供必要的保证担保，其中包括具体的担保额度以及担保期限，从某种意义上说担保机构属于中小企业和银行金融机构之间的连接体。一方面承担了中小企业在取得银行贷款之后到期违约的连带责任；另一方面也向中小企业收取一定的担保费用以及担保保证金。银行等金融机构给予能够提供有效担保的中小企业信贷支持，这在一定程度上可以减少中小企业因经营不善产生的破产风险以及道德风险。通常情况下，西方发达国家的担保机构为中小企业提供最多不超过贷款金额80%的担保，其余的风险敞口部分由银行自行承担。在我国因为担保机构整体上规模较小，并且管理不规范，在为中小企业贷款提供担保时经常承担了全部的信贷风险。银行等金融机构过度依赖担保公司的担保，将这种风险

全部转移到担保机构一方，不仅出现了担保机构责任与能力不对等的问题，同时也影响了银行对中小企业本身的考察以及评估，难以从源头上控制潜在的风险。

发达国家的担保机构通常会根据银行贷款的规模以及期限给予借款企业一定比例的担保，不会提供全额担保，将贷款的风险分散在担保机构和银行之间，由双方共同承担。但是，在我国的银行和担保机构合作的过程中，在担保机构为借款企业提供担保时，银行通常要求担保机构承担全部的担保责任，而自身一方不承担贷款的风险。此外，在银行的贷款利率定价过程中，银行没有因为有担保机构担保、风险降低而给予借款企业一定的利率优惠，有一些银担合作的业务其综合融资成本超过了 10%／年，从而导致了中小企业的融资成本过高，容易挫伤中小企业与担保公司合作寻求融资的信心。

在发达国家，除了担保机构之外还有再担保机构。再担保机构的本质就是以政府财力提供的担保，为最后不能解决资金还款的问题提供资金支持。在我国，各级政府对担保机构进行支持时一般是根据其担保的业务额度给予一定的奖励，而并没有提供风险补偿做保证。在实际担保中，很多担保机构会要求向企业提供全额的反担保措施，这也不符合国际惯例，国际上的反担保通常是弥补企业抵押物不足的缺口而不是提供全额的反担保。此外，我国的再担保机构基本上都带有明显的国有性质，中小企业在其融资的过程中，如果自身无法向担保公司提供足额的反担保措施，要想通过再担保机构给担保公司提供反担保措施基本是不可能的，所以，并不是所有的中小企业都可以通过担保公司的担保实现自己在金融机构的融资需求，担保公司的担保是有条件的担保，且并不是所有的金融机构都认可担保公司的担保，金融机构对担保公司也实行了严格的准入制度，只能是在其合作的名录内的，同时担保公司还受到总担保额度、担保期限、单户担保额度等相关指标的限制。

四、担保机构的监管不统一，管理不规范

1995 年我国颁布了《中华人民共和国担保法》，这是一部关于担保行业运行规范的法律法规，是国家对担保行业的梳理、整顿、引导并使其规范发展的具体要求。后来，全国各地政府部门也相继颁布出台了一些规章制度来监控担保行业的运行及发展。2010 年我国颁布了《融资性担保公司管理暂行办法》，该暂行办法是由国家发改委、原银监会等七部委联合共同颁布的，办法中初步确立了由七部委监管下的部际联席会议负责协调相关部门，共同解决融资性担保业务监管中的重大问题，并授权各省、自治区、直辖市建立融资性担保公司属地管理的监管体系。进入 21 世纪以来，为了进一步推动我国担保行业的持续、健康、高质量发展，各地已经陆续开展了正式的融资担保行业整顿工作，通过逐户的排查、整顿乃至清理，取得了一定的成效。但是，由于转轨时期经济体制的限制，在整顿过程中仍然还存在着一些局限和不足，主要表现在：一是我国地方政府的监管部门对各属地的担保机构有保护主义的倾向，这主要根源还是在于我国担保企业最初以地方财政注资为主，存在政企不分的情况；二是在整顿中出现政府多部门的监管，意见不能达成一致，也容易引起信息的偏差，在遇到重大问题时难以形成有效并统一的解决办法；三是从整体上看，担保行业普遍缺乏明确的行业准则以及自律机制，管理上还比较混乱，当要解决重大问题时仍然缺乏科学并合理的依据与指导。

当前，发达国家一般都设立了比较完备的法律体系来规范担保机构的运行。在我国，尽管七部委联合出台了《融资性担保公司管理暂行办法》，但是该办法所能管辖的范围远低于发达国家的法律范畴，并且也没有明确地规定资金补偿、股权结构等关键性的内容。目前，针对担保行业的专门的监督管理机构在我国还尚未形成，多半挂靠政府的某一部门或挂靠地方银保监局的某一处室，这在一定程度上存在职责不清的问题。设立专门的监督机构可以重点制定中小企业信用担保的运行规则、业务程序以及行业标准等，同时可以根据中小企业的具体发展情况制定中小企业的中期至长期的政府扶持计划，设计和论证全国中小企业信用担保体系。此外专门的中小企业担保监管机构可以对全国中小企业的信用担保体系以及各级机构实施独立和专业的监督与管理，这有利于整个担保行业的规范发展，同时也有利于担保机构为中小企业在融资过程中提供科学、规范、合理的担保。

第四节　法律法规方面原因分析

一、信用担保法律制度不健全与立法性不强

当前，我国有关中小企业发展的政策缺乏法律的保障性和实施的策略性，侧重于对中小企业的生产经营管理，而忽视了对中小企业作为"弱者"的法律保护。我国有关中小企业的立法和相关政策内容和体系较为混乱，既有按照所有制性质来制定的，又有以企业的不同国别和不同地区来立法的，还有以企业的法律形态来立法的，甚至还有以我国特殊的二元社会经济结构来制定的企业法。缺乏统一、系统的中小企业基本法将会导致不同经济成分的中小企业在法律地位和权力上的不平等。由于历史原因，在相当长的时间内我国实施的是"抓大放小"的战略策略，政策资金基本上向国有大型企业倾斜，到了2000年之后才提出了一系列有关鼓励和促进中小企业发展的相关政策法规（如表3-1所示）。

表3-1　关于中小企业的相关法律法规一览

序　号	名　称	时　间	发布单位
1	关于进一步加大政府采购支持中小企业力度的通知	2022年	财政部
2	促进工业经济平稳增长的若干政策	2022年	国家发展和改革委员会、工业和信息化部等
3	关于开展"携手行动"促进大中小企业融通创新（2022—2025年）的通知	2022年	工业和信息化部、国家发展和改革委员会
4	关于中央企业助力中小企业纾困解难促进协同发展有关事项的通知	2022年	国资委
5	加强信用信息共享应用促进中小微企业融资实施方案	2021年	国务院办公厅

续 表

序 号	名 称	时 间	发布单位
6	"十四五"促进中小企业发展规划	2021 年	工业和信息化部、国家发展和改革委员会等
7	保障中小企业款项支付投诉处理暂行办法	2021 年	工业和信息化部
8	关于支持"专精特新"中小企业高质量发展的通知	2021 年	财政部、工业和信息化部
9	国家税务总局关于落实《政府采购促进中小企业发展管理办法》的通知	2021 年	国家税务总局
10	中小企业发展专项资金管理办法	2021 年	财政部
11	关于健全支持中小企业发展制度的若干意见	2020 年	国家发展和改革委员会、工业和信息化部等
12	关于促进中小企业健康发展的指导意见	2019 年	中共中央办公厅、国务院办公厅
13	关于深入开展"信易贷"支持中小微企业融资的通知	2019 年	国家发展和改革委员会、银保监会
14	中华人民共和国中小企业促进法（修订）	2017 年	人大常委会
15	中小企业划型标准规定	2011 年	工业和信息化部、国家统计局等
16	关于加强知识产权质押融资与评估管理支持中小企业发展的通知	2010 年	财政部、工业和信息化部等
17	科技型中小企业创业投资引导基金管理暂行办法	2007 年	财政部、科技部
18	关于加强中小企业信用担保体系建设意见的通知	2006 年	国家发展和改革委员会、财政部等
19	中小企业发展专项资金管理办法	2006 年	财政部、国家发展和改革委员会
20	国家发展改革委中小企业发展专项资金管理暂行办法	2004 年	财政部、国家发展和改革委员会

续　表

序　号	名　称	时　间	发布单位
21	中央补助地方中小企业平台式服务体系建设专项资金使用管理办法	2004 年	财政部
22	中华人民共和国中小企业促进法	2003 年	人大常委会
23	中华人民共和国中外合资企业法	2001 年	人大常委会
24	国民经济和社会发展第十个五年计划纲要	2001 年	中央委员会
25	2001 年度科技型中小企业技术创新基金若干重点项目指导	2001 年	科技部
26	关于加强中小企业质量工作的意见	2001 年	经贸委、技术监督局
27	关于加强中小企业信用管理工作的若干意见	2001 年	经贸委
28	关于培育中小企业社会化服务体系若干问题的意见	2000 年	中小企业司
29	关于鼓励和促进中小企业发展若干政策意见的通知	2000 年	经贸委
30	关于制定国民经济和社会发展的第十个五年计划的建议	2000 年	中央委员会
31	中华人民共和国中外合作企业法	2000 年	人大常委会
32	关于加强和改进对小企业金融服务的指导意见	1999 年	中国人民银行
33	关于出售国有小型企业中若干问题意见的通知	1999 年	中小企业司
34	关于科技型中小企业技术创新基金的暂行规定	1999 年	科技部、财政部
35	关于建立中小企业信用担保体系试点的指导意见	1999 年	中小企业司
36	中共中央关于国有企业改革和发展若干重大问题的决定	1999 年	中央委员会

续　表

序　号	名　称	时　间	发布单位
37	关于进一步改善对中小企业金融服务的意见	1999 年	中国人民银行
38	中华人民共和国合伙企业法	1997 年	人大常委会
39	关于治理向企业乱收费、乱罚款和各种摊派等问题的决定	1997 年	国务院
40	中华人民共和国乡镇企业法	1996 年	人大常委会
41	中华人民共和国担保法	1995 年	人大常委会
42	中华人民共和国公司法	1993 年	人大常委会
43	中华人民共和国乡镇集体所有制企业条例	1991 年	国务院

（资料来源：根据相关法律法规资料整理而来）

目前，我国的中小企业已经建立了一套较为完整的信用担保体系。其中，从资金来源来看，担保机构的资金以及业务经费主要来源于政府的财政预算和资产划拨，设立信用担保机构也不以营利为主要目的，而主要是为中小企业的融资提供担保支持与服务；从设立的担保机构形式来看，分为城乡社区的互助担保机构以及商业担保机构；从设立的层级等次来看，分为四个层级，即中央、省（市、区）、地（市）、县（市）设立的担保机构[①]。

我国中小企业信用担保的法律框架主要体现在以《中华人民共和国担保法》和《中华人民共和国中小企业促进法》为基础，以规范性法律文件为配套措施。其中，《中华人民共和国担保法》和相关的司法解释对保证人的条件和责任、保证合同的内容以及保证方式等方面做了明确的规定。《中华人民共和国中小企业促进法》对中小企业信用担保体系的作用做了充分肯定，并规定要支持该体系的发展。配套的规范法律文件主要有《关于加强中小企业信用担保体系建设工作的意见》《关于加强和改进对小企业金融服务的指导意见》《关于印发深化中小企业贷款与信用担保体系建设工作的指导意见的通知》《关于建立

[①]　周云. 论我国中小企业信用担保法律制度的完善 ［J］. 企业经济，2011（1）：54 - 55.

中小企业信用担保体系试点的指导意见》《中小企业信用担保资金管理暂行办法》《关于加强中小企业信用担保体系建设意见的通知》《关于进一步促进中小企业发展的若干意见》《关于支持引导中小企业信用担保机构加大服务力度缓解中小企业生产经营困难的通知》等。

我国中小企业的信用担保活动形式也呈现多样化的发展态势，并且具有特殊性质，尽管我国已经颁布了各类信用担保法律和配套的法规，但是对于具体的信用担保活动不可能做到详尽的规定。目前，我国已经颁布的法律重点在于对普通的担保活动进行合理规范和有效监管，对于设立担保机构的市场准入准则以及业务规范种类等都没有做到具体的约束和规定。当前，各地政府鼓励担保机构为中小企业提供信用担保，担保行业也在不断探索开展多种新形式的互助性融资担保活动，当担保公司在实际真正履行其担保职责的时候，其担保活动过程是较为复杂多变的，如要充分践行担保前的尽职调查，反担保措施的夯实，担保后的跟踪检查等，它是一个流程化的工作过程，而不是简单的"保"与"不保"的一锤子买卖，但是目前所配套的法律法规仍然还比较简单，缺乏运用的实践性。其次，我国现行的中小企业担保法律体系整体上缺乏系统性，并且能够约束的担保活动也比较有限，大部分法律文件以部门规章或地方规章出现，缺乏相应的权威性。并且，这些法律文件对我国各地组建的信用担保机构的法律地位和行业属性并没有明确的规定，使得担保机构在实际运作过程中没有形成统一的认识。

二、信贷人权利保护立法的缺失

当前，我国的信贷人权利保护立法存在的问题主要表现在以下几个方面。

第一，我国的担保制度侧重于对不动产的担保，对动产担保的制度规范较为薄弱，这不利于市场经济的长远发展。在现有的担保法律体系框架下，企业融资很大程度上依赖于不动产的担保，结果一方面导致银行抵质押资产中以房权和他项权证为主，银行的风险较为集中；另一方面，这种以不动产为抵押的方式限制了可以选择的担保范围，减少了中小企业的融资途径，因为现实当中很多中小企业只有动产而没有不动产。在美国，动产担保融资占中小企业融资的 70% 以上，而目前我国企业动产价值约为 20 万亿元，已经是企业不动产价值的大约 2.4 倍，发展动产担保具有广阔的空间。同时，动产担保制度的不完善、不健全也进一步制约了金融创新的发展。

第二，缺少完整明晰的优先顺位规则，信贷人的担保权利容易落空，增加了信贷的法律风险，相关权利主体之间的利益冲突难以解决，不利于社会和谐。另外，缺少高效的执行机制，在债务人违约时，债权人难以以高效、便捷的方式对担保物进行执行处理，以期挽回自身的经济损失。当前，我国商业银行的不良资产总额较大，这与我国法律担保权实现和执行机制落后有着密切关系。

第三，我国的担保登记系统还不够完善，担保权的公示效果较差，担保交易成本也普遍较高。有关数据显示，在我国至少存在 15 个担保登记部门，且这些登记部门之间甚至同一登记部门内部存在信息不联网、网络不互通的现象，因此，导致了相关担保信息难以查询。

三、企业间拆借市场缺少明确的合法依据

企业间拆借市场是指企业双方财务部门直接协商或通过中间人所进行的借贷活动，它形成了企业间的资金流动，反映了企业间的互相支持。它们发生在除了银行、非银行金融机构等经营金融业务以外的企业之间，主要由企业法人相互之间、企业法人与非企业法人的社会组织或者双方均为非法人的社会组织之间的货币借贷活动而产生的权利义务关系，其中一方提供一定数量的货币贷给对方，并规定对方在约定的期限内归还等量的货币并且支付一定数量的利息或者利润作为货币使用权让渡的报酬。

在实际业务的操作过程中，目前并没有明确规定其合法性的法律和行政法规文件，法院在判定企业间的资金拆借所援引的依据各有不同。《贷款通则》中规定"企业之间不得违反国家规定办理借贷或者变相借贷融资业务"。对于直接以借款合同形式表现出来的企业间资金拆借，法院一般会根据其违反国家有关金融管理法规的规定而认定为无效的合同。《中华人民共和国合同法》中规定"以合法形式掩盖非法目的的合同无效"。在实际经济业务活动中有表现为委托理财形式的企业之间资金拆借活动，这类资金拆借活动有的合法但有的却是徘徊在法律的边缘，主要根据《中华人民共和国合同法》的相关规定进行判定。另外一种表现为企业以联营的形式进行企业间的资金拆借活动，法院通

常会根据出借人有无参与共同经营以及出借人有无共同承担风险来判定是否属于合法的联营合作。我国《关于审理联营合同纠纷案件若干问题的解答》规定"明为联营，实为借贷，违反了有关金融法规，应当确认合同无效"。法院主要是通过此规定来判定这类拆借活动是否属于非法资金拆借。由此可以看出，我国对于企业之间的资金拆借行为并没有统一的法律法规的明确规定，在其判定上所援引的法律相差较大，这表明我国企业间的资金拆借缺少明确并合法的法律依据。

第五节　其他融资方式不够发达

一、中小企业板、科创板融资成本贵、要求高

通过资本市场进行上市融资是中小企业实现融资的有效路径之一，但是现行的融资成本却比较高，这在一定程度上加重了中小企业的财务负担，在一定程度上妨碍了一些中小企业的融资选择。中小企业上市前的成本及费用主要有两大类：第一大类是上市过程中中介机构收取的相关费用，有调查显示，中小企业在上市过程中要被会计师事务所收取 100 万～200 万元的审计费用，要花费 100 万～150 万元的律师费用，还要支付保荐机构的前期费用 100 万元左右，后期发行成功后还要按募集资金收取一定比例的承销费用；第二大类费用为其他费用，主要是企业在前期经营过程中由于不规范经营所要补缴或者完善的其他费用。

我国中小企业板和科创板上市的基本条件与主板市场虽然有所区别，但是大同小异，在主板市场发行上市的标准框架和相关的法律法规内，实行相对独立管理原则。所谓相对独立主要是指中小板和科创板市场的运行、监察、代码以及指数与主板市场是分开的。目前，国家为了支持中小企业的直接融资行为，对中小企业板块和科创板块的上市审核由原有的核准制过渡到现有的注册制，降低了中小企业通过资本市场上市融资的门槛。中小企业要在中小板块或科创板块上市需要满足的条件主要包括以下四个方面。

第一，对公司性质的要求。中小板块或科创板块上市的企业主要是面向在

主板市场拟发行上市企业中成长性较好的公司，要求此类公司要有较高的科技含量并且其流通股本规模相对较小，持续经营的时间应该在3年以上，有限责任公司按原账面净资产值折股整体变更为股份有限公司，其持续经营的时间从有限责任公司成立之日开始计算。发行人最近3年内主营业务和董事、高级管理人员没有发生重大变化，且实际控制人（实际经营者）没有发生变更。

第二，财务会计方面的条件。发行人资产质量良好，资产负债结构合理，盈利能力较强，现金流量正常。具体各项财务指标应达到以下要求：最近连续3个会计年度经营活动产生的现金流量净额累计超过人民币5000万元；最近一期末不存在未弥补亏损；最近连续3个会计年度净利润均为正数且累计超过人民币3000万元；最近一期末无形资产（扣除土地使用权、水面养殖权和采矿权等后）占净资产的比例不高于20%；或者最近连续3个会计年度营业收入累计超过人民币3亿元；发行前股本总额不少于人民币3000万元。发行人依法纳税，各项税收优惠符合相关法律法规的规定，经营成果对税收优惠不存在严重依赖。

第三，规范运行方面的条件。发行人已经依法建立健全股东大会、董事会、监理会、独立董事会、董事会秘书制度，机关机构和人员能够依法履行职责。发行人的董事知悉上市公司及其董事、监事和高级管理人员的法定义务与责任，董事、监事和高级管理人员已经了解与股票发行上市有关的法律法规，发行人的董事、监事和高级管理人员符合法律、行政法规和规章的任职资格。

第四，公司是否独立的条件。发行人应当具有完整的业务体系和直接面对市场独立经营的能力，发行人的人员独立、资产完整、机构独立、财务独立、业务独立。发行人的业务应当独立于实际控制人、控股股东及其控制的其他企业，实际控制人、预控股股东及其控制的其他企业间不得有显失公平的关联交易或者同业竞争。

中小企业板或科创板块上市的基本条件和规定对于众多中小企业而言存在较大压力，因此当前要通过资本市场有效地解决大部分中小企业的融资问题存在一定的难度。

二、民间金融（资本）有待进一步规范发展

民间金融（资本）（informal finance）被界定为"非正规金融（informal

finance），是指在政府批准并进行监管的金融活动（正规金融）之外所存在的游离于现行制度法规边缘的金融行为。中国的民间金融存在了4000多年，历史悠久，繁荣一时。尤其是近代以山西为代表的金融业，可以说代表了当时世界金融的最高水平。在以民间金融业为主的时代，未曾发生过重大的金融风险和金融欺诈行为，民间金融的秩序总体上是好的。改革开放以来，我国以市场经济为导向的改革创造并积累了大量的社会财富，民间资本数量急剧上升，但是民间金融一直都没有得到政府的认可，通常以一种"灰暗"的形式存在，使得民间资本的增值能力并没有得到充分的发挥与体现。而在实际发展过程中，中小企的融资需求越来越高，正规渠道的有效资金供给数量毕竟有限，这种供求之间的强烈矛盾使得民间资本的作用对于中小企业的发展越来越重要，但是近几年出现的有关民间资本运作骗局等事件层出不穷，一时间民间资本的融资也屡遭重创。那么，民间资本运作的规范化、合理化、法律化引导对于发挥民间资本的增值能力是必不可少的有力路径。

党的十八大以来，一系列鼓励引导民间投资的配套措施和实施细则密集出台，这对促进民间投资的健康发展、增强经济活力等方面都具有十分重要的积极作用。国家统计局的数据显示，2022年，全国固定资产投资（不含农户）572138亿元，比上年增长5.1%。2022年，民间固定资产投资310145亿元，比上年增长0.9%，是当年我国投资增长的最大贡献者。民间资本的现行发展在很多方面受到了制约与约束，因此，为了满足经济高质量发展需求，缓解经济发展困难，激发经济增长的内生动力，促进经济长期平稳健康发展，政府必须毫不动摇地在巩固和发展公有制经济的同时，进一步引导非公有制经济的发展，进一步鼓励和引导民间资本投资。国务院在2010年出台的"新36条"中，已明确提出要克服制约民间投资健康发展的各种障碍。现阶段，已经有相当多的部委按时出台了配套措施和实施细则，为民间资本进入铁路、市政、金融、教育等领域指明了路径，但是相关部门也要看到在实施过程中的一些不规范、不合理和未被细化的相关问题，应进一步提升相关措施和细则的可操作性，为民间资本的发展营造一个良好的宽松环境。

第四章　国外中小企业融资的成功经验及其启示

第一节　美国的中小企业融资

一、美国中小企业融资模式

当前，美国已经拥有了世界上相对比较完善的经济体系和较发达的有价证券市场，这为中小企业融资提供了良好的便利平台。在美国，中小企业融资渠道主要包括以下六大渠道：（1）自身储蓄（或积累）；（2）向亲朋好友拆借；（3）向商业银行贷款；（4）从金融投资公司贷款；（5）政府（中小企业管理局）资助；（6）资本市场的有价证券融资，主要指发行企业以发行企业债券或股票的方式向私人投资者或机构投资人筹集资金。其各个融资渠道目前使用的情况如图4－1所示。

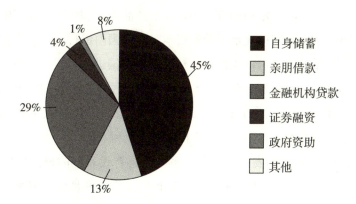

图4－1　美国中小企业六大融资渠道及使用比例

（资料来源：根据相关资料整理而来）

从图 4-1 可以看出，中小企业融资中自身储蓄占 45%，向亲朋好友借款占 13%，通过资本市场发行有价证券融资占 4%，三者合计比例为 62%，超过了半数。此外，向商业银行等金融机构贷款占 29%，企业自身储蓄、亲朋好友借款以及向商业银行贷款是美国中小企业中最主要流行的三种融资模式，且直接融资的占比较高。可见，在美国，中小企业以直接融资为主，间接融资为辅。而政府资助的主要责任体——中小企业管理局，负责制定融资市场上的宏观调控政策，引导民间资本向中小企业流动，即政府仅仅负责对民间资本的引导与监督。

在美国，有众多的直接融资公司，也就是当前大家较为熟知的创业投资公司。其存在的主要功能是为中小企业提供便利的直接融资渠道。创业投资公司的主要投资目标是为资金匮乏的创新型中小企业提供资金援助，帮助它们进行技术创新，获得长远发展。基于创业投资公司对于市场资本流通所产生的积极作用，它们可以从联邦政府获得不超过 9000 万美元的优惠贷款。自 20 世纪中期至 21 世纪初，创业投资公司投资的中小企业已有 10 万多家，投资总额已经超过 130 亿美元。美国国内银行对中小企业的贷款一贯较为吝啬，通常贷款利率比这些银行向大企业贷款高出 2%~5%，因此中小企业转而采取抵押担保融资的模式。美国拥有多层次、全方位的证券市场和完善的证券评价机制的资本市场，因此这种抵押担保融资的模式具备可行的市场环境和完备的机制保障。2008 年，国际性的金融危机爆发，美国联邦政府为了稳定和刺激中小企业的产品生产和销售，保证中小企业在金融危机的环境中能够获得充足的融资资本，促使国内银行给予中小企业更多的贷款支持，美国的官方出口信用保险机构也就是美国进出口银行，战略性地整合了两项融资框架——快速融资计划（FTP）和超级授权融资计划（SDAP），保证了原有的贷款银行可以获得的总担保额度大幅度提高，最高额度可以达到 4.5 亿美元，这种整合为中小企业筹集资金提供了极大便利。

众所周知，美国拥有发达的金融体系，其具有代表性的显然要数公开资本市场以及商业银行体系。美国目前拥有 5 个全国性的股票交易市场，公司无论大小，在投资银行的支持下，均有上市融资的机会。在资本市场上活跃着数量巨大、规模各异的基金、机构和个人投资者，它们根据各自的要求和目的在不同的股市寻找不同的投资目标，为美国股市提供了庞大的资金基础，股市的交投十分活跃，融资并购活动频繁。当前在美国，上市公司可以随时发行新股融资。发行时间与频率没有限制，通常由董事会决定，并向证券监管部门上报。如果监管部门在20天内没有回复，则上报材料自动生效。如监管部门提出问题，则回答其问题。通常情况下监管部门有30天的必须答复时间下限。当公司股票价格在5美元以上时，上市公司股东通常可将其持有的股票拿到银行抵押，直接获得现金贷款，上市公司还可以向公众发行债券融资。从美国公开市场多层次的类型划分就可看出其发达的景象，如表4-1所示。

表4-1　美国发达的公开资本市场

公开资本市场类型	形　式	特　点
股票市场	纽约证券交易所	全国性的
	地方证券交易所	地方性的
	第三市场	上市股票的场外交易市场
	第四市场	大机构之间的直接交易市场
	纳斯达克全国市场	科技型上市公司、大型的资本市场
	纳斯达克小型资本市场	小型上市公司
	小额股票挂牌系统	小额股票交易
	粉红单市场	小额股票交易，不受美国 SEC 监管
债券市场	美国政府债券	美国政府公开发行
	地方政府债券	地方政府公开发行
	政府机构债券	经过批准的政府机构发行、政府担保
	企业债券	符合要求的企业发行

（资料来源：根据相关资料整理而来）

同时，美国还具有规模巨大的跨国商业银行，遍布全世界范围，在国际金融发展过程中发挥着较为重要的作用。此外，美国国内还有数量众多的中小商业银行。据统计，1920年之后的美国商业银行数量已经超过了3万家，达到了历史的最高水平。经过1929年的经济大萧条之后，在萧条的5年期间共倒闭了10500家中小商业银行，占全国银行总数的49%。随后，1933年美国通过了格拉斯-斯蒂格尔法案，1935年颁布了《银行法》，为美国商业银行的规范化发展提供了强大推动力，大银行的数量也在逐年递增。

显然，强大的公开资本市场和银行体系为美国中小企业的融资提供了极大的便利，为中小企业创造了良好的融资环境。

二、美国对中小企业融资的政策扶持

20世纪90年代以来，美国出现了新兴科技中小企业蓬勃发展的趋势，很多中小企业在科技板块市场成功上市。这一趋势也引发了世界各国对中小企业发展的高度重视。随着中小企业像雨后春笋般拔地崛起并快速发展，中小企业在各国的经济发展过程中都发挥了越来越重要的作用。然而，中小企业融资难的问题却也始终困扰着它们。为此，美国在如何更好地支持中小企业的融资上做出了很多独有的举措。

举措一：设立中小企业专项基金。此类基金在美国主要包括两类：（1）鼓励中小企业技术创新，吸纳社会就业，如支持中小企业创新的中小企业创业基金、专项科研成果研究与开发基金以及产品采购基金，吸纳社会就业的失业人口就业基金等；（2）帮助中小企业抵御风险，提高抗风险能力，如专门设立的风险补偿基金、政府设立的财政专项基金、特殊行业的再保险基金等。

举措二：政府提供贷款担保。联邦小企业管理局作为联邦政府独立工作机构，为中小企业提供贷款担保。小企业管理局提供担保的服务包括：7（A）贷款计划，针对出口生产型企业提供90%的贷款担保，针对国际贸易型中小企业的贷款担保，针对支持中小企业减排降污的贷款担保等。其中，7（A）贷款计划是最常见的形式，它是指小企业管理局会为具备一定条件的中小企业向金融机构借款提供一定的担保，但是最终能否借款的决定权还在于金融机构，小企业管理局只提供担保，不干预银行的具体审批流程，这样借款风险就在小企业管理局和金融机构之间分散，双方各自承担一定的比例。这种形式的担保借款最高不能超过200万美元，借款的期限也要根据其用途最高不能超过25年。一般情况下不动产和设备贷款期限最长为25年，营运资金贷款一般期限不超过7年。中小企业管理局的担保比例根据贷款规模而定，高于15万美元的提供85%的担保，低于15万美元的则提供75%的担保。

举措三：政府采购提供支持。联邦政府的采购在一定程度上保证了中小企

业的产品销售量，为中小企业的资金流动提供帮助。美国于 1953 年颁布了《小企业法》，在该项法律中明文规定政府在向中小企业提供采购支持时，各项采购要提供不少于 23% 的份额。此外，政府要根据对中小企业采购支持的数量设立每年的份额，并统一交由小企业管理局审查是否合规。

举措四：引入风险投资方式。经过联邦小企业管理局认证的创业投资经理人募集私人资本作为风险投资的初期资本，资本额一般为 50 万至 100 万美元，即不得少于 50 万美元，也不得高于 100 万美元。小企业管理局对该风险投资资本进行有效担保，进而放大成 3 倍的资金额投资给合格的中小企业，投资持续期限为 7 年至 10 年。待中小企业成长发展或通过资本市场成功实现融资后，创业投资人在获得收益后要向小企业管理局返还担保资金，并支付适当的收益回报。在小企业管理局的宏观政策调控作用下，中小企业风险投资业获得了长足的发展，创业初期的中小企业也获得了良好的融资渠道。

第二节　德国的中小企业融资

一、德国中小企业融资模式

德国政府将该国的中小企业在其国民经济中的作用提升到一个十分重要的高度，将之定性为德国社会市场经济的核心以及经济增长和社会就业的基本保障。但与美国中小企业融资模式相反的是，德国的融资模式主要以间接融资为主，而且大部分德国中小企业习惯于内源融资。二战之后，特别是世界金融危机爆发后，有很多企业倒闭破产，无法清偿银行的借款，德国的商业银行获取补偿的主要方式是取得企业为贷款而抵押的股票。由此，银行与企业间的联系变得更加紧密。同时，在德国，各个商业银行除了银行固有的业务之外还可以从事证券交易等融资活动，例如提供证券投资与信托业务、短期的流动资金贷款以及中长期的固定资产贷款等。因此，商业银行成为所谓的"全能"巨人，业务范围极其宽泛，对于企业的发展也能提供有力的支持。

德国中小企业融资的另外一大显著特点就是通过民间金融机构和组织进行相关的融资活动。德国虽然没有像美国一样强大的公开资本市场和银行系统，但是德国的民间金融机构和组织在中小企业融资过程中发挥的作用不容小觑。德国的储蓄银行、合作银行以及青年企业经营者协会等机构为中小企业融资提供了强有力的支持和良好的服务。其中，储蓄银行在德国全国各地都设有独立的分支机构——创新中心，多达100多家。这些分支机构为中小企业贷款提供了硬件设施和相关技术的支持，通过专家网络系统对中小企业的创新项目进行评估，为符合要求的企业提供资金支持，帮助创新企业快速获得融资，迅速成长。合作银行主要是企业与银行之间的合作。据统计，在德国西部，合作银行的个体客户涵盖了75%以上的工商业者和50%以上的手工业者，企业客户中有超过20%是中小企业。合作银行为中小企业提供的资金支持和服务类似于储蓄银行。青年企业经营者协会和机构主要是企业经营者的自发组织机构，这些机构为组织成员提供相应的技术服务或者资金支持。这些民间金融组织与中小企业本身关系密切，对中小企业的融资需求有全面而准确的了解，能够为中小企业的融资提供良好的环境，减少了因为信息不对称产生的融资风险和道德风险。

二、德国对中小企业融资的政策扶持

德国中小企业政策的主管部门为联邦经济与劳动部。该部门关于中小企业扶持政策的重点主要体现在以下几个方面：（1）对新建企业和已经建立的企业提供资金支持，方便企业获得参股资金；（2）保障中小企业获得技术诀窍，促进中小企业技术创新；（3）打造面向未来的现代化进修和培训体系；（4）减少官僚制度方面的阻碍；（5）强化中小企业自立意识。

该部门对中小企业融资的主要支持举措如下。

举措一：通过EIF提供信用担保。EIF也就是欧洲投资基金，是一个专门为中小企业提供融资担保的机构。EIF担保的形式主要有两种：（1）在中小企业的项目融资方面，提供至少50%的融资担保；（2）为了引导中小企业实现"增长和环境"的协调发展，基金组织可以提供对环境带来重大利益项目的融资担保，但仅针对雇员少于100人的中小企业。通过这些担保措施，中小企业获得了更有利的贷款条件，更低的贷款利率以及更好的贷款平台。

举措二：通过资本市场融资。AIT是目前欧盟区域内最主要的二板市场，也就是伦敦证券交易所的另类投资市场。AIT面向的服务对象是新成立的中小

企业，其职能是提供相关的融资服务。该市场的上市条件相对来说比较宽松，不仅没有对拟上市的企业提出企业资金实力、企业规模以及所处行业的要求，而且对企业的业绩、经营年限以及投资者拥有的股份比例也没有严格的要求。正是因为这类二板市场的门槛较低，企业比较容易上市发行股票，为企业在资本市场实现融资创造了较为宽松的条件。但相对于主板市场而言，二板市场有更加严格的市场监管措施。

举措三：通过 EIB 融资。欧洲投资银行（EIB）是欧洲专门为中小企业提供融资服务的政策性银行。欧洲投资银行为中小企业提供三种不同形式的贷款：（1）以贴息贷款的形式支持。此类贷款的贴息由欧盟财政预算支出，但是对中小企业的规模有一定的要求，一是要求该企业的雇员人数少于 250 人，二是要求该企业的固定资产少于 7500 万欧元。只有符合这类条件的中小企业才有可能获得 EIB 提供的贴息贷款支持。（2）以提供全球贷款的形式支持。全球贷款主要用于支持小规模的基础设施投资，这些基础设施投资除了包括农业、服务业和工业领域之外，同时也包括了涉及欧盟发展规划、运输以及能源方面的相关投资。（3）对符合要求的中小企业的发展进行资金支持，主要面向的是新技术领域和劳动密集型领域的中小企业。该计划的时间是 3 年，资金额总共为 10 亿欧元，资金来源于 EIB 的经营利润。

举措四：通过 ETF 融资。欧洲技术便捷启动基金（ETF）是 1997 年成立的，该基金是欧洲投资基金和欧洲投资银行两大金融机构合作成立的。该基金设有占基金规模四分之一的投资与风险资本基金，投资于中小企业，并且主要面向科技园区和研究中心的中小企业，帮助这些企业研究开发新产品、新技术。

第三节　日本的中小企业融资

一、日本中小企业融资模式

日本已经建立了比较完善的中小企业融资模式，该主要模式包括直接融资、间接融资以及信用补充在内的融资方式。同时在政策扶持方面，日本也是最早制定支持中小企业融资政策的国家。在持续不断的政府扶持过程中，日本中小企业的融资模式也在不断发展、深化并完善。

日本的中小企业主要采取间接融资的方式。日本已经形成了较为完备的间接融资体系，主要由政府金融机构和民间金融机构共同构成该融资体系。中小企业要从金融机构获得更多的贷款，就要增加在金融机构的存款。同时，金融机构为了降低贷款风险，通常会使用双层担保机制。一方面保证业务协会对中小企业的信用进行评价，另一方面担保协会将存款存入金融机构中，进而分散金融机构给予中小企业贷款的风险。此外，在日本，中小企业较少采取外源融资的方式解决融资问题，其主要的外源融资场所有资本市场的二板市场、民间风险投资公司以及投资育成公司等。

当前，世界经济整体处于下行期，日本也不能独善其身，日本的中小企业也不可避免地面临着融资难题。为解决融资困难，日本的民间贷款模式以及信用担保模式发挥了重要作用。近期日本政策金融公库的半年报显示，日本政府已经拓宽了信用保证制度，政府金融公库会为中小企业贷款提供一定的担保，采取此类措施主要是为改善中小企业的融资现状，拓宽中小企业的融资渠道。日本中小企业金融公库是日本依据《中小企业金融公库法》，由政府提供资本金，于1953年8月设立的政策性金融机构。其目的是在中小企业就发展所需要的长期资本需求向一般金融机构融通发生困难时给予其援助。公库总部设在东京，全国拥有50多个营业处，其资金的来源有：由一般企业和产业投资提供的资本金、政府借款、简易保险年金等；发行债券，在资本金20倍以内发行中小企业金融债券。这些债券大部分由政府认购，其余部分作为政府担保债券由民间资本认购。该机构主要是对中小企业提供设备资金和长期周转资金贷款，同时还提供特别业务贷款。此外，还向中小企业投资育成公司、设备租赁机构发放贷款。放贷方式有直接贷款和通过银行等代理机构发放的代理贷款。贷款支持对象主要为资本金1亿日元以下、从业人员300人以内的中小企业，贷款限额一般为2.5亿日元。

二、日本对中小企业融资的政策扶持

日本政府对于中小企业的发展相当重视，多方创造良好条件扶持中小企业的发展，主要举措归纳如下。

举措一：建立完善的中小企业管理机构体系，为中小企业提供信息支持。

日本有较为完善的中小企业管理机构体系，有中小企业厅以及各种职能的审议会作为支撑，其中中小企业厅位于通产省（现为经济产业省），主要的审议会包括中小企业经营领域调整审议会、中小企业政策审议会、中小企业稳定审议会、中小企业现代化审议会等，这些审议会主要根据《中小企业基本法》而设立，为中小企业提供各种不同的专门服务。此外，除了职能部门的设置之外，日本政府还建立了遍及全国的管理机构网络，包括官办民营、官民协办或者官助民办等多种类型，其中大量的管理机构均由政府出资成立，这些网络机构主要包括中小企业厅、中小企业审议会，以及由中小企业派生的各种机构和企业联合会等。除了管理机构较为完善之外，日本还有与此相配套的中小企业情报网络，情报网络覆盖全国，专门收集国内外与中小企业相关的经济和技术等方面信息，这些信息经由各个地区的情报中心整理之后提供给中小企业局，然后由中小企业局提供给中小企业，为中小企业的发展提供指导。

举措二：建立完善的信用担保体系，为中小企业提供融资担保服务。日本政府建立的中小企业信用担保体系主要由中小企业信用保险公库和信用保证协会共同构成。其中，中小企业信用保险公库主要是根据1958年颁布的《中小企业信用保险公库法》而组建，信用保证协会则由各都道府成立。在中小企业的融资过程中，两者均同时发挥保证担保的作用，首先由信用保证协会对中小企业的借款提供担保，然后信用保险公司再对信用保证协会承保的债务提供担保。通过双层担保支持中小企业的融资。

举措三：实行贷款利率优惠政策，支持中小企业贷款融资。在日本，中小企业可以按照最低的利率向金融机构或公司申请贷款，也可以以最低利率在国家的专业银行申办贷款，并且获得的贷款期限可以比一般的企业贷款期限长。此外，中小企业可以在民间借贷机构获得无抵押贷款，放款基金由国家预算划拨。同时，中小企业将获得贷款利息补助，主要是面向新技术振兴的中小企业以及新兴产业的地方中小企业，利息补助主要由当地各级县政府指定并实施。

举措四：制定特别贷款制度扶持中小企业贷款融资。日本制定了三种不同类别的特别制度支持中小企业贷款。一是设立支持创业的特别贷款，向中小企业提供贷款融资，通常服务的对象是新开业且处于起步阶段的中小企业或者是要扩大规模增加雇员处于快速发展阶段的中小企业。二是设立中小企业应对金融环境变化贷款。对中小企业发放周转性资金贷款，通常服务的对象是因资金周转不灵而陷入困境的中小企业或者是难以从正规金融机构获取贷款的企业。三是设立中小企业经营支援贷款，主要是为中小企业的正常经营提供短期的融资帮助服务，服务的对象通常是处于经营业绩下滑并恶化阶段所造成的资金周转困难的中小企业群体。通过三种类型的特别贷款，可以为大部分中小企业进一步提供融资保障，拓宽了中小企业的融资渠道。

第四节　韩国的中小企业融资

一、韩国中小企业融资模式

在韩国，中小企业最重要的融资方式是通过政策性银行来实现的，这种政策性银行均由政府出资设立并在实际业务的运行过程中鼓励和支持中小企业融资。此外，中小企业也可通过资本市场进行融资，韩国的风险资本市场以及二板市场也较为成熟。为促进融资的多元化发展，韩国政府还建立了风险资本市场以及高斯达克市场。资本市场总体上针对拓宽中小企业的外源融资渠道，其中高斯达克市场是专门针对高科技新型中小企业融资需求而设立的，同时该市场也为投资者提供了全新的投资方向及投资产品、工具，但是这种投资属于高风险、高收益的投资，类似于我国的创业板市场。当前，韩国中小企业的主要融资渠道有以下几种。

第一，通过一般商业银行的间接融资。中小企业通过向商业银行借款或者商业票据贴现的方式来满足流动资金需求。

第二，通过韩国中小企业银行的间接融资。该银行是专门针对解决中小企业的融资问题而成立的，主要由政府部门出资设立，并由政府部门监督管理，发挥政策调控手段。

第三，通过获取专项贷款支持。专项贷款是韩国政府根据中小企业的实际发展情况，对符合条件的中小企业提供专项资金支持。这类贷款不是由政府直接发放给中小企业，而是由中小企业银行发放给中小企业。用于鼓励和支持中小企业开展研发活动以及进行各类设备的生产活动。除了政府专项贷款之外，还有促进创业基金贷款、合理利用能源基金贷款等各类专项贷款。

第四，通过信用担保方式获取贷款支持。在韩国主要有两类信用担保机构，一类是 KCGF，也就是韩国信用保证基金（Korea Credit Guarantee Fund），可以为所有的中小企业提供信用担保以获取银行贷款；另一类是 KTCGF，也就是韩国技术信用保证基金（Korea Technology Credit Guarantee Fund），主要为高风险企业或高技术中小企业提供信用担保以获取银行贷款。通过信用担保机构提供担保获取银行贷款，这是韩国中小企业融资的一个重要手段。

二、韩国对中小企业融资的政策扶持

20 世纪 50 年代韩国经济从崩溃的边缘走向复苏，60 年代韩国成功地推行了外向型经济发展战略，开始实施第一个五年经济发展计划，70 年代跻身到新兴工业国（地区）行列，80 年代发展成为国际市场上一个具有一定竞争力的国家，90 年代开始把进入发达国家行列作为努力目标。当前，韩国的经济实力较为雄厚，钢铁、汽车、造船、电子、纺织等是韩国的支柱产业。韩国曾是个传统的农业国，但随着工业化进程的不断推进，农业在韩国经济发展过程中所占的比重越来越小，地位也日渐低下。但其中小企业在推动整个国民经济发展过程中发挥着越来越重要的关键作用。据统计，韩国早在 2010 年已经拥有了超过三百万家的中小企业，到 2019 年底企业数量突破了两千万家，中小企业的生产总值已经超过了全国生产总值的一半，其上缴的各类税收也已经超过了国家和地方财税收入的 60%。可见，韩国的中小企业已经成为经济发展的重要推动力。同时，韩国政府也对中小企业的发展提供了大力的支持。

举措一：韩国中央银行和政策性银行对中小企业提供贷款支持。在韩国，中央银行提倡和鼓励各个金融机构加大对中小企业的贷款扶持力度，并且对中小企业贷款给予优惠的利率。中央银行在决定给予商业银行再贷款利率时，会将商业银行对中小企业提供的贷款额度作为一个重要的考核指标。此外，为了支持中小企业的融资需求，韩国还成立了专门的中小企业银行。该银行属于政府投资的政策性银行，其中政府投资的股份占该行全部股份的 77%。其最主要的职能就是根据政府的计划和安排为中小企业的发展提供所需的贷款支持，政府给予中小企业的各项专项贷款也是由该银行进行发放。政府给予的专项贷款其特定用途通常是为中小企业开展研发活动或者进行设备生产提供资金支持。中小企业银行提供了韩国全部银行和金融机构对中小企业贷款支持总额度的16.5%，给中小企业的融资发展提供了大力支持与帮扶，为帮助中小企业度过各项发展危机发挥了重要作用。

举措二：政府对中小企业提供融资支持。政府部门专门建立了政策性基金，主要是向中小企业发放政策性贷款。政策性基金不是直接、简单地划拨给中小企业，而是通过银行发挥中介作用。政府将政策性基金以借款的形式提供给指定的商业银行，同时要求商业银行将资金以高于本基金借款利率的1~1.5个百分点再借给中小企业。政府部门还根据其产业政策的重点需求来援助中小企业，为中小企业提供利率较为优惠的政策性贷款，以培养具有一定发展潜质且需要风险投资的中小企业。为了支持和促进中小企业的发展，韩国政府还提供了数额较多、时间较长、利息较低的贷款，这种贷款的利率一般高于2%，低于8%，贷款的期限一般为8年。此外，韩国政府还成立了多种风险投资基金，这些基金以政府投入的资金为主要资金来源，用以补充和引导民间的风险投资。在1995年，韩国政府将各类支持中小企业的资金制度划分为两个大类，一类是中小企业共济事业基金，另一类是中小企业创业振兴基金。这些资金支持制度都明确规定了中小企业的主管机构以及机构的职能。例如，韩国的中小企业共济制度主要为中小企业取得银行贷款提供了一种互助合作的规定，要求互助成员在相互保证以及风险分担的基础上，可以不需要提供动产或不动产进行抵押担保，而可以通过借助成员之间的力量来取得银行贷款支持，以满足中小企业因为没有足额抵质押或者担保情况下的资金缺口。除此之外，韩国政府也不断鼓励民间金融机构积极参与扶持中小企业发展，充分挖掘民间资本的能力，从而强化市场竞争力，使得中小企业可以通过市场的自主调节功能，提高其在国际市场上的竞争力。近年来，韩国用来扶持中小企业发展的政策性基金数量和金额都呈逐年增长的态势。

除了国家层面对中小企业提供支持外，地方政府也对成立两年的中小企业提供地方小企业培育基金，向企业给予年息7%、期限为8年的创业资金支持。此外，政府还建立了非营利机构——中小企业振兴公团。该公团专门为中小企业提供服务，不仅负责对中小企业提供资金援助，同时还帮助提高中小企业的经营管理水平，为中小企业提供专业的技术指导培训，拓展中小企业的国际市场份额等，在服务过程中所需的费用全部都由政府直接拨款。

举措三：给予中小企业优惠的税收政策。韩国政府对处于创业期的风险企业、技术集约型的中小企业给予特别的税收优惠。范围包括：由科技部认定的新技术和通过招标确认的国内需要的技术项目；政府研究机构、企业研究所、非营利性研究机构及大学的研究成果；中小企业创业投资公司及出资支持的创业者项目；产业资源部通过招标确认支持的项目；通过登记的实用新型项目；按照相关法律引进的国外技术；等等。对于符合规定的上述项目，对创业法人登记的资产给予75%的减免，在创业期的5年内，每年减免50%的所得税，在创业期的2年内得到的事业不动产按照75%的比例减免所得税，在创业期的5年内减免50%的财产税和综合土地税。可见，韩国政府给予了中小企业极大的税收优惠政策，积极鼓励了中小企业的发展，为中小企业的发展壮大营造了良好的政策环境。

综上所述，发达国家中小企业融资的总体特征可以总结归纳如表4-2所示。

表4-2　发达国家政策支持中小企业融资措施和细则①

国　家	措　施	具体细则
美国	1. 设立财政专项基金	一类用于鼓励产品创新和吸纳就业；一类用于帮助企业降低市场风险
	2. 提供贷款担保	不动产和设备贷款＜25年，营运资金一般为7年；小于15万美元的贷款担保85%，15万美元以上的贷款担保不超过75%，为出口企业提供90%贷款担保
	3. 提供风险投资	50万至100万美元的初期风险投资，担保杠杆可放大到3倍，投资信用良好的合格企业，持续时间为7~10年
	4. 政府采购支持	政府采购支出中，中小企业占比超过23%

---

① 李春光. 社会资本视角下的中小企业融资问题研究 ［D］. 大连：东北财经大学，2010.

续 表

国　家	措　施	具体细则
日本	1. 中小企业管理机构体系	中小企业厅—审议会—中小企业情报网络
	2. 信用担保体系	设立中小企业信用保险公库和信用保证协会
	3. 利率优惠	在国家专业银行或金融公司以最低利率获得贷款，还款期限可以延长，各县政府设立利息补助制度
	4. 特别贷款制度	设立中小企业经营支援贷款、中小企业应对金融环境变化贷款、支持创业特别贷款
韩国	1. 中央银行和政策性银行	央行将商业银行中小企业贷款额度作为再贷款优惠利率的考核指标，设立韩国中小企业银行
	2. 设立政策性基金	不直接给中小企业，以借款的形式向指定银行提供资金，地方政府对成立两年的中小企业提供地方小企业培育基金
	3. 建立风险资本市场和高斯达克市场	专门为高科技新型公司提供融资
	4. 税收优惠政策	对处于创业期的风险企业、技术集约型的中小企业给予特别的税收优惠
德国	1. 提供信用担保	EIF 为中小企业提供融资担保
	2. 利用资本市场	AIT 为新建立的中小企业提供融资服务
	3. 政策性银行	EIB 专为中小企业提供融资服务，全球贷款、贴息单款和 ASAP 计划

（资料来源：根据相关法律法规资料整理而来）

第五节　国外中小企业融资对我国的经验启示

一、完善的法律制度保障

纵观发达国家对中小企业融资的支持措施，不难发现各国都通过明确的立法来为中小企业的融资支持提供有力保障。通过法律来进一步明确中小企业的现行地位以及发展方向，一方面有利于实质性地拓宽中小企业的融资渠道，另一方面有利于社会各界对中小企业认识的改观。在美国，中小企业数量众多，是社会经济的重要推动力，同时也是社会就业的主要主体，但是，中小企业一直被认为是社会经济的相对弱者。在法治立法相对较为健全的美国，政府制定了非常完善的法律来监督和管理中小企业的融资需求，从政策的制定到政策的落地执行都有明确的立法作为保障。从总体上看，美国已经出台了很多法律法规来扶持中小企业的发展，主要是为了各个区域的经济协调发展。例如，美国禁止地区银行在非本区域设立分支机构，要求储蓄机构和银行要全面考虑本区域中小企业的资金需求，显然这就能有效地对本区域的中小企业提供专门的资金支持，尤其能够较好地满足小农场经济的流动资金需求，推动本区域经济的协调发展。另外，从日本的经验中也可以看出，在受两次世界大战的影响之后，为了恢复和稳定国民经济的正常运行，日本前后颁布了许多法律法规来促进中小企业的发展，其中也包含较多专门针对解决中小企业在发展中的融资需求的法律法规，日本也是发达国家中有较为健全的中小企业立法的国家之一。

总之，西方发达国家在拓宽中小企业的融资渠道和支持中小企业发展的层面上，将立法放在一个非常重要的位置。不仅仅是制定并颁布法律，同时对有法不依的行为也采取严厉的惩罚，从根本上为中小企业的发展创造良好的法制环境。

二、有力的政策措施扶持

美国的中小企业管理局是专门为美国中小企业服务的政策性金融机构，主要为中小企业提供间接融资支持。从成立到现在，已经有超过 3000 万家中小企业得到了该局的扶持和帮助。在意大利，解决中小企业融资困境的一个最有效的方法就是区域产业网络，这种区域产业网络类似于我国的区域产业集群，它们通过相互联合的方式以求拓宽融资渠道。此外，意大利还成立了中小企业服务中心，该服务中心属于商业性质的中介服务机构，一般由当地政府主办，不过大部分由当地政府部门和当地的制造商协会或者其他机构合作成立。这种服务中心专门为中小企业的融资提供服务，主要为中小企业提供贷款担保、进行中小企业资信评级或者帮助中小企业开拓国际市场等。同时，这种服务中心还为中小企业的内部管理提升提供帮扶，例如成立中小企业自主性的信用工会，工会将成员所缴纳的股本金额集中在一起，为企业获得贷款提供一定额度的担保，这在一定程度上支持了企业的流动资金需求。在日本，也有专门的中小企业金融服务体系，与政府建立的多类型金融机构共同为中小企业的融资提供帮助，这在中小企业的发展壮大过程中起到了至关重要的作用。

西方发达国家通过政府采取强有力的措施对中小企业进行多方扶持，主要有金融扶持、财税扶持和其他扶持政策。其中，金融扶持主要是通过推行不同的政策支持中小企业以获得更加方便并快捷的融资需求，这些支持政策主要有提供贴息贷款、提供贷款担保或者给予直接的资金支持等。除了在政策上向中小企业倾斜外，还帮助中小企业设立风险基金，开辟二板市场的直接融资渠道。财税扶持主要是财政补贴，例如政府对中小企业提供就业补贴、研究与开发补贴以及出口补贴等。财税扶持的另外一项就是政府的税收减免优惠政策，主要是通过税收的减免来减轻中小企业的财务负担，如提高税收起征点、减免一定的税收或者给予一定的税收返还、降低税收缴费比例以及提高固定资产的折旧率等方法。政府通过制定这些政策加快中小企业在发展时期的资金积累，推动中小企业的发展壮大。除了金融扶持与财税扶持外，西方发达国家还通过其他的扶持政策来帮助中小企业解决发展的融资需求，如人力资源培训扶持、技术创新扶持以及信息管理扶持等。西方发达国家对中小企业强有力的扶持政策值得我们学习并借鉴。

三、强大的金融体系支持

金融体系是指在一定的社会经济及金融制度下，由国家法律形式确定的银行体系和非银行金融机构的组织结构，以及各类金融机构在整个金融体系中的地位、职能和相互关系。金融体系以发展间接信用机构为主体（指银行等），另外又开拓了直接信用机构，包括信托投资公司、金融公司、金融租赁公司等。一个完整的金融体系是由几个相互关联的部分共同组成：一是金融部门，即各种金融机构、金融市场；二是融资模式与公司治理，即企业、政府等的融资行为以及基本的融资工具或产品、公司相关利益者各方面利益协调的组织框架；

三是监管体制。通过对国外发达国家中小企业融资模式以及政府政策扶持等方面的分析，不难看出，相对于目前我国金融市场的不健全、不完善，国外发达国家在金融体系上呈现出独特的特点：一是市场主导型的金融体系，主要表现在英、美等国家；二是银行主导型的金融体系，主要表现在法、德、日等国家。金融体系的一大重要功能就是融资的功能，良好的金融体系可以有效地调动全社会的储蓄资源或进行金融资源的全方位合理优化配置。对于企业来说，要将有效的技术快速转化为能获取利润的生产力，必须要有充足的流动资金作为支持。在良好的金融体系环境下，不仅仅能让中小企业获得更多有效的融资支持以及投资机会，同时也可以提高社会储蓄者的储蓄利益回报。金融中介通过社会储蓄功能，一方面可以将社会分散的资金集中起来用于投资收益较高的项目；另一方面，较高的投资收益在提高投资者回报的同时增强了投资者对项目的信心。金融体系发挥了资源的规模效应，将社会上的闲置资金通过多渠道集聚到金融机构，中小企业从金融机构获得流动资金贷款支持时，其在一定程度上解决了长期投资资金来源的问题，同时可以获得更多的资金用于技术创新和进步，可以为实现企业股权融资和长期项目投资提供保障。总之，发达国家以构建良好的金融体系为依托，为中小企业的融资提供多方帮扶，同时也为中小企业的发展提供了高效且强有力的金融运行体制保障。

第五章 我国中小企业融资的制度创新路径选择

第一节 中小企业自身制度建设

一、中小企业管理制度建设

管理是以人为中心进行的协调活动，是在特定的环境下对社会组织或企业所拥有的所有资源进行有效的计划、组织、领导和控制，以便实现组织最终目标的过程。被誉为"科学管理之父"的美国人弗雷德里克·泰勒在《科学管理原理》中提到"管理就是确切地知道你要别人干什么，并使他用最好的方法去干"。简言之，管理就是科学地指挥他人用最好的方法去完成各自的岗位工作。而诺贝尔奖获得者赫伯特·西蒙对管理的定义则是"管理就是制定决策"，管理从来都是在不断变化的环境中发挥着自身独特的魅力。管理可以是组织的救命稻草，同时也可以是企业的致命毒药。管理是科学性与艺术性的完美统一，首先，有效的管理必须要有科学的理论与方法来指导，要遵循管理的一般原则与原理，只有按照管理活动本身所蕴含的客观规律以及事实行事，管理的最终目标才能得以实现，这是管理的科学性体现之一。其次，管理是一门科学，即管理是由一系列概念、原则、方法、原理构成的有机体系，有它固有的内在规律可循，在人类众多的管理活动中，人们通过不断总结得出了大量基于管理实践的成功经验和失败的教训，归纳并抽象出管理的一些基本原理、原则与方法。同时这些原理、原则与方法又较好地揭示了一系列具有普遍应用价值的规律。遵循这些管理规律，管理活动的效率就能大大提高，组织的目标就容易实现。

管理的艺术性是指灵活运用管理理论知识的技巧和诀窍。由于管理对象的复杂性以及组织内外环境的多变性，企业的管理活动不可能是一成不变的固定模式，企业的管理者应当结合所处的内外环境创造性地运用所掌握的知识进行理性分析，不断调整和完善企业的管理模式、管理方法乃至管理制度。总体来说，管理的艺术性是由管理内外部环境和管理的主要对象即个人所具有的主观能动性和感情决定的。人的主观能动性能够使人进行积极的大脑思维，自主地做出行为决定，完全不同于无生命的物质主体。另外，人是情感动物，感情变化虽然有一定的规律可循，但难以预料，捉摸不定。因此，不同的人对同样的管理方式和方法可能会产生截然不同的反应和行为，这就决定了企业管理者只有根据具体的管理目的，结合不同的管理环境和管理对象，创造性地运用管理理论知识与技能去解决所遇到的各种实际问题，才可能管理成功。

制度是国家机关、社会团体和企事业单位为了维护正常的工作、劳动、学习、生活的秩序，保证国家各项政策的顺利执行和各项工作的正常开展，依照法律、法令、政策而制定的具有法规性、指导性并具约束力的系列文件，是各种行政法规、章程、制度、公约的总称。大到国家机关、社会团体、各行业、各系统，小至单位、部门、班组，都有各自相应的制度。制度是国家法律、法令、政策的具体化，是人们行动的准则和依据。因此，规章制度对社会经济、科学技术、文化教育事业的发展，对社会公共秩序的维护，有着十分重要的意义和作用。制度具有指导性和约束性，制度对相关人员做些什么工作、如何展开工作皆具有一定的指导意义，同时也会约束相关人员的一些行为，比如不能做些什么以及违背之后的相应惩罚；同时，制度也具有鞭策性和激励性，制度有时就张贴或悬挂在工作现场，随时鞭策和激励着人员遵守纪律、努力学习、勤奋工作。制度的重大作用体现在诸多方面：帮扶实现工作程序的规范化、岗位责任的法规化、管理方法的科学化等。因此，这就要求制度的制定必须以有关的政策、法律、法令为依据。除此之外，一个好的制度应能为人们的工作、生活乃至学习提供可供遵循的依据。管理制度的优劣可以从根本上改变一个社会组织或企业的发展前途。为何中国的很多家族企业很难做大做强？很大一部分原因是管理制度的不健全。从现代企业发展的历程来看，企业管理在其发展壮大的过程中发挥着越来越重要的作用。这对企业管理的具体实施者或企业管理人员提出了更高的要求。首先，他们必须要有足够的科学管理知识并具有先进的科学管理理念；其次，他们还有正确对待并处理企业经营过程中所遇风险的态度；再者，他们要有一定的领导魅力和经营管理魄力；最后，他们要有能与员工"打成一片"的沟通协调能力。

中小企业的管理制度建设一方面要从管理的内容上入手，另一方面又要从管理的形式上着手。内容上的管理主要包括对人、财、物的管理，形式上的管理则主要通过管理方法的创新完善和管理手段的有效补充得以实现。中小企业不仅要对企业内部的人、财、物进行全面管理，同时也应该借鉴现代优秀企业管理制度，结合企业实际管理需求，找到适合自身的科学、有效的管理制度，以期提高中小企业的管理能力。具体来说，中小企业主要可从以下几个方面着手建章立制并加强管理。

第一，基于客户关系管理制度的完善。客户关系管理（Customer Relation-ship Management，简称CRM）指的是企业通过富有意义的交流沟通，理解并影响客户行为，最终实现提高客户获得、客户保留、客户忠诚和客户创利的目的。CRM是一整套先进理念、方法和解决的方案，是一项较为综合的IT技术，也是一种较为新型的企业运作模式，它源于"以客户为中心"的新型商业模式，是一种旨在改善企业自身与客户关系的新型管理机制。通俗地说，CRM就是基于软件、硬件和网络技术的运用，为企业建立一个客户信息收集、管理、分析、利用的信息系统。客户关系管理是向企业的销售、市场、服务等部门和人员提供全面及个性化的客户资料，并强化跟踪服务、信息分析能力，使他们能够协同建立和维护一系列与客户以及商业伙伴之间卓有成效的"一对一关系"，进而使企业能够提供更加快捷、更为周到的优质服务，增加客户体验感、提升客户满意度，在维护和保持原有客户的基础上，拓展新的客户群体，进而增加营业额，并通过信息共享和优化商业流程有效地降低企业经营成本，使之顺应当前社会信息化迅速发展、市场经济竞争形势趋紧和人类情感多元化的现状。建立科学和有效的客户关系管理机制和体制已成为一种必然趋势。客户关系管理强调了企业与客户之间长久的、和谐的、忠诚的共生共赢关系，有利于实现企业的长期稳定发展。随着科学技术的飞速发展和日益激烈的市场竞争，人们越来越强烈地意识到客户是企业的生存之本，稳定的客户资源是企业迈向成功的关键所在。一个企业得以生存与持续发展是基于与客户建立的长期、稳定的往来关系，通过这种交易关系企业实现了利润并保持着良好的发展态势，而日趋激烈的市场竞争和客户偏好的不断改变在很大程度上导致了企业客户资源的分流，势必影响到企业的进一步发展，甚至会给企业带来"灭顶之灾"，这就使得企业与客户的和谐关系显得尤为重要。此外，经调查发现，一些中小企业基于自己近10年的经营发展，存在骄傲自满、沾沾自喜的"轻敌情绪"，无视发展变化中的市场供给和日益增进的客户需求，这种怠惰思维必然会引起客户的反感，导致客户流失。在这种情况下，对老客户的进一步维护和巩固以及对新客户资源的开发成为企业市场竞争过程中必不可少的重要环节。因此，只有不断健全、完善并优化客户关系管理制度，才能持续并良好地维护企业与客户的关系，有利于企业的可持续高质量发展。

第二，基于企业目标管理制度的完善。企业目标管理的基本内容是动员全体员工参与企业发展目标的制定并保证目标的如期实现，即由组织或企业中的上级与下级一起商定组织或企业的共同目标，并把目标具体化传导至组织的各个部门、各个层次乃至各个成员，使目标与组织内的每个单位、部门、层次和成员的责任和成果相互密切联系。在企业目标执行的过程中经营管理者要根据目标决定上下级责任范围，通常会采取分级授权的方式，使上级权限下放，下级实现高效的自我管理。在成果评定过程中，企业也必须严格以这些目标作为评价和奖励标准，用自我评定与上级评定、内部评定与外部评定相结合的方式进行相关的评定和审核工作。最终组织会形成一个全方位、全过程、多层次的目标管理体系，这不仅提高了上级领导的控制力能力，同时有效激发了下级乃至全体员工的积极性，以此保证组织目标如期保质的实现。此外，目标管理也可以被认为是将关系到组织内部每个人命运的企业发展量化为个人的一个具体目标。也就是说，在企业内部科学分工协作的基础上，把这个发展目标细化到每个人、每个岗位、每项工作的每一年、每一月、每一天甚至每一个单位时间点上，并对每个人的目标完成情况进行跟踪、检查与考核，由此，通过这种目标细化，积少成多的方式来实现组织大的发展目标。这样既可以使企业长远的发展目标落实并细化为可以操作的工作目标，让每个人能知晓自己的本职工作并进行自我监督、检查和纠正，还能避免员工因奋斗目标和工作方向不清晰而导致的茫然无措现象，因为在大多数情况下，他们不是不愿意工作，而是不知道应该做什么。因此，在企业的经营管理过程中组织要不断地完善目标管理制度，在组织内部建立一个相互联系的目标管理体系，通过目标导向把员工有机地组织起来，使集体力量得以充分、高效发挥，达到 $1 + 1 > 2$ 的效果，同时目标管理的实行意味着组织管理的民主化、员工管理的自我控制化以及成果管理的目标化。简言之，企业目标管理事实上是一种总体的、民主的、自觉的企业经营成果实现的过程，这也是企业目标管理的真正魅力所在。因此，中小企业势必要不断完善目标管理制度。

第三，基于人力资源管理制度的完善。人力资源管理在一定程度上否认了以前简单地将人当成劳动力的观点，充分肯定了人在创造价值方面的能力与潜力，并把人的创造价值能力当作一种可以挖掘和再生的资源来看待，也认可了人是有情绪、有思想、有感受的高级生命体。在企业中，根据人力资源管理的理念，要求企业根据人性的特点对人员采取组织、工作分工、激励、培养、使用等一系列管理措施，使每位员工都能人尽其才，充分挖掘和发挥个人的主观能动性和创造力。人力资源管理的基本原则是绩效与能力相匹配的原则，即一个完善的人力资源管理制度要求企业能依据员工的贡献给予员工相应的回报，在使用人才时也要量体裁衣，对于有能力、贡献大的员工实施相应的提拔或奖励措施。因此，中小企业管理者要不断优化人力资源管理制度，提升人力资源管理能力。以人为本、人才兴业。人才是发展的第一要素，所谓事在人为，人力资源是立行之基，是强行之本，构建一支优秀的从业人才队伍是当前中小企业可持续发展的内生动力。首先，引他山之石可以攻玉，一方面要完善人才引进机制，发现、挖掘同业人才；另一方面要提拔和重用市场适应能力较强的具有发展潜质的青年骨干。其次，优化岗位设置，节约人力成本。根据经济发展动态和自身发展需要，合理配置人员，将有限的人力应用到最擅长的领域，致力于精耕细作，做到人尽其才，物尽其用。以市场定考核，以效率做优先，充分调动员工工作积极性，打造高效、实用的岗位组合体系，形成具有特色的服务模式、决策机制和运维保障。最后，学习知识终身化、培养人才长效化。树立终身学习的意识，加强对新政策、新理念、新科技的认知与培训，借鉴国内外同业成型经验为我所用，节约成本；树立激烈竞争的紧迫意识，培养改革发展的创新意识，坚持与时俱进的忧患意识，建设适应新常态、新经济和新发展的人才队伍，为企业的可持续高质量发展提供强有力的人才保障。

第四，基于企业文化凝练制度的完善。早在20世纪80年代，经济、文化、管理的结合造就了企业文化管理相关理论的出现，被定义为一个企业的价值观、行为准则、道德规范以及规章制度等内容的结合。企业文化理念的提出对企业员工的行为具有决定性意义，支持了企业的可持续、长远发展。企业文化会指导和约束员工应该遵循什么原则、什么该做什么不该做以及必须以什么样的方式来做。

企业文化是企业长期生产、经营、建设、发展过程中所形成的管理思想、管理方式、管理理论、群体意识以及与之相适应的思维方式和行为规范的总和。它是企业管理层所提倡、企业上下所共同遵守的文化传统和持续革新的一套行为方式，企业价值观、经营理念和行为规范是企业文化的核心内容和具体体现形式，其渗透于企业的各个领域和发展全过程。因此，企业文化的塑造与建设迫在眉睫，一个经过塑造的企业文化，能够提高企业员工的思想境界，使企业管理层次得以提升。如果企业文化塑造优异，还能实现各级员工发展目标和价值取向的一致，内部冲突也会随之大大减少。在这样的环境下，其内部运转的途径是通过员工的自我管理来实现的。由此，管理者才能集中精力于企业的发展谋划和长远规划。反之，缺乏企业文化塑造的企业管理主要依靠各级管理层的检查、监督，其工作过程中的内部冲突时有发生，会使企业管理者身陷繁忙琐事之中，牵扯或消耗管理层的有限精力。同时，企业文化又是一帖隐形的黏合剂，它把企业员工紧密凝聚在一起，为了共同的发展目标和价值取向共同努力。此外，企业文化的凝练建设、传承发扬有助于企业职工整体思想道德风貌的提高，使企业的人文素质得以优化，助推企业竞争力的提高，促进企业经济效益的增长。因此，企业文化的塑造和凝练对于中小企业来说意义重大，让中小企业在实现其各自经营目标的同时进一步明确了其社会责任。

企业文化对构造企业内部凝聚力和形成外部竞争力均起到了积极作用，越来越受到企业家们的重视。新时代的企业竞争实质是企业文化的竞争，面临全球经济一体化的新挑战与新机遇，企业应当不失时机地搞好符合自身发展的企业文化建设，应从实际出发，实事求是地制定相应的行动规划和实施步骤，虚心学习优秀企业的文化经验，以期努力开拓并创新。企业文化的凝练和建设并不是一件简单的事情，而是一项系统性工程，是现代企业发展必不可少的竞争法宝。一个缺乏企业文化的企业是没有凝聚力和竞争力的企业，一个没有信念的企业是没有希望和没有发展前景的企业。因此，企业文化的凝练乃至建设既是企业在市场经济条件下生存、发展的内在需要，又是实现管理现代化的重要方面。为此，对于中小企业而言更应从建立现代企业的实际要求出发，加强文化凝练制度建设，树立科学发展观，讲究经营之道，培养企业精神，塑造企业形象，优化企业内外环境，全力打造具有自身特质的、有凝聚力和感染力的企业文化，为企业快速发展提供内化动力支持。

第五，基于企业供应链管理能力提升的制度完善。"供应链"（supply chain）指的是在企业的生产、流通过程中，涉及将产品或服务提供给最终用户活动的上游与下游企业所形成的网链结构。简言之，供应链就是买卖双方，其中买方购买产品或服务，卖方提供产品或服务，买卖双方之间的产品流转、资金划转、合约签订等构成了一个有机的生态圈即供应链，它整合了大量的供应商、制造商和分销商，为顾客快速且低价地提供所需要的产品或服务。"供应链管理"的核心就是以一定的成本，通过计划统筹，保质保量完成原材料采购，通过一定的技术工艺完成生产，并在合同约定的时间以正确的方式、准确的数量、完美的质量交付给客户。提升供应链管理能力能使企业实现出色的经营绩效并维持其竞争优势，是企业科学的架构设置、组织方法、管理知识和技术技能有机融合的结果，在材料采购、产品提供、客户服务、客户响应以及订单循环、销售管理等环节均发挥着重要作用。供应链管理能力的持续提升是其他企业无法模仿的，是企业竞争优势的强大基础，是有限资源科学、合理、高效配置的重要表现。

在中小企业提升供应链管理的过程中，要以物流管理能力的提升作为主要着手点，物流管理基于特定的物流系统，涵盖接受客户需求、处理订单、分拣货物、运输到交付给客户的全过程，是响应速度、物流成本、订单完成准时性和订单交付可靠性等方面的综合反映。物流管理能力是由物流系统的物质结构（如配送中心数量与规模、运输能力、分拣处理的设备能力等）所形成的客观能力，以及管理者对物流运作过程的组织与管理能力的综合反映。因此，物流管理能力既包括能够运送货物的能力（有形要素），也包括执行物流过程的组织和管理能力（无形要素）。现代物流管理的本质是以满足消费者需求为宗旨，结合生产制造、流转运输、推广销售等市场情况于一体的战略措施，通过信息传送、产品运输、存货流转、仓储服务、搬运转移和整合包装，以尽可能低的成本链接商品与各级流通节点。在客户关系管理的大前提下，新时代物流管理的核心目的就是助力企业寻求利润最大化，同时为客户提供最便捷、最快速、最优质、最满意的产品及服务。因此，品质第一、成本优先并兼顾时效已经成为现代物流管理的根本追求。当前，对于国内的中小企业而言，特别是在第三方物流兴起的现状下，通畅物流体系的建设同时涉及企业客户关系管理和企业效益这两大主题，身系企业的长远发展。不可忽视的是，建立现代物流管理体系必须以不断提升企业的供应链管理为前提和基础，同时和企业的信息化建设相结合，增设电子商务的物流配送，使该体系的运作更高效、更科学、更精准。

总之，中小企业管理制度的不断加强与持续建设势在必行，应该要从根本上改变以往的以经验为主的传统办法，要坚持科学发展观，要与时俱进学习现代化企业管理的相关制度与方法，用科学合理的现代管理理念来为企业的发展壮大注入持续动力。

二、中小企业财务制度建设

企业财务管理是企业一切管理活动的基础，是企业管理的中心环节。当国家"以信息化带动工业化"的战略出台后，在整个管理范畴中，财务管理的地位更是凸显无遗，不容忽视。为实现经济效益最大化，企业必须基于真实、可靠的财务数据做出最为稳妥的经营决策。在国家不断完善财会政策法规的大环境下，企业应该充分结合自身的实际情况，积极转变思想认识、更新经营管理理念、完善内控管理体系，将财务管理放在企业管理的中心位置，从经营预算成本管理、货币资金流量管理以及全面资产管理等方面着手，及时发现并科学纠正企业在财务管理方面的不足之处，以期提高企业财务管理的质量，为企业资金的有效统筹、合理使用提供科学决策。现阶段，中小企业浮现出来的主要发展问题是增长的质量和效益不佳，尚未在根本上摆脱粗糙的经营方式，例如资金结构不合理、费用超支、潜亏增加，而这些问题往往是由中小企业的内部管理不规范、不科学所导致的。

企业的财务制度基本上包括三项内容：财务管理职权、财务管理组织形式和财务管理制度。财务管理职权主要是指国家与企业之间、不同财务管理岗位之间、上级与下级之间的财务管理权限的划分；财务管理组织形式是指企业设置财务管理部门或岗位的具体形式，就我国企业目前而言，一般都采取财务与会计合并的财务管理组织形式；财务管理制度就是企业内部管理各项财务活动的规章制度。我国现有的企业财务管理法规体系是以《企业财务通则》为核心，以分行业企业财务制度为主干，以企业内部财务管理制度为枝叶，三者共同结合组成的多层次的财务管理法规体系。中小企业要加强财务管理制度建设。首先，要建立和健全各项财务管理基础的工作制度，包括原始记录管理、定额管理、计量验收制度，财产物资管理及清查盘点制度，价格管理制度，财务预算制度和财务分析制度；其次，要规范企业流动资产管理行为，健全内部约束机制，确保资产的完整，实现资产的增值；最后，要建立和健全自我扩张和自我约束的企业财务机制，确保企业持续、稳定、协调、科学发展。具体要注意以下几点。

第一，强化企业资金管理，有效防范资金风险。财务集约化管理的重点是强化资金管理，防范资金风险的发生。对于中小企业来说，要根据财务机构、岗位设置和职责要求，明确资金支付的审批权限和审批流程；完善银行账户管理制度，完成银行账户清理，要建立资金安全管理自查工作长效机制，建立资金安全管理自查和承诺制度，确保资金安全。为提升财务管理标准化水平，要强化会计基础工作管理，通过统一标准、规范操作、严格执行、强化应用，细化月度现金流量预算申报管理、精益化成本管理、在线稽核等工作，充分利用数据信息的高效性与精准性。

第二，强化资金预算管理，合理统筹规划使用。中小企业要实事求是，结合自身客观实际，编制好财务预算报告。搞好了企业财务预算工作，能使企业管理者进一步明确目标，更好地开展管理工作，落实好各项管理制度，也能帮助企业员工明确自己承担的责任与任务，积极地调动员工的工作积极性与热情，还能在一定程度上为企业财务管理部门提供可靠的分析数据。财务预算的具体工作建立在企业经营具体目标的基础上，由此科学合理地规划、预计及测算未来经营成果、现金流量增减变动和财务状况，并最终借助财务会计报告的形式将企业的相关数据系统地反映出来，并编制成财务预算表。财务预算表由预算损益表、预算现金流量表、预算资产负债表组成。另外，财务预算的期限一般是一年，与企业的会计年度保持一致，这样有利于企业在实际的经营过程中对财务预算执行情况进行监督、检查和分析。一个企业的财务预算方案是否合理，很大程度上取决于预算数据是否真实并科学。一个合理可行的预算方案能在预算执行中不出偏差，能更好地落实各项制度，进而圆满完成各项任务、强化财务控制并确立财务管理在企业管理中的中心地位，带动和推动企业各项工作目标的顺利实现。基于这些需求，企业预算要经过反复磋商并调整，使之更好地遵循由下而上、由内到外、由总到分、由主要到次要的原则。由下而上就是指预算数据从基层开始收集，将基层单位的营业收入、成本开支、利润完成指标等进行汇集、整合，再纳入管理部门的费用开支标准。因此，为了更好地实现企业的预算目标，各项基础工作需要得到强化，要求企业生产经营各个环节的员工要有指标意识，保证各基层预算指标的顺利完成。由内到外是指为让数据更精确，企业的预算方案要在内部指标和外部指标的综合考虑下确定。由总到分是指要全面顾及企业全局利益和局部利益，在制定预算时，要建立在整体利益的基础之上。由主要到次要则是指企业在预算过程中其主要收入和主要支出的预算必须优先于次要收入或支出的预算。

第三，合理有效控制成本，提高财务管理品质。对中小企业而言，其成本控制已是迫在眉睫。在市场经济体制的新形势下，经营环境发生了巨变，特别是新冠疫情以来，中小企业的经营更是雪上加霜，除了包括生存过程中的各种有形的物料以及人力消耗外，企业的成本已经涉及企业规模、市场开拓、企业内部结构调整等无形的潜在因素。在建立法人治理结构的现代企业制度营运中，当同类产品在质量和性能的竞争上不分胜负时，企业的竞争主要取决于价格因素，而与产品价格直接挂钩的就是成本。换言之，企业之间的竞争就是产品成本的竞争。成本控制必须着眼于全过程，不仅是控制产品的生产成本，还涉及产品寿命周期成本的全部内容和全部过程。实践证明，只有当产品的寿命周期成本得到有效控制时，成本才会显著降低。而上升到全社会的角度，只有这样才能真正达到节约社会资源的目的。为增强成本控制与管理的约束力，成本控制的途径和手段是两个重要的突破口，这是中小企业"夹缝"求生的必经之路。

健全且科学的财务管理制度有利于中小企业的可持续、高质量发展，特别是在保护企业投资者及债权人的权益方面，同时也有助于企业持续合法地吸纳社会投资，便于地方政府的宏观管理。作为企业的投资者往往较为关注公司的生产经营情况和公司的财务状况，主要参与公司的一些重大事项决策，进而维护自身的合法利益，一般情况下不参与公司的日常生活经营活动。公司的有效资产作为其对债权人的担保，资产的当前现实状况及营运管理情况直接关系到债权人的债权到期是否能够得到足额清偿。财务会计管理工作的规范化既能保证公司正确核算经营成果，合理分配利润，还能保证公司资产的完整性，进而使债权人的利益得到充分保障。因此，无论是大型上市公司还是中小企业，不论是国有企业还是民营企业，其财务制度规范化和公开化已成为一种必然趋势。经营状况比较好的企业可以持续不断吸收社会投资，这在一定程度上缓解并解决了中小企业在发展过程中的融资需求。此外，公司在统一的财务会计制度规定下筹集分配资金，记录反映各项往来经济业务，这也有利于政府掌握企业发展实情，制定相关政策，实施宏观管理与调控。因此，中小企业财务制度的不断建设和持续完善是其可持续发展的内在要求，同时也是其健康发展的强有力保障。

三、中小企业信用制度建设

西方发达国家的信用评价体系依托资本主义市场经济长时间的发展，已经较为完善。例如美国的信用评价体系主要以财务为导向，日本主要以经营为导向，德国则主要以偿付能力为导向。上述这些国家的信用评价体系都具备比较完善的信用评价模型。我国的信用评价发展较晚，直到20世纪80年代末期才逐渐兴起并发展起来，到1997年底，央行认可了9家在全国范围内进行债券信用评级业务的评级机构。截至目前，我国的信用评级机构大部分是地方性的企业，其规模和评级能力参差不齐。

信用评级必须依托具体的评级指标，评级指标指的是评级机构对被评对象的信用状况进行客观公正评价时所采用的评价要素、评价指标、评价方法、评价标准、评价权重、评价等级等项目的总称。同时，这些关联项目形成一个有机、完整、较为科学的体系，这就是我们后续所称的信用评级指标体系。换句话说，体现信用评级要素的具体项目一般以指标的形式进行表达或显示。指标的选择又必须以能充分体现评级的内容为前提条件。通过几项主要指标的衡量，就能把企业资信的某一方面情况进行充分展现或揭示。例如：企业的盈利能力可以通过销售利润率、净资产收益率或每股收益率等指标得以体现；基于企业的存货周转率、应收账款周转率或总资产周转率等指标可以较为充分地体现企业的营运能力等；基于企业的资产负债率、流动比率和速动比率等指标可以较为准确地体现企业的偿债能力等。

在我国的通用汉语词典中，对信用做了这样的解释：所谓的信用就是指依附在人之间、单位之间和商品交易之间所形成的一种相互信任的生产关系和社会关系。对于银行来说，找到一个信用良好、评级较高的企业给予贷款支持是其开展资产业务所坚持的基本原则，可以在一定程度上降低贷款损失的风险，较为符合该金融机构的风险偏好。对于中小企业而言，想要获得银行融资的有效支持，必须在信用制度建设方面做足功课。信用是对一个企业最基本的评价因素，如果一个企业信用不良，就类似于一个人的诚信出现了问题，在与他人的交往中必然会处于劣势。所以，中小企业应当在注重经营业绩的同时，重视并加强、完善自身信用制度的建设。具体而言，其应着力从以下几个方面入手。

第一，持续提高信用意识，营造良好的信用氛围。市场经济的发展要以信用为基础，当市场经济越来越发达、社会分工越来越细化、经济主体间的联系越来越紧密的时候，诚实守信也越来越重要。中小企业应当牢固树立信用是企业灵魂的理念，要把企业的信用看作是和资金、品牌、管理同等重要的生产要素来管理和经营，要在企业的整个经营和管理过程中不断营造"信用第一"的管理理念。良好的信用制度有利于获得融资、建立品牌、扩大销售，进而提高企业的竞争力。中小企业能否守信关键在于企业的经营者或管理者，经营者应当在本企业当中建立诚信教育制度，形成诚实守信的意识，树立诚实守信的企业文化和价值观。同时，要逐步、有序促进中小企业内部的信用建设。中小企业在持续发展、不断壮大的过程中，不仅要时刻注重创新机制的建设以及人才的大力培养，也要抓住、抓准机遇，强化自身的信用建设。要加强重视自身信用记录的积累，提升市场声誉和信誉，以此凝练更强大的市场竞争力。此外，中小企业要不断加强和完善自身的公司治理，要建立完善的科学治理结构，进而使企业的监督约束机制、决策机制以及绩效考评机制更加合理、更加科学、更加规范。同时，还要充分利用企业培训机会进一步强化信用意识，在企业中灌输、营造并形成稳固的"诚信至上"经营理念。

第二，建立统一的信用评价体系。企业信用评级工作是企业在融资过程中不可或缺的重要环节。基于较为全面的信用评级不仅能量化企业信用资源的质量，还可以增进企业经营管理过程中各项指标的透明度，同时也可优化有限的信贷资源配置并减少信用等级优良企业的融资成本。因此，中小企业要拓宽融资渠道、获得更多的资金来源，就必须要高度重视信用评级体系中的各项经营指标。数据显示，目前我国市场上大约有 500 家信用中介机构，其中信用担保机构达到 60%，信用咨询公司占 35%，信用评级公司只有约 5%。由于处于起步阶段，我国的信用评级水平比较落后，评级方法缺乏统一性、科学性，且信用评级从业人员的素质高低不一、参差不齐，导致信用评级结果的质量难以保证，在很大程度上阻碍并限制了我国中小企业信用评级体系的发展。因此，为了进一步完善和规范我国的信用评级体系，该领域的人才建设必不可少。在建设信用评级体系中要有高素质的信用人才队伍作为保障，防止以降低收费标准和评级标准的方式"拉客户""揽业务"的不公平、不公正竞争行为，要坚决杜绝乱收费、高收费的现象发生，降低中小企业的信用评级成本。通过不断发展壮大信用评级机构，最终能够形成规范化运作、可信度高的评价体系，提高我国的整体信用评级水平，从而为中小企业的信用体系建设以及融资渠道拓宽提供统一、科学的评判标准和指标。助力推动中小企业的可持续、规范化发展。

第三，加强政府的监管与引导，支持并鼓励信用制度的全面建设。通过激励机制的建设，对已经建立或健全信用制度的企业给予奖励，对缺乏信用制度的企业给予相应的引导并督促。2012 年，北京市就信用体系建设发布了《"十二五"时期北京市社会信用体系建设重点任务》，在文件中明确规定，北京在"十二五"期间要基本建立守信激励以及失信惩罚的联动机制。2019 年 7 月，国务院办公厅印发《国务院办公厅关于加快推进社会信用体系建设构建以信用为基础的新型监管机制的指导意见》，通过信用联动机制的作用，拥有良好信用的个人或者企业都可以在纳税、信贷融资以及工商注册方面获得优惠或者便利。信用制度建设中要针对信用重点行业的从业人员建立信用档案，如医生、律师以及企业法人等。在对信用优良的个人和企业进行奖励时，要发挥税务部门，工商行政管理部门，银行、保险等金融机构以及经信委等机构部门的作用。如金融机构对信用良好的个人和企业要简化贷款程序或者增加贷款支持，工商行政管理部门对信用良好的个人或者企业要减少其办理审批事项的流程或步骤等，通过实际奖励来促进信用制度建设。同时，对于信用不良的或者失信的个人和企业要给予一定的引导、督促甚至惩戒，如通过社会公示、信贷限制或者市场准入限制等方式，在全社会形成信用至上的观念，告诫大家"勿以恶小而为之"，任何一项失信行为都将会联动产生一系列的不良反应，通过惩戒来约束个人和企业的信用行为，进而增进人们对信用的重视程度。此外，除了要建立明确的奖惩机制之外，还要不断加强并完善个人和企业的信用体系建设。要建立科学合理的信用评价方法，并且将评价的结果运用在社会事务的多个方面。要进一步扩大重点信用行业从业人员范围，除企业法人、医生、律师之外，还要扩大到导游、会计师、建筑师以及金融从业人员等。同时，将信用档案的建立联动到信用信息管理系统，并向政府相关部门或者社会提供信用信息的查询服务。在企业信用建设方面，要不断扩大和加强信用制度的宣传教育，倡导企业诚信经营，树立诚信厂商、信用商标等形象；同时，还要鼓励企业诚信文化的建设，要将信用建设融入并贯穿整个企业文化的建设过程；与此同时，还要充分发挥行业协会作用，提倡所有的企业要加强信用管理制度的建设，提高信用融资力度，改善应收账款回收难的局面，提高整体的信用管理能力。通过政府的一系列激励和引导措施，可以在一定程度上督促中小企业加强自身的信用制度建设，为融资渠道的拓宽营造良好的内外部信用环境。

四、中小企业价值链重构建设

"价值链"理论是迈克尔·波特在 1985 年提出的。他认为，"每个企业都是在设计、生产、销售、发送和辅助其产品的过程中进行种种活动的集合体，所有这些活动可以用一个价值链来表明"。该理论揭示了企业间的竞争不只是某个环节的竞争，而是整个价值链的竞争，整个价值链的综合竞争力又决定了企业的竞争力，这种竞争是内部多项活动的竞争，而不是某一项活动的竞争。"全球价值链"到"区域价值链"再到"企业价值链"是一个从宏观到个体的演变过程，也是一个由外及里的渐进过程。"企业价值链"重构是"企业从原材料采购、产品生产、市场推广到消费者消费所有过程的外部环境和内部结构向内向外延伸的复杂过程"。

外部环境变化是企业进行价值链重构的助推器，而内部自身提升则是价值链重构以及主动适应市场需求成功与否的决定性因素。外部环境重构侧重于外部同类企业之间的交流、沟通与合作以及相关政策的出台，当前越加激烈并复杂的外部竞争环境不仅没有为中小企业营造良好、宽松的外部环境，反而倒逼中小企业进行价值链重构以适应发展的需求；企业内部自身条件重构更多地体现在企业发展战略的转型、产品研发理念的转变、市场定位的精准、科技创新的应用以及销售渠道的多样化等方面，以此增强企业的核心竞争力，优化和提升企业价值链，以适应当前经济日趋全球化发展的迫切需要。因此，中小企业的价值链重构已迫在眉睫，刻不容缓。提升中小企业的内源式发展动能是中小企业自内向外"破茧而出"的有效路径，内源式发展就是要充分立足自身的企业文化，依靠自身资源优势，尊重地域客观区位特点，努力调动经营主体各方面的积极性、主动性与创造性，尊重并挖掘经营主体的自身价值，激发并调动经营主体的内生动力，是中小企业经营主体自内向外的主动推动和积极参与。中小企业应着力从以下几个方面入手进行自身价值链的重构建设。

第一，中小企业应着眼于战略管理的顶层设计，进行自身发展的全面思考。

要充分重视专业人才培育，增强人才兴业意识。"工欲善其事，必先利其器"，中小企业要"善其事"，要想在大区域市场竞争中立有一席之地，就要"利其器"。这里的"器"代表企业所拥有的能驰骋于竞争市场舞台的专业人才队伍。如何"利其器"呢？首先，要有强有力的人才招聘、培养和升迁制度作保障，做到人尽其用，各施其才，以此稳定团队，减少人才流失；其次，要明确需要什么人，知道培养什么人，学会怎样培养人，全力培育既懂外贸又能管理，既会研发又擅交流的综合型人才。人才是价值链重构的顶层设计师，关乎价值链重构的方向、路径和方式，人才队伍的不断建设势必为企业价值链重构提供强有力的人力保障，重视人才培育，增强兴业意识也是着眼于战略管理的顶层设计，为价值链的重构、优化做准备。

充分利用数据信息，接轨数字经济发展。"数字经济"是以数据为生产要素，以信息网络为载体，将数字技术与实体产业有效融合，促进经济结构不断优化、升级的新型经济形态。当前的市场经济涉及企业之多，产品覆盖区域之大、产业涉及范围之广前所未有，对中小企业的生产、管理提出了更高要求。同时，科技创新兴起、"互联网＋"战略实施也为中小企业营造了有利的外部环境。因此，企业应充分利用推陈出新的数字化信息实现对管理模式、生产模式和服务模式的重构。应利用数字技术捕捉各类信息，确保信息有效性与全面性。利用数字技术辅助信息传导，确保传递及时性与准确性，实现可支配资源的快速流转和高效配置。应通过信息化、数字化进行流程再造，实现对生产、经营、管理全过程精细化管理，提振效率，接轨数字经济发展，为持续推进企业整体价值链优化和提升提供强有力保障。数据应用、接轨数字经济也是着眼于战略管理的顶层设计，为价值链的重构、优化指明了方向。

第二，中小企业应着眼于日常经营的中层管理进行重构思考。

提升企业内部管理，缩减营运管理成本。首先，中小企业要学会"瘦身"，应着力加强公司治理，精减部门，整合人力，特别是要摒弃民营传统家族企业遗留的不作为、不善事等裙带亲属关系，实行职业经理人管理，实施扁平化运作。其次，要学会"塑形"，要打造具有本土特色、富有时代感和使命感的优秀企业文化，营造"中小制造，为你骄傲"的文化氛围，增强文化自信，增进团队协作。再者，要关注和跟进国家和地方有关进一步支持中小企业发展的相关政策及后续调整，厘清政策调整前后的利弊，为企业决策和规划提供支持。加强内部管理，重塑内部环境，着眼于企业日常经营的中层管理，也就是价值链由内到外重构的开始。这有助于保持各类信息传导的对称性和平衡性，有利于加快战略调整与决策部署的执行速度与力度，提振管理效率，实现管理成本的实质性缩减，为科研等重要领域的投入腾让资金，也为企业价值链重构提供高效的管理保障。

第三，中小企业应着眼于生产运作的基层管控进行重构思考。

加大技术研发力度，增强产品科技赋能。科技是第一生产力，科技创新是企业创造核心竞争力的重要来源，是企业内涵式发展的有效途径。中小企业产业链低端锁定困境明显，劳动密集型产业较集中，产品普遍缺乏科技含量，大区域市场竞争力偏弱。面对激烈的市场竞争所带来的挑战和冲击，企业应有意识多方融资并优先安排资金加大科研经费投入，在企业的生产层面上加强产品研发力度，提高自主创新能力，走差异化、不可复制发展路线，以适应大区域市场竞争需要，为企业转型升级赋能，为企业向中高端产业链发展赋能。同时，这也是价值链重构的内生动力和影响价值链重构成败的核心因素。

拓展产业链上下游，提高产品附加值。产品附加值偏低一直以来是困扰中小企业发展的重要因素。技术含量不足，文化价值不高，缺乏市场提升空间且获利能力有限，特别是以来料代工生产为主的中小企业将会受到较大的国际市场的冲击。在产业链运作与延伸层面上企业应尝试从以下几个方面提高产品附加值：首先，要纵向到顶，向原有产业链上游延伸拓展到顶，从简单的加工生产向产品研发设计推进；其次，要纵向到底，向原有产业链下游延伸扩张到底，锁定高端客户，瞄准高端产品，向市场提供高质量产品及服务；最后，应横向到边，加大市场调研力度，充分比较当前市场同类产品情况，并研究潜在竞争者和现有替代品情况，为后续产品研发指明方向。拓展产业链上下游就是依托企业外部环境，进行自上而下、由外及内的价值链重构，同时这也为价值链重构构筑了良好的外部供应链环境。

融入国际分工协作，汲取经验补齐短板。国际分工历经了从部门到产业，从产业到产品间分工的发展过程，是一国内部社会分工充分发展、不断深化并向国际市场扩展的结果。当前，随着经济全球化的不断深入，特别是 RCEP 的正式签署之后，各成员国间在经济上分工协作的依赖程度必然会加大，多元化成员国结构必然形成一个多层次的国际分工体系。当前，产品间分工已成为国际分工基础，中小企业应树立大市场格局，培养全球化思维，融入国际分工协作，尝试将劳动密集型低端产业通过外包向劳动力富余的经济欠发达地区转移，集中注意力于核心业务。同时，吸收发达国家或地区先进技术和成功经验补齐短板，迎头赶上，在复杂多变的国际市场分工协作中争取主导，占据主动，为产品价值链在大区域范围内重构营造良好的外部分工协作环境，为整体企业价值链重构奠定坚实基础。

第四，中小企业应着眼于产品销售的前沿策划进行重构思考。

创新企业营销模式，注重客户体验反馈。中小企业要学会以创新思维来研究 RCEP 大区域市场，研判存量市场并挖掘潜在市场，既要重视目标市场的顾客满意度，又要注重顾客价值实现，既要牢树品牌意识和成本控制理念，又要积极引入信息营销、资源营销、文化营销和价值营销等新兴营销模式，走可持续营销发展模式。首先，要充分利用大事件效应，扩大企业品牌和产品宣传力度，借风扬帆，进一步开拓潜在国内市场；其次，提高产品技术含量，提升营销手法知识内涵，积极参与国际营销竞争。RCEP 正式签署之后，给中国的外向型中小企业带来了巨大的发展机会，其所涉及的贸易往来交易主条款和附属条款众多，中小企业要充分了解并有效区分市场营销和社会营销概念，适用正确的创新营销模式，迎合大区域知识经济和绿色发展浪潮，精准定位，快速获客，提升订单量，提高价值链外延价值，为价值链向好、向优方向重构营造良好的营销环境。

随着我国人口红利的逐渐消失以及土地等资源的约束趋紧，加之经营管理等方面的自身缺陷，中小企业的低成本竞争优势已不复存在，重构企业价值链，重塑核心竞争力已刻不容缓。中小企业应进一步明确技术是基础，业务是核心，管理是重心，正视自身不足，从内部环境出发，脚踏实地地走内源式发展道路，辩证地看待复杂多变的外部环境，多方转化不利的外部因素，内外兼修，加强科技赋能，加快转型升级，全面提炼、提升和优化企业整体价值链，进一步拓展融资渠道，实现可持续高质量发展。这也是中小企业谋求生存的需要，是它们劈波斩浪、砥砺前行的必经之路，也是国家"十四五"新时期经济社会发展的新要求。

第二节　中小企业融资的金融机构制度创新

一、进一步改革并完善商业银行信贷市场管理制度

随着经济多元化发展趋势的不断加强，商业银行应当充分结合当前多层次的经济发展格局以及多样化的信贷客户市场需求，进一步改革并完善其信贷管理制度，以期更好地服务经济的高质量发展。在大多数商业银行现行的制度和

办法中针对国有大中型企业的信贷管理制度或办法，其在数量上要远远超过针对不同类型中小企业的信贷管理制度或办法，且一些管理制度或办法较为"陈旧"，这与当前中小企业日新月异的发展态势不相适应，使得金融机构在服务于中小企业融资的过程中缺乏相对科学的制度和程序作为支撑。同时，金融机构基层部门特别是银行权限不足，审批程序过于复杂，与中小企业资金需求"快""急"的特点形成矛盾。因此，要适时跟进市场经济发展的需求，进一步改革并完善商业银行的信贷管理制度，为中小企业的间接融资道路清理制度障碍，进而为中小企业的发展注入持续动力。

第一，在办事程序上精减细化，为中小企业提供简便、快捷的优质服务。在管理上，商业银行应当适当扩大基层金融机构的贷款审批权限，根据贷款申请企业的信用等级不同，下放相应的贷款审批和放款审批权限，增强基层机构的信贷受理自主权。现阶段，我国的信贷审批程序一般要经过企业的借款申请、贷前调查、贷款审批以及合同签订四个主要步骤或环节，那么对于信用等级良好、还款能力较强的中小企业建议缩短审批的时间，相应缩减贷款办理程序，适度放宽贷款条件，适当发放部分信用贷款，增加授信额度，为企业发展提供资金支持。当然，商业银行应当基于企业信用等级、实际经营发展等状态在贷款审批和发放形式上予以区别对待，对还款有保证、经营稳定的企业可以采取"一次核定，周转使用，新增上报"的方式；对于特级信用企业可以适当发放信用贷款，给办理行一定的新增贷款额度审批权限；对于信誉较差的企业，商业银行一定要严格贷款手续，防止发生新的信贷风险。

第二，尝试建立中小企业差异化信贷管理体制，要将创造优质中小企业信贷资产激励机制与风险管理约束机制相结合。在科学、合理、可量化的考核指标体系下适当增加对中小企业信贷不良资产的容忍度，不仅要考核贷款的存量，还要考核贷款的增量，同时也要考核新创造的优质贷款比例以及活化的不良资产比例，并配套相应的奖惩措施。及时纠正当前只罚不奖、重罚轻奖的信贷考核办法，通过利益驱动强化贷款责任，促进新增信贷投放到与国家政策导向及经济增长点充分结合的业务领域中。缓解和解决民营中小企业的融资难问题，不仅要注重增量还要科学带动存量盘活。中小商业银行尤其是基层分支机构在具体实施针对中小企业信贷服务时，特别是在信贷产品、流程管理以及服务品质上更要做到与时俱进、及时创新、不断完善。

第三，提高信贷资金的配置效率。信贷资金的数量毕竟有限，要提高资金的利用效率，就要将其投放到最需要资金同时又是最重要的产业，要科学、合理地把握信贷投放总量和节奏，要及时根据国家宏观经济政策的相关要求，在保持信贷增量合理适度增长和均衡投放的同时，更加注重存量贷款的周转，统筹运用好信贷增量和存量的收回再贷，增加贷款累放量，提高信贷资金使用效率，增强对实体经济的服务能力。近年来，我国配置在基础支柱产业——农业的信贷规模逐年递增，支农信贷资金无论是从额度上还是从比重上均呈现不断增长的喜人态势，这说明国家政府对农业的重视与扶持力度在不断加强，也充分展现了农业作为国民经济支柱产业的基础性地位在不断加强和巩固。

商业银行要加快信贷结构调整与金融创新步伐，支持经济结构调整与转型升级。首先，要通过存量贷款的移位优化和结构调整来加强对国家重点在建续建项目的支持；其次，要持续加强信贷政策与国家产业政策的衔接配合，加大对战略性新兴产业、先进制造业、现代服务业、传统产业改造升级以及绿色环保等领域的信贷支持投放力度，帮扶培育新的产业增长点；再次，要根据中小企业不同发展阶段的金融需求特点，持续改善对中小微企业的金融服务，通过加大投入、加快创新，有效支持中小微企业发展过程中的合理融资需求，尤其是通过积极发展供应链融资新模式，依托核心企业，为其上下游中小微企业提供相应的融资支持，促进供应链上物流、信息流和资金流的融合发展，有效疏导资金流转中的梗阻、解开企业债务链。最后，纵观我国宏观经济运行的全过程，有部分信贷资金配置与政策导向出现了偏差，甚至出现了矛盾，因此在国家进行宏观调控时要适度进行调整和引导，以确保信贷资金在不同的产业中配置中发挥最优效用，不断推动各产业的稳步高质量发展。

二、进一步加大对中小银行发展的扶持力度

经济发展新格局背景下，中小银行发展战略定位存在的基础和环境已发生了根本性变化。当前，中小银行在构建发展战略定位上既要避免过于灵活、战略摇摆、缺乏战略定力的行为，更要根据已变化的基础和环境，实时对战略定位进行修正，进行科学的选择，不断提升战略定位的科学性、适用性和前瞻性，

以应对复杂多变的经济金融形势。因此，中小银行要捕捉供应链源头、占好普惠金融山头、锁住金融科技发展新时期中小民营企业的切实需求，进行多维度、系统化的战略定位，进而引导中小商业银行持续、健康、稳定地迈向高质量发展。

2019 年，中央经济工作会议明确提出了要深化金融供给侧结构性改革，要引导大银行服务重心下沉，推动中小银行聚焦主责主业。鼓励中小银行在发展过程中要找准定位，正视其在盈利模式、产品体系、科技创新以及风险管理等诸多方面存在的结构性问题。要着力尝试从人力资源保障、金融服务转变、科技含量提升和不良资产处置等方面的建设和不断完善下功夫，以期落实金融供给侧结构性改革的具体要求，脱虚向实，进一步落实主责主业，走适合自身发展的特色道路。同时，国家要加大政策扶持力度，为中小银行营造良好的发展环境，将其打造成"小而精"的百姓身边的精品银行，为区域经济发展提供有效的金融支持。随着市场经济的快速发展，中小企业对融资的需求也越加旺盛，作为扶持中小企业成长的生力军——中小银行来说，国家在政策层面上应进一步放宽对中小银行的金融限制，鼓励并支持其健康发展，可尝试从以下几个方面着手改进。

第一，持续加快并推进中小民营银行的设立与发展。在中小民营银行的市场准入以及利率制定上给予更多的政策灵活性与自主性，适当减少对民间资本设立中小银行的限制。同时，通过政府及监管机构的正确引导，不断提升现有民营中小银行的管理水平，规范其运营方式，增扩其业务范围，使得中小民营银行逐渐发展成为规范的中小银行，进而充分释放民间资本的助力作用。借鉴有关国家的成功经验与做法，建议国家给予区域性中小民营银行以下特殊优惠政策：中小民营银行主要由区域内民营企业发起，区域内外民营企业均可出资入股；中小民营银行贷款对象只限于区域内中小民营企业；区域内各商业银行必须向中小民营银行提供 10% 的批发性贷款，由中小民营银行定向向中小民营企业进行贷款审批和发放；为扩大资本金的规模，民营中小银行可以吸收民营机构的存款，但不吸收个人存款；等等。要建立相应的民营中小银行保险机制，提高民营中小银行的风险控制能力，增强公众对民营中小银行的信心。

第二，创新服务方式及产品模式，下沉服务重心，焦聚主业主责。在众多的发达国家中，其强大的中小企业融资服务体系构建离不开社区银行的大力支持。经验表明，要完善中小企业金融服务体系需要不断发展针对中小企业的社区银行。现阶段，我国大型国有银行和商业银行能够满足大型企业的融资需求，并且倾向于为大企业提供贷款而较少为中小企业提供信贷资金支持。那么要改善并优化中小企业的融资状况，就要在深化金融体制改革的基础上，不断发展并壮大中小银行规模，让中小银行聚焦服务重心，焦聚主业主责，进而更好地开展对中小企业的融资服务。此外，已经重点为中小企业提供服务的银行要继续下沉服务重心，持续做精做细现有存量业务，适量减少跨区域扩张，要进一步挖掘区域内更多更深层次中小企业的融资需求，努力打造中小企业服务专营行、特色行和品牌行。要适时出台并完善中小银行的政策配套措施。在法律法规等制度上出台相应的发展保障政策与措施，继续完善中小银行的行业自律协会，对行业的规范运行进行监督和管理，逐步做到规范公平的市场竞争。

第三，要进一步拓宽中小银行资本补充渠道。我国有以城市商业商行、地方农商银行、村镇银行为代表的4000余家中小银行，是服务中小微企业和"三农"的中坚力量。但近年来，中小银行在盈利增长和资本充足率方面承压，资本补充的迫切性增强。2019年出台的《中小银行深化改革和补充资本工作方案》中就明确提出：要进一步推动中小银行深化改革，加快中小银行补充资本，坚持市场化法治化原则，多渠道筹措资金，把补资本与优化公司治理有机结合起来。深化中小银行改革，有助于化解中小银行潜在风险，推动中小银行提高公司治理能力、业务开展能力等，从而提高中小银行为实体经济服务的能力。另外，通过引导中小银行回归主业主责也有利于提升其对实体经济的服务能力。由于银保监会对于银行有着核心资本充足率、补充资本充足率以及一级资本充足率等一些核心相关指标的要求，而通过有效补充资本金不仅能提高中小银行的实力，还能满足监管指标的要求，缓解中小银行的资本约束，提高其发放贷款的能力；另外，基于业务发展的需要，中小银行作为服务中小企业的天然主力军，通过深化改革、完善公司治理、健全风控体系并加强相应股东的合规性管理，能够在一定程度上有效缓解中小银行现存的一些问题。同时，通过夯实股东责任和增加资本补充，能够使得中小金融机构增强可持续经营能力，为其自身的高质量发展奠定坚实的基础，并增强服务实体经济的能力。

三、深化金融供给侧结构性改革，引导中小银行聚焦主责主业

"聚焦"一词在辞海中的解释是：控制一束光或粒子流使其尽可能会聚于一点的过程。显而易见，"聚焦"是一个由少到多，循序渐进的会聚过程，是一个需要引导、需要控制的过程。中国银保监会发布的数据显示，2022 年末，银行业金融机构用于小微企业的贷款余额59.7 万亿元，其中单户授信总额1000 万元及以下的普惠型小微企业贷款余额23.6 万亿元，同比增速23.6%。数据表明，小微企业融资难问题是个热点问题，也是难点问题。作为服务中小微企业的主力军，中小银行需要正确、科学的有效引导，把这项工作作为重中之重，持之以恒加以推进。

当前，我国的金融资源配置质量和效率还不能很好地适应经济高质量发展的需求。在现有的金融业态中，民营、中小微企业、"三农"的金融服务问题较为突出，"融资难、融资贵"的呼声不绝于耳，金融体系中存在亟待解决的结构性不平衡问题。由于信贷产品是信贷供给的主要表现方式，主责主业的聚焦就是要提升对中小微企业信贷的有效供给，而不是光打雷不下雨，信贷产品的"一篮子"供给要切合实体、切合中小微、切合"三农"，不可形同虚设，让"人"可望而不可即。因此，对信贷产品的结构性问题需要做出一些科学、合理的调整，使产品更加贴近市场，逐步回归中小银行的发展本源，循序渐进有效聚焦主责主业。因此，必须深化金融供给侧结构性改革，从金融业的机构体系、市场体系以及产品体系等主要方面着手"破题"，积极回应社会关切和民生诉求。中小银行作为金融服务的重要主体，应全力贯彻金融供给侧结构性改革的精神，"扬长避短"，多方并举努力克服自身发展过程中的不足，不断完善自我，充分围绕发迹于区域基层的地缘优势，利用与民营、小微企业"门当户对"的低位优势，发挥其决策半径短、对市场变化反应敏感的特点，不断创新服务理念，提高供给能力，提升服务质量，聚焦主责主业，踏实做好本源业务，更好地服务实体经济。

第一，深化金融供给侧结构性改革是中小银行聚焦主责主业的指导思想。2023 年中央经济工作会议明确提出，把实施扩大内需战略同深化供给侧结构性改革有机结合起来。近期，人民银行、银保监会均表示，将深化金融供给侧结

构性改革，引导大银行服务重心下沉，推动中小银行聚焦主责主业，支持银行补充资本，共同维护金融市场的稳定发展。一方面，大型银行应提高服务质量和能力水平。要摒弃"垒大户"的惯性思维，沉下身子，坚持"真做小微，做真小微"；要提高能力水平，深入研究、主动发现实体经济薄弱环节的金融需求，稳妥创新与之相匹配的个性化服务，精准满足需求、善于创造需求。另一方面，推动中小银行改革化险，促使其更好支农支小、扎根本地、服务当地。既狠抓股东股权治理，为中小银行筑牢发展根基，又支持中小银行多渠道补充资本，助其增加后劲。

第二，深化金融供给侧结构性改革是中小银行聚焦主责主业的有效路径。金融产品供给是当前我国金融供给中较为突出的问题。流通中的金融产品普遍存在着同质化严重、差异化不足的现象，传统产品已经无法满足企业日益增长的特定化需求。银行无论规模大小，其在经营理念上整体趋同，普遍追求"大和全"，且产品主要还是服务于传统行业、垄断行业和大型企业，针对中小微企业、"三农"的产品则明显存在供给不足现象。而原本定位服务于中小微企业、服务于"三农"、服务于百姓大众的中小银行也存在偏离自己主责主业的现象，在信贷供给上存在"脱实向虚"的现象。深化金融供给侧结构性改革的主要目的就是要让金融"脱虚向实"服务于实体，服务于人民生活，这为原本发家于基层的中小银行重新回归"小而精"的发展定位指明了方向，明确了目标，为其聚焦主责主业提供了路径。

第三，深化金融供给侧结构性改革是中小银行聚焦主责主业的内在要求。中小银行作为区域性商业银行，原本就成立于基层、发家于基层，有其显著的特征，它们能快速、全面地掌握当地中小微企业的经营情况，有效克服银企间"信息不对称"问题。中小银行与生俱来的优势赋予了它们服务中小微企业、服务"三农"、服务百姓大众的这一主责主业。但是，在具体的经营过程中，有的中小银行在一定程度上偏离了自己的优势主业。随着市场经济的不断发展，在经济新常态下，银行间的竞争越演越烈，中小银行的生存空间越变越小，在经营和管理过程中也暴露出一系列亟待解决的问题。中小银行需要改革，需要重新审视自己未来发展的道路。金融供给侧结构性改革恰恰顺应了中小银行这一需求，使中小银行重新锁定自己的市场定位，回归自己的优势行业，是其聚焦主责主业的内在要求。

第四，中小银行聚焦主责主业是其深化金融供给侧结构性改革的具体表现。深化金融供给侧结构性改革就是要解决供给端有效供给不足的问题，有效金融供给不足的领域恰好与中小银行主责主业领域具有一定的重合，这就要求中小银行结合自身优势，顺应金融供给侧结构性改革的具体要求，认真落实金融供给侧结构性改革的详细部署，坚守地方经济，立足自身特色，专注中小微企业，专注服务"三农"，走有自己特色的经营道路。作为金融供给主体之一的中小银行，在市场经济发展的新时代有着不可替代的作用。金融供给侧结构性改革过程中的短板问题就是民营、中小微企业和"三农"的融资难、融资贵问题，中小银行聚焦主责主业就是进一步下沉服务重心，找准服务对象，锁定服务目标，在改革过程中发挥主观能动性，履行改革主体应尽的义务，践行主责主业，起到补"短板"的具体作用，同时也为自己的生存和可持续发展明确方向。

鉴于上述原因，中小银行应稳固并提炼自身优势助力聚焦主责主业，可尝试从以下几个方面进行努力，"内修外炼"寻求自我突破，在不断提升市场竞争力的同时，服务好实体经济的发展，特别是在为中小企业提供融资支持时彰显主力军的角色，凸显地区性的特色。

第一，中小银行应持续充分发挥并牢守地缘优势。中小银行是农村金融的主力军，是农业发展的要素载体，也是联系农民的重要纽带。其通常是地方法人银行，具有显著的地缘优势。中小银行扎根本土、服务本土，了解农村经济现状以及产业发展、农民致富的特色需求，能够更快抓住服务机遇。中小银行业务范围具有地域性，在本土财富客户营销、优质投资标的获取等方面能获得地方政府和国有企事业单位的更多支持。与国有大行、大型股份制银行相比，中小银行与客户联系更加紧密，更为重视高净值客户之外的富裕客群和大众客群的服务，这为中小银行财富管理占据细分市场提供了发展空间，也为与各家财富管理机构的紧密合作奠定基础。

第二，中小银行应继续保持并提升经营效率优势。2021年第二季度央行金融机构评级结果显示，4400家银行业金融机构中，3978家参评机构处于安全边界内，资产占比98.6%。由此可见，我国银行业金融机构整体经营稳健，风险总体可控。上市银行披露的2021年上半年业绩报告也显示，银行经营业绩向好，资产质量不断改善。防范化解重大金融风险攻坚战取得重要阶段性成果，也是银行业稳健运营的大背景。《中国金融稳定报告（2021）》指出，当前我国系统性金融风险上升势头得到遏制，金融业脱实向虚、盲目扩张态势得到根本扭转，金融风险整体收敛、总体可控，金融业平稳健康发展，为有效应对新冠疫情冲击、全面建成小康社会创造了良好的金融环境。当前亟须深化中小银行改革，将改革与中小银行的资本补充相结合，在夯实中小银行风险抵补能力的同时，进一步完善银行公司治理、优化经营机制、提升竞争能力，为地方中小银行经营效率提升、实现长期可持续发展奠定更为良好的基础。

第三，中小银行应重塑品牌并重构社会效益优势。深化金融供给侧结构性改革必须贯彻落实新发展理念，强化金融服务功能，找准金融服务重点，以服务实体经济、服务人民生活为本。要以金融体系结构调整优化为重点，优化融资结构和金融机构体系、市场体系、产品体系，为实体经济发展提供更高质量、更有效率的金融服务。要构建多层次、广覆盖、有差异的银行体系，端正发展理念，坚持以市场需求为导向，积极开发个性化、差异化、定制化金融产品，增加中小金融机构数量和业务比重，改进小微企业和"三农"金融服务，使其享有"百姓身边的银行"这一品牌美誉。要建设一个规范、透明、开放、有活力、有韧性的资本市场，完善资本市场基础性制度，把好市场入口和市场出口两道关，加强对交易的全程监管。要围绕建设现代化经济的产业体系、市场体系、区域发展体系、绿色发展体系等提供精准金融服务，构建风险投资、银行信贷、债券市场、股票市场等全方位、多层次金融支持服务体系。要更加注意尊重市场规律、坚持精准支持，选择那些符合国家产业发展方向、主业相对集中于实体经济、技术先进、产品有市场、暂时遇到困难的民营企业重点支持，重构"百姓身边的银行"这一社会效益。

中小银行在服务中小微和"三农"企业的过程中有其得天独厚的自然优势，但也应正视自身的不足之处，只有这样才能"扬长避短"更上一层楼。

第一，中小银行应正视"盈利模式单一，利润逐年收紧"这一变化趋势。统计数据显示，2022年商业银行累计实现净利润23030亿元，同比增长5.4%，利润增长较上年有所下降，2023年第一季度增速进一步放缓至1.3%。从相对效益指标看，2023年第一季度，商业银行平均资产利润率为0.81%，较2022

年末略有回升，但仍维持在有统计数据以来的低位。分机构来看，2022 年全年，国有大型商业银行、股份制银行、城商行和农商行累计实现净利润分别为 12932 亿元、5064 亿元、2553 亿元和 2081 亿元，同比增长分别为 5.03%、8.76%、6.64% 和 -2.3%。2023 年第一季度，农商行实现净利润 773.76 亿元，同比增长 -3.01%，盈利能力下滑的趋势仍在延续。在资产利润率方面，受收入结构、经营效率等因素影响，中小银行的资产利润率在多数时间都低于行业平均利润率。2023 年第一季度，城商行和农商行的资产利润率分别为 0.72% 和 0.70%，均显著低于 0.81% 的行业均值。地方中小银行收入结构相对单一，息差收入占据绝对主导，导致其盈利能力下降的主要原因是净息差的快速下降。

第二，中小银行应重视"市场定位模糊，产品同质严重"这一突出问题。我国银行的产品高度同质化一直是银行竞争和发展面临的最大的问题，也是一些中小银行如何提高市场竞争力和市场占有率最核心的问题。实际上，我国的银行在差异化发展和错位竞争方面一直在努力，也初步形成了一定的发展特点，但是由于发展环境和发展方式的趋同性，战略上差异化竞争和发展仍然困难重重，产品的差异化并不明显。相较于大型银行及金融科技公司，除民营银行及领先城商行外，大部分中小银行产品上线慢而且种类单一，通过产品吸引客户的能力偏弱，尤其体现在信贷产品和资管产品上。信贷业务是中小银行的业务重点，差异化风险定价能力是中小银行创设信贷产品的关键。但中小银行对当地小微群体及特色客群的资金需求及其背后的真实风险普遍缺乏深度挖掘，尚无法配合政策导向为小微客群提供差异化的信贷产品。资管产品创设方面，中小银行与大行相比投研能力相对较弱，支撑产品的底层资产多样性欠缺，在人力、尽调、风控等方面都不尽如人意，因此中小银行资管产品创设也面临市场同质化的现状。

第三，中小银行应重视"存款持续搬家，负债增速减缓"这一显著现象。从 2018 年以来，银行业对于优质存款竞争加剧，其中，中小银行较为激进的债券配置策略以及同业负债占比偏高等问题，拉低了银行业整体抵御流动性风险的能力。监管机构先后印发《商业银行流动性风险管理办法》和《关于完善商业银行存款偏离度管理有关事项的通知》，对核心负债比例、同业融入比例（同业负债不超过总负债的1/3 比例）等指标做出详尽规范，极大地考验银行负债管理的专业能力和管理艺术。基于此，中小银行应灵活根据市场利率走势强化动态调控，以推动核心负债增长为主要抓手，持续改善负债组合结构。中小银行需按照"了解客户、理解市场、抓住关键"的原则，构建垂直独立的负债管理架构，形成上下联动的矩阵式统一管理，实现成本、效率与风险的平衡，确保随时以合理价格进行融资，偿付债务、履行支付，满足业务正常发展。

第四，中小银行风险防控压力大，不良资产包袱重。不良贷款是各商业银行风险控制的关键点，只有降低不良贷款余额和不良贷款率，银行的利润才能得到保证。尽管我国商业银行的不良贷款在逐年下降，但在商业银行的资产池中还存在大规模的不良贷款。银行所提出"双降"目标，就是不良贷款余额、不良贷款率双下降，前者主要是让商业银行加强风险控制、优化公司治理结构、提高不良贷款清收转化效率等工作凸显成效；而后者（不良贷款率的下降），更多是以加大贷款投放力度来实现的。

中国银监会早在 2011 年 5 月就发布了《银监会关于支持商业银行进一步改进小企业金融服务的通知》，在通知中指出了要适当地提高小企业不良贷款的容忍比例，不能实行统一比例，而应当实行差异化的考核，因为中小企业在贷款上的风险、贷款成本以及核销等各个方面存在较大的差异。放宽对小企业的不良贷款容忍比例，会使得商业银行对小企业的支持有所增加，但是不同银行会因为小企业业务的占比而有所差别。银监会会挑选符合优先发展金融债的商业银行名单，会根据同行业的比较之后进行核定，主要参考指标为：商业银行办理小企业贷款业务占贷款总额的比例。对于容忍度的提高或将在一定时期内加大对中小企业的融资服务力度，缓解我国中小企业的融资难问题。

因此，中小银行要充分认识并重视自身在发展过程中的不足之处，"引他山之石"促内外兼修，不断提升自身的综合竞争力，更好地聚焦主责主业；政府应加大政策扶持力度，为中小银行营造良好的发展环境。金融供给侧结构性改革是国家经济体制改革的重要组成部分，作为改革重要主体之一的中小银行只有"内外兼修"才能更好地聚焦"三农"、聚焦中小微、聚焦百姓民生业务。"内修"就是要正视自己的不足，扬长避短，全力以赴解决自身的问题；"外修"就是政府机构要加大政策扶持力度，为中小银行的发展营造良好环境。首先，央行可以根据中小银行的发展需求和实际情况尝试推行定向降准的方式，增加中小银行的贷款规模；其次，政府可以加大对中小银行发行永续债的支持力度，以有效解决中小银行发展过程中资本金普遍不足的问题，增强其抗风险能力；再者，政府应当大力支持和鼓励发展势头良好的中小银行股改上市，进一步在资本市场上获取流动性支持，央行应尝试定向降低对中小银行的再贷款利率水平，提高再贴现利率水平，以此补充中小银行的利润来源渠道，与此同时，尝试降低对中小银行的再贷款门槛，进一步在货币市场上为中小银行提供流动性支持；最后，监管部门应适当加大中小银行在"三农"、中小微企业领域对不良贷款的容忍度，营造适度宽松的监管环境。因此，中小银行聚焦主责主业离不开相关政策的支持，更离不开良好、宽松的外部发展环境。在"内修"方面中小银行可尝试从以下几个方面进行努力：

第一，持续优化队伍建设，解决发展中人的问题。随着银行业数字化转型的不断深入，金融科技人才的重要性逐渐凸显。然而，我国大型银行虽然有一定量的金融科技人才储备，但与其业务规模及业务量相比，还远远不够，金融科技人才的占比亟须提高；中小型银行的金融科技人才占比虽然略高于大型银行，但近几年出现了占比率的负增长，在金融科技人才的储备上也面临严峻形势。新时代，银行业在金融科技上的竞争不再仅仅局限于技术在业务中的运用和推广，而在于金融服务产品的创新、便捷应用场景的打造以及数字化战略的抢先布局。与之相对应的，银行业对金融科技人才的需求也不仅仅是对金融和科技略有所知的传统型金融科技人才，而是需要兼备金融领域和科技领域的专业知识，理解金融科技背后的运营规则，并能够根据实际业务需要，创造性地解决相关问题的高质量金融科技人才。当下，我国银行业在人力资源管理方面仍存在诸多问题，主要体现在人才考核不健全、人才评价方式单一、人才考评标准不统一等方面，是制约金融科技人才队伍发展的一个重要方面。

第二，持续完善产品体系，全力提升服务品质，重塑"百姓身边的银行"。要充分利用地缘优势，大力发展零售业务，纵深推进消费金融。当前，我国居民消费对国民经济的贡献越来越大，已经成为经济增长的新动力，具有极大地缘优势的中小银行应审时度势，不断完善产品体系，大力发展零售业务，将基础客户群做大、做广、做深，进军消费金融领域，以解决人民的消费需求与金融服务不匹配的结构性问题。消费金融就是为了满足客户对特定商品或服务的消费需求而对其提供的金融服务，包括信用卡分期、车贷、房贷等业务。随着居民收入水平的不断提高和消费升级，其消费金融需求也越来越多。我国是人口大国，具有庞大的消费群体，而中小银行在消费金融领域几乎是白如纸，面对如此之大的消费市场和潜在商机，中小银行要充分利用地缘优势，细分市场，研发新产品，拓展新渠道，积极进军消费金融市场，服务百姓大众。以"人无我有，人有我精"为产品开发理念，选择某一领域或产品作为消费金融业务开展的突破口，通过差异化服务抢占市场份额，创造新的利润增长点，为中小银行资本金的补充扩大内源融资的渠道。

中小银行要秉承持续创新理念，提升产品科技含量，有效降低经营成本。中小银行产品同质化严重，科技含量较低，要发展就要创新，创新是行业立足的利器。中小银行应结合自身特点，加大创新力度，完善并丰富产品体系，提升服务质量，提高市场占有率。中小企业当前处于金融与科技深度融合的金融新生态，要打破金融服务的传统观念，围绕科技应用，运用"互联网＋"，提升竞争力。中小银行要充分发挥机制活、决策快的优势，紧跟数字经济发展步伐，积累线上客户资源，降低经营成本，积极运用现代科技，改造业务流程，同时应用大数据，筛查目标客户群，主动上门营销，实现相同或相近行业小微企业金融服务的标准化、流程化、批量化管理。通过运用互联网和大数据，提升经营管理和金融服务科技含量，适应经济新常态。积极开发"互联网＋"信贷产品，将物联网、互联网、移动技术、大数据等融入金融服务，增强用户体验，丰富产品体系，聚焦中小客户群体，实现为中小微企业、偏远"三农"客户提供远程、跨区域金融服务，践行主责主业，重塑百姓身边的银行。

第三，多方并举处置不良，解放思想迎接新发展。中小银行要持续加强贷前审查，重视贷后管理，严控不良资产新增。应树立科学的风险管理理念，在企业授信贷前审查过程中要兼顾定量分析与定性分析相结合，特别是对企业财务数据的分析，在进行量的测算同时还要进行合理性、真实性乃至隐蔽性的审查，客观、公正且合理地审查企业的经营情况及贷款需求，认真履行贷前尽职调查职责，从源头上控制不良资产新增。要高度重视贷后管理工作，不可将贷后管理流于形式，特别是中长期项目贷款，金额大、时间长，受经济波动的影响较大，要认真持续性关注企业的现金流以及项目的进展，从管理上控制不良资产新增。

中小银行要加大"关注"类资产化解力度，拓宽存量不良处置方法。首先，"关注"类资产如果进一步恶化，将进入到不良资产的行列，如果企业经营状况有所好转，可正常偿付利息，银行可将此类的资产重新纳入正常类资产进行管理，因此，加大对关注类资产的化解力度意义重大，中小银行应采取一户一策的策略进行区别对待，发现问题早处置，对那些只是暂时遇到流动性问题的企业，应加以正确的引导。其次，要千方百计拓宽存量不良资产处置路径，当前中小银行对存量不良资产的处置方式还较为传统，主要还是依靠诉讼拍卖、自行清收、利润核销或者通过协议转让、打包处置等方式将不良资产转让给资管公司等方法。可以尝试通道类处置方式：将不良资产对接其他商业银行理财资金实现出表或将不良资产通过信托、基金子公司的资管计划实现出表。也可尝试不良资产证券或不良资产收益权转让等方式，亦可思考以债转股的方式进行处置。总之，中小银行对内应紧密围绕不良资产的非标属性，进行精细化分类，对外可与资管公司等各种不同类型的资本进行联合，多方并举处置不良，为发展解放思想，为经营过程中资本金的不足释放压力。

第四，加强风险防范、完善公司治理，为安全发展保驾护航。中小银行要牢固树立科学的风险管理文化，不断完善风险防控体系。当前，防范和化解金融风险是深化供给侧结构性改革的重要内容，我国中小银行不良资产包袱重，风险防控压力大，重塑科学的风险管理文化迫在眉睫。因此，中小银行要量体裁衣，结合自身特点树立适合自己发展的科学的风险管理文化，积极营造风险防控氛围，有效降低风险发生概率，极大削弱风险影响程度，牢牢守住风险管理底线。同时，中小银行在风险防控工具和技术应用方面处于较低水平。因此，在考虑控制研发成本的前提下，可尝试与金融科技公司合作，利用大数据和人工智能提高信息获取的精度和速度，加强区块链技术应用，搭建数据分析处理平台，深挖数据价值，完善防控体系，提升数字化风控能力，实现风险控制的自动化和信息化，以达到切实防控风险的要求，为安全发展提供保障。

中小银行要持续完善公司治理，适应新常态经济发展需求。当前，不断完善市场化、法治化的公司治理机制有利于中小银行防控风险，适应经济发展的新常态，同时，也能为持续稳健的高质量发展打下坚实基础。完善公司治理首先要完善股权结构，必须要合理配置股权结构，可以适当降低国有持股比例，引进民间资本甚至可以采用引入境外投资者等方式促进股权多元化发展，形成市场化、多元制衡的股权结构。同时，要搭建专业、多元的董监事会团队，有效提升战略与风险管理能力。其次，要加强董事会的监督管理作用，健全约束机制，可高薪聘请具备专业技术水平及较高综合素质的外部人员担任公司董事，实现对经营情况的有效评价与监督，进而对经营者的行为起到良好的约束作用，使公司内部权力得到更有效的制衡。最后，中小银行在实现股东价值最大化的同时，也要积极追求经济、社会、环境的协同发展，要顺应深化金融供给侧结构性改革的要求，聚焦主责主业，服务中小微、服务"三农"、服务百姓大众，积极承担社会责任，做好"百姓身边的银行"，提升软实力，重塑社会效益。

四、为非正规金融的发展创造条件

非正规金融是非法定的金融机构（即非正规金融部门）所提供的间接融资以及个人之间或个人与企业主之间的直接融资，它是游离于官方正规金融体系之外的金融交易或金融机构。当前，多种形式的非正规金融在诸多国家和地区广泛存在，其表明已构建的正规金融无法满足现实与潜在的市场需求，非正规金融无疑是一个有效的补充，其在形式上主要表现为民间借贷、互助基金会、私人钱庄等等。由于资金在体制外循环，是政府金融监管机构监督的盲区，其资金规模与风险难以预测，混杂了非法高利贷和合法民间借贷的界限，导致了一系列民间借贷纠纷问题的频发，非正规金融的发展问题受到了政府监管机构的密切关注。作为一种民间自发自治的金融形式，非正规金融在缺乏法律保障和政府政策支持的情况下，却在以惊人的速度扩张其规模和影响力，甚至成为中小企业融资的重要渠道。

近年来，非正规金融以其顽强的生命力和蓬勃的发展趋势，引起了理论界和决策部门的高度重视。然而，在发展中国家，非正规金融存在的原因和表现的特征与发达国家不同。在发达国家，非正规金融是一项过渡性的制度安排，政府积极对其予以支持，创造正规金融和非正规金融共同发展的环境；而在一些发展中国家，非正规金融却长期被忽视甚至被敌视，经常被冠以"扰乱金融秩序"的"罪名"，被政府和决策机构联手进行压制和打击。尽管如此，非正规金融却在发展中国家的市场上顽强地发展和扩大，例如我国的福建、浙江等地，非正规金融对非国有经济发展起到了积极的推动作用，弥补了正规金融的不足。因此，社会各界重新关注非正规金融，并期望在新的认知基础上提出新的政策主张，规制并消除非正规金融在市场经济发展过程中的消极因素，引导、管理并扶正具有积极效应的民间金融组织。

在我国，非正规金融的典型代表非浙江温州莫属，温州是我国民营经济发展的重要缩影。改革开放以来民营经济发展迅速，是中小企业发展壮大的天堂之地。但近些年来，温州出现的民间借贷风波、老板跑路等热潮让温州成为另一个热点，为了从制度上引导民间资本公开、规范地运作，温州政府制定了多项金融改革举措。早在 2012 年，国务院总理温家宝主持召开国务院常务会议时就决定设立温州市金融综合改革试验区。该金融综合改革试验区率先试点的方面包括：地方金融组织体系、金融服务体系、民间资本市场体系、金融风险防范体系等等。规范发展民间融资的相关要求首次在《浙江省温州市金融综合改革试验区总体方案》中提出，包括制定民间融资管理办法、建立融资备案管理制度、健全融资监测体系。对外经贸大学公共管理学院教授李长安曾指出：这个试验区是一个具有历史意义的重大改革，有利于促进大规模的民间融资走向正规化和法治化，有助于摸索出正规渠道以化解民间资本的金融风险。与此同时，李长安还进一步指出，温州民间资本保守估计有 8000 亿元，由于缺乏法律的规定和约束，涌现出众多问题，如非法集资、高利贷等，所以温州金融改革实验区是一个改变现状、实现民间资本正规化的契机，这次改革能否开启民间资本进入正规金融体系的大门，非常值得期待。温州金融试验区各项制度的前景是光明的，中央财经大学中国银行业研究中心主任郭田勇指出：针对温州金融试验区的改革，当地政府还应出台专门的实施细则予以配套，在两到三年之内，在全国范围内将会有更多地区采取跟温州一样的金融模式支持中小企业的发展。

时隔近十年，温州金融试验区改革的实践毫无疑问地证实了：该地区民间资金的运作更加合法、更加规范、更加透明，进一步提升了民间金融的利用效率，对整个金融体系的改革也发挥了一定的推动作用。近几年来温州对非正规金融改革的主要做法和成功经验主要表现在四个方面：一是通过制定规范民间融资的管理办法，对民间融资进行备案管理，形成完善的民间融资监测系统，为中小企业的民间融资进一步创造了宽松的氛围与环境，有助于提升整个金融体系的效率；二是加快开展个人境外直接投资试点步伐，寻求更为方便快捷的直接投资渠道；三是大力发展新型的金融机构与组织；四是建立了多方位、功能较为齐全的专业资产管理机构。通过对民间金融的正确引导和控制，可以从源头上来控制民间金融的发展动向，为民间金融的规范经营提供有效指引并营造良好环境，同时也能为中小企业的融资需求提供便利。

当前，发达国家的市场经济体制发展较为完善，其金融自由化程度也相对较高，金融体系也更加完善，因此对于中小企业的资金供给也更为充足。中小企业选择通过非正规金融渠道实现融资支持的中小企业较少，这些少数中的中小企业基本都是因为自身发展，对资金需求较多，不能通过正规金融融资渠道得到全部满足，而不得不选择通过非正规金融渠道进行补充。简单来说，在发达国家非正规金融存在主要是因为正规金融采取的信贷配给，使得部分中小企业的发展资金需求得不到充分满足。之所以正规金融机构要采取信贷配给制度，是因为在中小企业融资过程中，在正规金融机构和企业之间同样存在信息不对称引起的道德风险和逆向选择。相比之下，发展中国家从总体上看金融市场化、自由化的程度还比较低，整体金融体系不够完善，在中小企业的融资市场上普遍存在资金供给不足问题，同时政府对金融市场的管理更多是采用行政手段"压制"的办法，从而使得非正规金融在这种环境下应运而生。我国政府过多地通过严格市场准入原则以及利率管制的原则使得正规金融市场缺乏竞争力，缺乏活力，缺乏效率，导致了中小企业的融资渠道过于单一，融资需求得不到有效满足，因此自然会选择在非正规金融市场寻求资金补充缺口。同时，发展中国家的正规金融体系还不完善、不健全，金融市场不能自由灵活地发挥其功效，这也是非正规金融持续存在并不断发展壮大的重要原因。正规金融市场服务涉及的区域范围较为狭窄，不能完全并有效满足中小企业多方面、多层级的融资需要，而非正规金融正是因为其灵活、宽松、快捷的特点而发挥着不可替代的强大作用。

我国在计划经济体制时期，非正规金融并没有活跃的表现。当前，我国已经进入社会主义建设的全新阶段，随着经济高速度增长到高质量发展的历史性转变，金融在整个经济发展过程中的作用凸显得更加宝贵与重要。国家不断深化金融体制改革，不断加大金融供给侧结构性改革力度，使金融脱虚向实，服务于实体经济，服务于百姓民生。当前，以商业银行为主的银行市场已经不能满足快速增长的中小企业融资需求，对于发展农村经济，解决"三农"问题更是无暇顾及。在这种情况下，非正规金融的作用将会更加突显。非正规金融不仅能为中小企业提供多方位、多层次、简单快捷的融资服务，为中小企业的快速发展提供强大的资金支持；同时，对于促进金融市场的体制改革也起到一定的推动作用。从本质上说，非正规金融市场并不是一个统一的独立市场，因为不同的非正规金融其经济活动所发挥的作用呈现出各自不同的特点。同时，非正规金融也无法脱离中小企业而独自存在，二者相辅相成。一方面非正规金融为中小企业的发展提供了资金支持，而另一方面中小企业的发展又为非正规金融的发展提供了资金来源。在我国现阶段，要加强对非正规金融市场的引导、监督和管理，制定明确的法律法规，要不断引导和适度支持符合社会经济发展需要，促进市场经济增长，提高中小企业市场竞争力的非正规金融活动。而对于那些破坏社会稳定，扰乱金融市场秩序和正常运行的非正规金融活动必须严惩不贷、加以取缔：

第一，引导、扶正并管理具有积极效应的民间金融组织。引导并扶正具有积极效应的民间金融组织，使其规范化、合法化。金融本身的高风险性和影响的公共性决定了该行业不应是一个完全竞争的行业，需要有较高的准入门槛。民间金融组织规模小，资金分散，管理不规范且抗风险能力较弱，这就决定了要基于一定的形式来组建具有能适应"三农"客户和中小企业发展融资需求的金融组织，所以政府应着力鼓励非正规金融机构通过合并等方式实现规模化、正规化经营，增强抗风险能力；也可尝试引入正规金融机构的战略投资，利用正规金融机构的专业知识和管理水平提高规避风险的能力，同时解决非正规金融机构因资金来源有限、容易导致流动性紧张的风险。但引入正规金融机构的战略投资并不意味着纳入正规金融机构的管制，正规金融机构出于制度安排或是出于同行业竞争等方面因素的考虑可能会限制非正规金融机构的发展，这无疑削弱了非正规金融机构存在的可能性。在非正规金融组织公开化、规范化和合法化后，可尝试基于合作制的自愿原则组成新的金融合作机构，并将其纳入现有统一的金融管理体系中，选择性地建立并实施法定准备金制度，存款保险制度等风险保障机制，并解决好相关退出机制的问题。与此同时，还应尝试从法律、法规层面上制定一个较为科学的、有弹性的，且具有一定自我纠错能力的全新的监管机制，而不是机械化地、生搬硬套地直接规定非正规金融机构的业务范畴。金融市场的日新月异表明：即使再详细列举政策或法律法规也不能穷尽金融实际运行过程中的所有可能形式，应根据当前市场发展的需要和内外部环境的变化，与时俱进，适时调整，且过度监管极易阻碍非正规金融的发展，不能充分发挥非正规金融的作用。因此，对非正规的民间金融应根据其发展的实际特点进行科学引导、合理扶正和适度监管。

第二，加大非正规金融的金融创新力度。长期以来，我国金融机构因自身经营特点、风险防范要求以及政府金融管制等原因普遍存在着金融创新缺失的问题，金融创新多以产品和工具创新为主，多模仿或借鉴西方经验，缺乏省域经济发展特色，与地方发展实情黏合度不高；国有大型金融机构创新内在动能不足，主观意识不强，往往是先有产品再推市场，市场有效供给不足；创新产品多为利润导向型，金融机构一旦发现此项创新产品不能使其获益，该项活动将停滞甚至夭折，往往造成前序浪费、后续不济，缺少持久性创新动力，无法满足社会多层次的金融需求。金融市场的不健全、不完善容易导致金融资源的供给错配，这在一定程度上抑制了新兴产业与中小实体企业多样化、多层次融资需求，这就要求市场主体及各金融机构在降低交易成本、提高资金流转效率等方面加大创新力度，引导资金合理配置。正是正规金融机构的创新缺位为非正规金融的产生创造了条件。对于非正规金融组织而言，其市场化程度相对于正规金融机构会更高，非正规金融基于其规模小、灵活性强、信息全等优势特点在激烈的市场化竞争过程中势必会促使其自身加强金融创新，增加金融供给。政府可尝试在风险可控的前提下与范围内出台较为完善的法律、法规进行有效引导并监督，开展非正规金融业务或服务创新的试点工作。当前，面对世界百年未有之大变局，加之新冠疫情的常态化影响，全球通货紧缩趋势明显，国际市场需求继续萎缩，贸易保护主义愈演愈烈，外部经济环境愈加严峻，不确定因素显著增多。面对复杂多变的国内外环境，深化金融体制改革，加快金融创新驱动，已成为持续推动经济高质量发展的内在要求。因此，政府可尝试通过金融制度创新推出系列政策，以此释放民间资金，撬动民间资本，助力实体经济发展，将以前处于"灰暗地带"的民间借贷合理化、合法化和规范化。通过加大金融创新，尤其是非正规金融的创新的力度，增加金融产品的有效供给，同时反思金融创新中存在的问题，为非正规金融产品与服务创新的全面推广提供支持。

非正规金融内生于民间资本，贯穿于经济社会发展的全过程，它并不是某一特定阶段的产物，也不会随着经济的发展而自然消亡，其存在有着必然性与合理性。非正规金融运营的合法化可视为过渡性的制度安排，当前，通过正规金融来挤压或取代非正规金融不仅难以实现亦非政府的最佳选择，同时，政府的一味取缔不利于当前多角化的经济发展格局。因此，对于非正规金融的存在和发展应给予其准确定位，不能持忽视、歧视甚至敌视的态度，政府应合理、适度放松管制，通过不断的制度完善将其纳入监管当局的有效监管之下，依法并依规维护金融交易各方的合法权益。此外，政府可进一步尝试通过必要的产品创新、服务创新甚至制度创新的方式将那些初具规模，各项制度健全，运营和管理比较规范的非正规金融合法化，并积极创造条件引导其向规范化、正规化方向发展，同时加强正规金融与非正规金融之间的交易合作，提升整个市场的金融交易水平，有效引导民间闲散资本助力实体经济发展，多渠道帮扶、缓解制造业、高新技术产业、中小微企业以及"三农"领域的融资难、融资贵问题，促进非正规金融向好、向优的方向前行。

第三节　政府相关制度安排

一、完善中小企业信贷融资相关的法律制度

中小企业长期稳定的发展，必须要有明确、成熟、科学的中小企业立法和完整、健全、可行的法律法规体系作为保障，为其实现可持续发展营造良好的法律和政策环境。在市场经济条件下政府可以通过法律手段对企业的经营活动进行引导、管理和控制。对中小企业范围的精准界定就是为了明确中小企业的扶持范围；制定有利于中小企业发展的法律，如《反垄断法》等，这能在一定

程度大大减少甚至消除企业间的不公平交易行为，防止大企业形成垄断，从而维护了公平竞争的市场结构。

在发达国家中，日本政府基于中小企业的立法较为健全和完善。从 20 世纪 50 年代开始，日本就有明确的中小企业法，为中小企业的规范发展和对其的有效扶持提供了强有力的法律保障。在 1963 年，日本就制定了《中小企业基本法》，这部法律被称为是日本中小企业的"宪法"，是现行制定扶持中小企业发展相关政策以及管理方案的依据和指导，也是日本中小企业发展的纲领性法规。此外，日本还制定了 30 多部专门针对中小企业的法律法规，例如：《中小企业信用保险公库法》《中小企业指导法》《中小企业现代化促进法》和《中小企业现代化资金助成法》等等，这些法律法规共同构成了日本现代完善的中小企业法律体系。美国关于中小企业的立法也较为健全，19 世纪末以来先后制定了多部反垄断法律，以此保护中小企业的切身利益。第二次世界大战以后，美国加快了中小企业立法的脚步，在 1958 年制定了《中小企业法》和《中小企业投资法》，之后又针对中小企业的持续发展和部分约束制定了一系列相关的法律法规，主要包括：《中小企业技术革新促进法》《消除限制法》《扩大小企业商品出口法》《中小企业振兴中心法》《小企业经济政策法》《公正平等法》《小企业投资奖励法》等等。这一系列法律法规为中小企业的发展创造了良好的环境，也为中小企业的壮大奠定了坚实基础。

我国的《中小企业促进法》于 2003 年开始实行，并于 2017 年进行了全面修订，这部法律打破了基于所有制不同而进行分类管理的立法，明确了支持中小企业发展的基本方针政策，同时也规定了中小企业的发展方向和管理原则，是一部适用于各种经济成分的基本法，是统一的、明确的针对中小企业发展的法律法规。尽管我国制定了关于支持中小企业发展的基本法，但从总体上看，与之相配套的其他法律法规还比较缺乏。要进一步扶持中小企业的发展，规范中小企业的内部管理以及市场经营行为，还必须要制定更加明确，更加细致，更有针对性的法律法规予以配套实施。基于对国外相关先进经验的借鉴，我国应当逐步加强并加快对中小企业信贷制度方面的立法规范，例如，针对中小企业的信用问题，要明确制定《中小企业经营诚信法》《中小企业信用担保法》等法律。为了进一步创造有利于中小企业融资的宽松环境，同时也为了营造企业间公平融资的外部环境，还需要出台配套措施，制定更为具体的法律法规，例如《公平市场竞争法》《中小企业融资法》《技术创新开发法》等法律法规，为中小企业在商业银行、非正式金融组织甚至资本市场的融资便利提供相关保障，同时也对企业的技术创新、公平竞争等方面给予支持，形成以《中小企业促进法》为核心，相关法律法规和政策为有效补充的完备保障体系。

表 5 - 1　2017 年以来我国陆续出台的有关支持中小企业发展的相关配套政策

序　号	支持中小企业发展的相关配套政策	时　间	签发部门
1	关于进一步加大政府采购支持中小企业力度的通知	2022 年	财政部
2	促进工业经济平稳增长的若干政策	2022 年	国家发展和改革委员会、工业和信息化部等
3	关于开展"携手行动"促进大中小企业融通创新（2022—2025 年）的通知	2022 年	工业和信息化部、国家发展和改革委员会
4	关于中央企业助力中小企业纾困解难促进协同发展有关事项的通知	2022 年	国资委
5	加强信用信息共享应用促进中小微企业融资实施方案	2021 年	国务院办公厅
6	"十四五"促进中小企业发展规划	2021 年	工业和信息化部、国家发展和改革委员会等
7	保障中小企业款项支付投诉处理暂行办法	2021 年	工业和信息化部
8	关于支持"专精特新"中小企业高质量发展的通知	2021 年	财政部、工业和信息化部
9	国家税务部局关于落实《政府采购促进中小企业发展管理办法》的通知	2021 年	国家税务总局
10	中小企业发展专项资金管理办法	2021 年	财政部
11	关于健全支持中小企业发展制度的若干意见	2020 年	国家发展和改革委员会、工业和信息化部等

续 表

序 号	支持中小企业发展的相关配套政策	时 间	签发部门
12	关于促进中小企业健康发展的指导意见	2019 年	中共中央办公厅、国务院办公厅
13	关于深入开展"信易贷"支持中小微企业融资的通知	2019 年	国家发展和改革委员会、银保监会
14	中华人民共和国中小企业促进法（修订）	2017 年	人大常委会
15	关于加强知识产权质押融资与评估管理支持中小企业发展的通知	2010 年	财政部、工业和信息化部等

（资料来源：以上表格根据相关资料编制而成）

二、推进中小企业信用体系制度建设

当前，我国还尚未形成较为完善并统一的中小企业信用评价体系，与之相映衬或配套的制度支持较为缺乏。由于没有完善的信用体系制度支持，难免会造成央行在采集或更新中小企业信用信息时遇到障碍，同时在分析和使用这些信用信息的过程中也会遇到困难。对于基层央行来说，要采集中小企业的信用信息，不仅需要花费较高的采录成本，并且还很难保证其所采集信息的准确度。因此，要推动我国中小企业信用体系的全面建设，还面临着诸多问题与困难。其中，制度建设问题是主要原因之一。简言之，要彻底解决中小企业的信用体系建设问题，就必须要全面推动制度创新，增加制度供给，用制度来明确、约束并规范中小企业的信用行为。

首先，加强对相关对象的宣传教育力度，通过"诚实守信"的宣传普及来促进制度的不断完善。在宣传对象的选取上，不仅仅要对有直接关系的中小企业进行宣导和教育，同时也要加强对金融机构以及政府部门的宣传教育，要将"诚实守信"的宣传延展到社区公众，形成全民参与信用建设的良好氛围，进而形成一种自发的道德行为准则；在宣传方式的选取上，不仅仅可以通过大众媒体进行宣传，例如网络、电视、广播、报刊或者手机短信等方式进行线上教导，同时也可以通过组织举办一些论坛、辩论赛或者竞赛的形式进行线下宣传，或者也可以根据区位发展的实际情况选择能够吸引公众注意力的宣导形式，最终通过宣传让社会公众自觉地形成诚实守信的观念。

其次，进一步扩大中小企业信用信息统计结果的使用和推广，不断提升信用制度的效益。信用体系建设是地方政府工作的重要内容，良好、稳定的信用体系能够大幅度提升政府对外服务的效率。信用体系具有强大的统计分析功能，能够为政府制定各项方针及政策提供强有力的支撑依据。在推进信用体系建设过程中，要建立中小企业的信用信息反馈机制，及时将中小企业信用信息传递反馈到担保机构和银行等金融机构，发挥信用体系建设为金融机构服务的强大功能。另外，在采集中小企业信用信息过程中要提高数据库指标采集的完整性、准确性与及时性，从而使金融机构在决定是否给予中小企业融资支持时可以提取并参考到较为准确的信用信息。要进一步扩大信用体系相关信息的使用范围，不仅仅要为信用信息好的中小企业提供更多的担保以及融资支持，给予贸易结算、贷款授信方面的优惠政策，还要对其在招投标以及证照年检等方面提供支持，例如给予信用良好的企业招投标优先考虑，免除证照年检的费用或简化其程序等。对于信用表现较差的中小企业，在给予财政资金支持以及金融机构融资上要提出更为严格的要求，同时可以向全社会公布信用较差的中小企业，发挥全社会的监督舆论功能，迫使中小企业重视其信用行为，在全社会营造诚信经营、信用至上的良好氛围。此外，还要尝试在全社会推进制度创新工作，要不断开发各个信用主体的潜在创造性。长时间以来，我国鼓励各个部门、各个地区发挥自主创新，并结合当地实际情况，开展有针对性的信用体系建设工作，取得了一定的成效，形成了别具特色的信用体系建设模式。区域性信用体系建设不断创新的成功做法为在全国范围内建设完善的信用体系提供了宝贵的借鉴经验，也对信用文化的普及以及公众的信用意识的进一步提升也起到了积极的推动作用。因此，在今后进一步完善全国信用体系建设的过程中，要继续发挥各个微观主体的自主创新性，不断推动信用体系建设的制度创新。

再者，进一步强化联动共享机制，提升相关信用制度建设的前瞻性。上述在提高全社会信用创新能力的同时，还要注重适当提高各个主体的创新层次，从而最终推动强制性的制度创新。在前期，我国中小企业信用体系建设的制度改革通常是因为中小企业发生了某些信用问题而引发重大影响之后才针对性地制定了相关的制度予以缓解和解决，属于"亡羊补牢"的事后控制型监管，尽管在制度建设和完善推进方面发挥了一定的重要作用，但是在时间上却滞后了。因此，要进一步推进制度创新，要通过具有前瞻性的、强制性的制度改革和建设来进行填补。一方面，进一步改革并完善现行的省市级层面的信用共享机制，推进建立全国性的信用信息共享体系。进一步完善现行的人民银行总行与税务总局、工商行政管理总局协同采集中小企业信用信息的机制，增强并完善税务总局和工商行政管理总局直接征集数据的功能，同时还要进一步加强对各地区分支机构采集信用信息工作的指导；另一方面，要加快并加强立法措施，出台一些专门针对征信采集的立法规范，通过赋予央行在采集企业信用信息事务中的法律地位进而提高信用信息采集的效率。通过明确的立法规范对小企业信用信息的采集或征集，通过强有力的法律、法规指导来推动中小企业信用体系建设的无死角、全覆盖。

最后，不断推动科技赋能，打破路径依赖，提高制度创新的效率。在原有信用信息体系建设过程中的"路径依赖"问题主要源于原有的利益集团问题。从制度经济学的理论角度来看，有三种方式可以打破原有路径依赖：一是要充分建立市场化竞争机制，将各项生产、生活资源纳入市场化管理，通过市场定价就会产生竞争市场；二是要打破原有的利益集团，将利益平衡分配，从而实现有效的权力分散和监督以及各项资源共享分配、优化配置；三是要通过国家立法强制打破既得的利益集团，强行分配原有的资源和权力。因此，对于信用体系的建设也可以借鉴同样的办法，一是要不断加强信息资源的市场化，通过市场化的方式建设信用体系；二是通过多方面签订信息共享协议，实现信息资源的互通与共享。目前，央行就与工商行政管理部门和税务部门签订了相关的信息共享协议，提高了信用信息的利用效率；三是借鉴立法的强制手段，通过权威性的强力机构进一步推动信用体系建设或者直接立法，切实发挥法律、法规的强制性作用。

当前，无论是信用信息收集主体还是使用客体都存在各自为政、"自给自足"现象，信息交流不畅，覆盖面不全，"碎片化"严重。这种"碎片化"特征与倾向同样在中小企业信用体系建设过程中屡见不鲜，影响建设效率、增加管理成本，导致政策落地执行效果差，资源配置利用效率低。基层政府各职能部门对收集的各类信息未作遴选分类，好坏一起来，有用没用一把抓，且故步自封，不善交流，不愿分享，忽视了对各类信息资源的有效整合，造成了"信息孤岛"。这种各自为政的信息处理方式容易造成了数据的重复收集和重复分析，影响政府决策的科学性、时效性，影响企业信用等级评定绩效。要突破碎片化困境，推进整体性治理，数据的合理应用至关重要，数据应用给中小企业信用信息的收集与共享带来了新机遇、新挑战。

在采集、更新和共享信用信息的过程中要不断地推动技术进步，加强科技赋能，要加快中小企业信用信息数据采集和更新技术的进步与应用。不断加强信息数据的更新、筛选和加载等新功能的研究开发。要强化企业信用信息查询、分析功能，开发多条件组合和模糊查询功能，完善企业相关信用信息数据的多维度统计分析方法，不仅仅是单一区域的统计分析，更多的是跨区域、多行业以及多规模、多层次、多方面的系统统计方法。不断开发并更新测评指标体系适时对中小企业进行测评，构建中小企业信用评分模型，通过科学合理的评分模型测评出信用等级良好的优秀企业，并向政府和金融机构进行推荐，对其提供政策优惠以及利率优惠等。此外，还要不断规范信息的采集和加工全过程，促进信息使用以及信息服务之间的相互兼容和信息互动。

第六章　结论和展望

第一节　研究结论

中小企业融资难的问题一直以来是一个世界性的难题。当前，面对世界百年未有之大变局，加之全球新冠疫情常态化的深刻影响，中小企业的发展更是步履艰辛，资金短缺一直以来是中小企业实现可持续高质量发展所面临的重要困境，解决中小企业融资难的问题已经成为各国经济研究的一个热点亦是难点问题。

本书结合我国中小企业的发展实情，系统地梳理了关于马克思主义政治经济学中关于小企业融资的基础理论以及西方经济学中的重要理论，基于理论分析的基础，并通过实证调查研究以及对国外发达国家中小企业优秀融资经验的借鉴，为我国进一步缓解和解决中小企业发展过程中的融资困境提出了具有建设性和可行性的建议。本书得出的结论有：

第一，我国中小企业通过银行融资获取资金支持与企业自身规模、企业经营者素质以及企业财务状况存在一定的关系。本书通过发放调查问卷以及实地调查研究，发现中小企业在通过银行融资过程中，更加注重财务状况对融资的影响，而对于企业自身的管理水平以及经营者素质等方面有所疏忽。

第二，发达国家中小企业拥有良好的融资环境以及融资支持，主要有三个方面的内外部优势：一是具有强大的法律支持保障。各项有利于中小企业融资和发展的法律法规为中小企业的发展创造了一个良好的外部环境。二是强有力的政府扶持力度。除金融扶持和财税扶持外还能通过其他的扶持渠道帮助中小企业获得融资和促进发展，如人力资源培训扶持、技术创新扶持以及信息管理扶持等。强有力的政府扶持不仅能为中小企业的发展提供资金支持，同时也提升了它们帮助与服务中小企业的品质和效率，为中小企业的稳步发展打下了坚实基础。三是拥有强大的金融体系。强大的金融体系为中小企业提供了更多的融资渠道选择，能够满足各种不同类型、不同层次的中小企业融资需求。金融系统所提供的流动性支持与服务，能有效地解决企业长期投资的资本来源问题，为长期项目投资和企业股权融资提供了可能，同时为技术进步和风险投资创造了资金供给的渠道。发达国家以良好的金融体系作为后盾，为中小企业的融资提供帮扶，为中小企业的发展提供了强有力的保障。

第三，新时期进一步开拓我国中小企业融资路径应由多方共同努力，一方是中小企业自身，一方是金融机构，还有一方是国家政府。

首先，中小企业自身。主要存在管理水平薄弱问题，要解决这个核心问题，中小企业要从基础管理抓起，要健全并强化、落实各项管理及规章制度。要进一步做好目标管理，持续提高人力资源管理能力、客户关系管理能力、物流管理能力，持续凝练并塑造优秀的企业文化。积极学习现代企业管理制度与方法，用科学合理的现代管理和发展理念把中小企业做大、做强、做优。要持续加强财务管理制度建设，强化资金管理，防范资金风险。要充分结合企业自身条件和客观经营实际编制好财务预算，增强成本控制，提升企业财务管理效率和质量。要不断加强信用制度建设。提高诚信经营意识，带头营造良好的社会信用氛围。

其次，金融机构对中小企业融资的支持。一方面要持续改革和完善商业银行信贷市场管理制度。在办事程序上精减细化，为中小企业提供快捷、便利的融资服务；建立完善的贷款风险约束机制，创新与优质信贷资产激励机制相匹配或统一的信贷管理体制，提高信贷资金的配置效率，优化信贷资金的配置结构。另一方面要进一步放宽中小银行金融限制：一是要持续推进和加快新设中小民营银行的工作，二是要借鉴国外社区银行服务中小企业的先进经验丰富城市商业银行的社区服务功能，三是要适时制定出台非正规金融发展的配套措施，为非正规金融的发展创造条件，对那些能促进经济增长、提高市场竞争力、符合社会发展需求的非正规金融活动应加以正确的引导、科学的管理和必要的扶持。

最后，政府相关制度安排。一方面要完善中小企业信贷融资相关的法律、法规制度；另一方面要持续推进中小企业信用体系制度建设。要强化宣传教育与引导，充分发挥非制度因素对正式制度的促进作用；要加大中小企业信用信息成果的使用与推介，提升制度变迁主体的预期收益；要继续做好自下而上的制度创新工作，充分发挥辖区内各微观主体的积极性和创造性；在做好自下而上制度创新的同时，适时提高创新层次，并最终推动强制性制度创新；要多途径打破路径依赖，加快科技赋能，技术进步，提升制度变迁效率。要建立和完善全国性的、统一的企业信用评级体系。同时，政府应建立并配套相应的激励机制鼓励中小企业自身的信用制度建设。

第二节　研究展望

要彻底解决中小企业在发展过程中的融资困难问题不仅仅需要我们在理论上进行创新，更需要我们在实践中不断推进。在改革开放 40 多年来的经济史上，集体崛起的中小企业，是促进经济发展、推动科技创新、缓解就业压力、优化经济结构、增进城乡市场繁荣的重要力量。提起中小企业，许多人头脑中都会习惯性地想到"5""6""7""8""9"这五个数字。这是经济学界常用来形容中小企业作用的五组数据：贡献了 50% 的税收、60% 的 GDP、70% 的专利、80% 的就业岗位和占据我国企业总数的 90%。无论是从地位作用来看，还是从实际贡献来说，促进中小企业健康发展，对于推动我国经济实现高质量发展、行稳致远，具有十分重要的意义。

然而，近几年来，我国中小企业群体的日子"不太好过"。国际上，贸易保护主义大行其道，不少西方国家提升关税额以阻挡进口，这给我国大量出口导向型的中小企业制造了不少麻烦。在国内，党的十九大报告提出，我国经济正转向高质量发展阶段，大量中小企业由此面临转型升级的现实压力。但如今中小企业原有的"野蛮生长"方式已不再多见，科技驱动增强、消费越发追求个性，市场需求更呈现出多样性，为中小企业发展提供了更为广阔的发展空间，挑战与机遇并存，中小企业一方面应直面挑战，化压力为动力，另一方面应珍惜机遇，撸起袖子，迈开大步，奋勇前行。

2017 年，中共中央、国务院出台了《关于营造企业家健康成长环境弘扬优秀企业家精神更好发挥企业家作用的意见》，这份文件从价值观层面肯定了企业家群体的贡献，培育全社会对优秀企业家的尊重氛围，实实在在地给广大中小企业家群体吃了一颗"定心丸"。以习近平同志为核心的党中央始终高度重视中小企业，充分肯定中小企业在中国经济发展中的重要地位，千方百计促进中小企业发展。2019 年中共中央办公厅、国务院办公厅印发的《关于促进中小企业健康发展的指导意见》正是进一步贯彻落实习近平总书记要求的体现，必将有利于纾解中小企业困难，稳定和增强企业信心及预期，进一步激发中小企业活力和发展动力。中央政府深刻洞察了中小企业的生存压力，进行了一系列旨在为中小企业"减负""赋能"的顶层设计。这些政策文件都是"有的放矢"，重点瞄准了中小企业融资、税费、营商环境、产权保护等"老大难"问题，全力帮助中小企业度过发展转型的难关。纵览文件精神，虽然表面上仍在谈"融资、监管"等老问题，但实则提供的解决方案更加具体细致，如降低再贴现、再贷款的门槛和加大相关措施的力度，进一步发挥政府采购的扶持作用等。这些细致入微的具体措施，体现了中央对中小企业发展"真抓实干"的坚定决心。

党的十八大以来，我国的金融体制改革持续推进，取得了显著成就。金融市场更加开放，金融体系日趋完善，企业融资渠道也更为多元，金融资源分配效率提升，银行业服务实体经济能力进一步提升，金融体系应对外部冲击和抵御风险的能力明显增强。但是，我国金融体系仍存在不少痛点和难点问题。例如，资金脱实向虚、自我循环，实体经济发展"融资难、融资贵"，结构性失衡等突出问题。作为我国中小企业融资主要渠道的金融机构，还需进一步探索如何为中小企业的发展提供更全面、更优质、更便捷的金融扶持服务，为中小企业的高质量发展营造良好的金融环境。要不断完善开放经济条件下符合中国实际国情的金融宏观调控体系，进一步深化金融供给侧结构性改革，深化金融开放，健全支持实体经济发展的现代金融机构体系和市场体系，防范各类潜在风险，推动经济高质量发展。

"冰冻三尺非一日之寒"，中小企业发展过程中的困境有复杂的体制机制因素和悠久的历史因素，需要改革的不断深化。本书所提出的解决中小企业融资困难的制度创新只是抛砖引玉，所提出的建议作用都是有限的。因此在后续的研究中，不仅仅要从理论上做出更多的探索、挖掘与创新，更重要的是要将理论和实践联系在一起，切实为中小企业提供帮助，切实缓解和解决中小企业发展过程中的融资难困境，为中小企业的可持续、高质量发展提供强有力的资金保障。

附　　录

中小企业调查问卷

尊敬的女士/先生:

　　非常感谢您能参与此次的问卷调查。本问卷意在了解您对所在单位的企业基本信息以及基本财务状况和银行融资等情况。请您在作答之前认真阅读指导语,选择与本单位实际情况相符的选项。该问卷采用不记名方式,所有资料仅用于学术研究,予以保密处理,所有答案均无对错之分,请按您了解的真实情况填写,谢谢您对我们研究工作的支持。

　　一、企业基本信息

　　(一) 企业名称:

　　(二) 注册资本:

　　①500 万元以下

　　②500 万 ~ 1000 万元

　　③1000 万 ~ 3000 万元

　　④3000 万 ~ 5000 万元

　　⑤5000 万元以上

　　(三) 企业注册地所在区域:

　　(四) 企业生产地所在区域:

　　(五) 企业经营地所在区域:

　　(六) 企业生产占地:

①500 平方米以下

②500～1000 平方米

③1000～3000 平方米

④3000～5000 平方米

⑤5000～10000 平方米

⑥10000 平方米以上

租用还是自有？

①自有

②租用

（七）企业经营办公占地：

①200 平方米以下

②200～500 平方米

③500～1000 平方米

④1000～2000 平方米

⑤2000 平方米以上

租用还是自有？

①自有

②租用

（八）企业是否设置技术研发实验室？如果有请继续回答以下问题。

实验室占地：

①100 平方米以下

②100～200 平方米

③200～500 平方米

④500～1000 平方米

⑤1000 平方米以上

租用还是自有？

①自有

②租用

（九）企业是否拥有仓库？如果有请继续回答以下问题。

仓库占地：

①200 平方米以下

②200～500 平方米

③500～1000 平方米

④1000～5000 平方米

⑤5000～10000 平方米

⑥10000 平方米以上

租用还是自有？

①自有

②租用

二、企业经营者、生产者情况

（一）企业法人基本情况：

从业年限：

①3 年以下

②3～5 年

③5～10 年

④10 年以上

现有最高学历：

①大专以下

②大专

③本科

④研究生

⑤研究生以上

（二）企业实际控制人基本情况：

从业年限：

①3 年以下

②3～5 年

③5～10 年

④10 年以上

现有最高学历：

①大专以下

②大专

③本科

④研究生

⑤研究生以上

是否家族企业？

①是

②否

（三）管理层人数：

①10 人以下

②10～15 人

③15～20 人

④20 人以上

（四）管理层人员平均月工资：

①3000 元以下

②3000～5000 元

③5000～10000 元

④10000 元以上

（五）生产工人数量（普通技工）：

①20 人以下

②20～50 人

③50～100 人

④100 人以上

普通技工平均月工资：

①1500 元以下

②1500～2000 元

③2000～3000 元

④3000～5000 元

（六）专业技术工人数量：

①10 人以下

②10～20 人

③20～30 人

④30 人以上

专业技工平均月工资：

①2500 元以下

②2500～3000 元

③3000～4000 元

④4000 元以上

三、近几年企业财务状况

（一）企业可持续生产经营的完整的会计年度有几个？

①1 年以下

②1～3 年

③3～5 年

④5 年以上

（二）企业总资产规模：

①3000 万元以下

②3000 万～5000 万元

③5000 万～8000 万元

④8000 万～10000 万元

⑤10000 万元以上

（三）企业固定资产累计投入：

①500 万元以下

②500 万～1000 万元

③1000 万～3000 万元

④3000 万~5000 万元

⑤5000 万元以上

其中机器设备投入：

①100 万元以下

②100 万~300 万元

③300 万~500 万元

④500 万~800 万元

⑤800 万~1000 万元

⑥1000 万元以上

（四）企业近两年平均年销售收入：

①3000 万元以下

②3000 万~5000 万元

③5000 万~8000 万元

④8000 万~1 亿元

⑤1 亿~1.5 亿元

⑥1.5 亿~2 亿元

⑦2 亿元以上

（五）企业近两年平均年总成本：

①100 万元以下

②100 万~300 万元

③300 万~500 万元

④500 万~800 万元

⑤800 万~1000 万元

⑥1000 万元以上

其中近两年平均年财务费用支出：

①5 万元以下

②5 万~10 万元

③10 万~30 万元

④30 万~50 万元

⑤50 万 ~ 80 万元

⑥80 万 ~ 100 万元

⑦100 万 ~ 200 万元

⑧200 万元以上

（六）企业近两年平均月应收账款合计：

①50 万元以下

②50 万 ~ 100 万元

③100 万 ~ 300 万元

④300 万 ~ 500 万元

⑤500 万 ~ 800 万元

⑥800 万 ~ 1000 万元

⑦1000 万元以上

（七）企业近两年平均月应付账款合计：

①50 万元以下

②50 万 ~ 100 万元

③100 万 ~ 300 万元

④300 万 ~ 500 万元

⑤500 万 ~ 800 万元

⑥800 万 ~ 1000 万元

⑦1000 万元以上

（八）企业近两年平均月存货合计：

①50 万元以下

②50 万 ~ 100 万元

③100 万 ~ 500 万元

④500 万 ~ 1000 万元

⑤1000 万 ~ 5000 万元

⑥5000 万元以上

（九）企业近两年平均年应缴税金合计：

①50 万元以下

②50 万 ~ 100 万元

③100 万 ~ 200 万元

④200 万 ~ 300 万元

⑤300 万 ~ 500 万元

⑥500 万 ~ 1000 万元

⑦1000 万元以上

四、近几年企业对外投融资状况

（一）截至 2012 年 11 月底企业近短期投资期末合计：

①无

②50 万元以下

③50 万 ~ 300 万元

④300 万 ~ 500 万元

⑤500 万 ~ 800 万元

⑥800 万 ~ 1000 万元

⑦1000 万元以上

（二）截至 2012 年 11 月底企业长期投资期末合计：

①无

②100 万元以下

③100 万 ~ 500 万元

④500 万 ~ 1000 万元

⑤1000 万 ~ 3000 万元

⑥3000 万元以上

（三）截至 2012 年 11 月底企业短期借款合计：

①无

②100 万元以下

③100 万 ~ 500 万元

④500 万 ~ 1000 万元

⑤1000 万 ~ 3000 万元

⑥3000 万元以上

（四）借款取得方式：

①抵押/质押

②政府财政担保

③上市公司担保

④专业担保公司担保

⑤多个企业联贷联保

⑥单个一般企业担保

（五）截至 2012 年 11 月底企业应付票据合计：

①无

②100 万元以下

③100 万 ~ 500 万元

④500 万 ~ 1000 万元

⑤1000 万 ~ 3000 万元

⑥3000 万元以上

（六）票据业务取得方式：

①抵押/质押

②政府财政担保

③上市公司担保

④专业担保公司担保

⑤多个企业联贷联保

⑥单个一般企业担保

　　五、您对本次问卷调查有无进一步的改进建议，如"无"请结束问卷，如"有"请在下列横线上写出您的宝贵建议。

_____

_____

_____

_____

参考文献

［1］中共中央马克思恩格斯列宁斯大林著作编译局．马克思恩格斯文集（第 1 - 10 卷）［M］．北京：人民出版社，2009.

［2］中共中央马克思恩格斯列宁斯大林著作编译局．资本论：第一卷［M］．北京：人民出版社，2004.

［3］中共中央马克思恩格斯列宁斯大林著作编译局．资本论：第二卷［M］．北京：人民出版社，2004.

［4］中共中央马克思恩格斯列宁斯大林著作编译局．资本论：第三卷［M］．北京：人民出版社，2004.

［5］陈征．《资本论》解说：第 1 - 3 卷［M］．福州：福建人民出版社，1997.

［6］陈征．《资本论》和中国特色社会主义经济研究［M］．太原：山西经济出版社，2005.

［7］陈征，李建平，郭铁民．政治经济学［M］．北京：经济科学出版社，2001.

［8］李建平．《资本论》第一卷辩证法探索［M］．北京：社会科学文献出版社，2006.

［9］陈征，李建平，郭铁民．《资本论》选读［M］．北京：高等教育出版社，2003.

［10］孔曙东．国外中小企业融资经验及启示［M］．北京：中国金融出版社，2007.

［11］杨娟．中小企业融资结构：理论与中国经验［M］．北京：中国经济出版社，2008.

［12］陈乃醒，傅贤治．中国中小企业发展报告（2007—2008）［M］．北京：中国经济出版社，2008．

［13］郭斌．信息不对称与企业债务融资方式选择［M］．四川：西南财经出版社，2011．

［14］梁鸿飞．企业融资与信用能力［M］．北京：清华大学出版社，2007．

［15］武巧珍，刘扭霞．中国中小企业融资：理论·借鉴·融资体系的建立［M］．北京：中国社会科学出版，2007．

［16］李扬，杨思群．中小企业融资与银行［M］．上海：上海财经大学出版社，2011．

［17］高正平．中小企业融资新论［M］．北京：中国金融出版社，2004．

［18］赵国忻．中小企业金融支持体系有效性研究［M］．杭州：浙江大学出版社，2007．

［19］张宗新．中国融资制度创新［M］．北京：中国金融出版社，2003．

［20］白钦先，薛誉华．各国中小企业政策性金融体系比较［M］．北京：中国金融出版社，2011．

［21］徐良平．中小企业创新融资与创业板市场［M］．上海：上海交通大学出版社，2007．

［22］李庚寅，周显志．中国发展中小企业支持系统研究［M］．北京：经济科学出版社，2003．

［23］易国庆．中小企业政府管理与政策支持体系研究［M］．北京：企业管理出版社，2001．

［24］张捷．结构转换期的中小企业金融研究［M］．北京：经济科学出版社，2003．

［25］戴国强．融资方式与融资政策比较［M］．北京：中国财政经济出版社，2002．

［26］董彦岭．中小企银行信贷融资研究［M］．北京：经济科学出版社，2005．

［27］李丽霞，徐海俊，孟菲．我国中小企业融资体系的研究［M］．北京：科学出版社，2005．

［28］李子彬．2009中国中小企业蓝皮书［M］．北京：企业管理出版社，2009．

［29］李苗军，王君萍．试论事业单位财务管理中存在的问题及改进措施［J］．现代商业，2009，8（17）．

［30］侯冠宇，虎琳．我国区域政策对促进中小企业发展的作用机制研究［J］．价格理论与实践，2022（4）．

［31］文红星．数字普惠金融破解中小企业融资困境的理论逻辑与实践路径［J］．当代经济研究，2021（12）．

［32］李志赟．银行结构与中小企业融资［J］．经济研究2002（6）．

［33］曹洪军，窦娜娜，王乙伊．信息不对称、非正规金融与中小企业融资［J］．中国海洋大学学报，2005（4）．

［34］梁冰．我国中小企业发展及融资状况调查报告［J］．金融研究，2005，5（2）．

［35］梁立俊．银行的规模优势和市场分割性［J］．财经科学，2003，4（5）．

［36］林毅夫，李永军．中小金融机构发展与中小企业融资［J］．经济研究，2011，1（4）．

［37］莫丽梅．非对称信息下中小企业融资问题研究——兼论我国中小金融机构的发展［J］．管理世界，2002，6（8）．

［38］全丽萍．非对称信息下中小企业融资问题研究［J］．管理世界，2012，7（5）．

［39］王宵，张捷．银行信贷配给与中小企业贷款［J］．经济研究，2003，7（4）．

［40］杨胜刚，胡海波．不对称信息下中小企业信用担保问题研究［J］．金融研究，2006，5（1）．

［41］张捷．中小企业的关系型借贷与银行组织结构［J］．经济研究，2012，2（1）．

［42］周兆生．中小企业融资的制度分析［J］．财经问题研究，2003，2（5）．

［43］朱春燕，张荣森．不确定性、风险和信任——对发展我国信用体系的思考［J］．经济研究参考，2002，2（5）．

［44］陈晓红，王小丁，曾江洪．债权治理评价、企业特征与成长性——基于中国中小上市公司的实证研究［J］．商业经济与管理，2007，2（10）．

［45］高明华．再论中小金融机构发展与中小企业融资［J］．金融理论与实践，2008，2（10）．

［46］郭斌，刘曼路．民间金融与中小企业发展：对温州的实证分析［J］．经济研究，2011，2（10）．

［47］胡军，王霄，钟永平．家族式中小企业融资及其文化基础——一项基于亲缘选择的深化分析［J］．暨南学报，2007，2（01）．

［48］陈凌，叶长兵．中小家族企业融资行为研究综述［J］．浙江大学学报，2007，2（04）．

［49］卢少辉．金融抑制下我国中小企业海外上市融资的机遇与对策［J］．福建论坛，2005，2（07）．

［50］刘湘云，杜金岷，郑凌云．中小企业融资力差异与融资制度创新次序［J］．财经研究，2006，3（8）．

［51］李伟，成金华．中小企业外源融资过程中的资金需求和供给［J］．经济评论，2006，2（1）．

［52］李杰，孟祥军．我国中小企业的融资困境及解决途径［J］．贵州社会科学，2011，6（11）．

［53］沈伯平．信息不完全、信息不对称与资本市场规制［J］．上海经济研究，2005，4（11）．

［54］彭建刚，王修华．信息不对称与地方中小金融机构发展的内在关联性研究［J］．商业经济与管理，2005，4（11）．

［55］徐晓音．中小企业成长性与融资方式选择的关系——以中小板上市公司为例的实证分析［J］．当代经济，2010，1（6）．

［56］周宗安，张秀峰．中小企业融资困境的经济学描述与对策选择［J］．金融研究，2006，2（2）．

［57］赵光君．金融渗透差异与中小企业融资［J］．投资研究，2012，5

（10）．

［58］张杰，经朝明，刘东．商业信贷、关系型借贷与小企业信贷约束：来自江苏的证据［J］．世界经济，2007，5（3）．

［59］杨楹源，王都富，李旻，等．我国中小企业金融服务问题研究［J］．改革，2000，2（3）．

［60］杨俊龙．我国中小企业融资问题新探［J］．经济问题探索，2011，3（4）．

［61］杨军．中小企业融资制度结构研究［J］．武汉科技大学学报，2012，2（3）．

［62］王常柏．构建财政、货币政策相配合的中小企业融资机制［J］．金融与经济，2003，2（2）．

［63］杨大楷，蔡菊芳．中小企业公司治理结构及其融资研究［J］．经济经纬，2004，4（1）．

［64］胡乃武，罗丹阳．对中小企业融资约束的重新解释［J］．经济与管理研究，2006，2（10）．

［65］杨丰来，黄永航．企业治理结构、信息不对称与中小企业融资［J］．金融研究，2006，2（5）．

［66］陈坚．韩国银行开展中小企业信贷业务的实践及其借鉴意义［J］．金融论坛，2006，5（6）．

［67］陈佳贵，郭朝先．构筑我国中小企业金融支持体系的思考［J］．财贸经济，2011，1（5）．

［68］张杰．民营经济的金融困境与融资次序［J］．经济研究，2009，4（2）．

［69］李晶．我国中小企业融资问题初探［J］．经济研究参考，2012，4（1）．

［70］陈文汉．我国中小企业融资难的经济学解释及其对策［J］．华东经济管理，2006，1（11）．

［71］金丽红，辛珣．我国中小企业融资难的特殊性分析与制度创新［J］．上海金融，2006，4（2）．

［72］周业安．金融抑制对中国企业融资能力影响的实证研究［J］．经济研究，2010，2（1）．

［73］郑之杰，赵克义，宋效军．中小企业融资市场供求分析——兼论中小企业融资困难的原因与对策建议［J］．中央财经大学学报，2003（8）．

［74］钱凯．改善我国中小企业融资现状的政策建议［J］．经济研究参考，2011，2（39）．

［75］胡旭阳．民营企业家的政治身份与民营企业的融资便利——以浙江省民营百强企业为例［J］．管理世界，2011，5（1）．

［76］刘颖．关于中小企业融资问题的探讨［J］．武汉大学学报，2012，3（8）．

［77］唐路元．中小企业融资与信用制度［J］．甘肃社会科学，2011，4（1）．

［78］龚绍东．金融联盟：一种新型的中小企业金融服务体系［J］．金融理论与实践，1999，7（4）．

［79］刘峰涛．小企业融资困境与孵化器制度［J］．研究与发展管理，2006，4（2）．

［80］张杰．金融中介理论发展述评，中国社会科学［J］．2010，6（1）．

［81］张润林．中小企业政策性融资探析［J］．经济问题，2004，1（2）．

［82］张杰青．关系借贷与中小企业融资［J］．华东经济管理，2002，2（2）．

［83］陈灏．深化金融供给侧结构性改革视角下中小银行聚焦主责主业研究［J］．蚌埠学院学报，2020，9（4）．

［84］张亚兰．中小企业融资难的原因及解决途径［J］．经济问题，2004，5（2）．

［85］李伟，成金华．中小企业外源融资过程中的资金需求和供给［J］．经济评论，2006，1（1）．

［86］于洪波，武志．开发性金融与中小企业发展：一个新的分析框架［J］．财经问题研究，2006，1（2）．

［87］方健，李永开，李华林．我国中小企业债券融资模式探讨［J］．中

国软科学，2012，10（2）.

［88］张静，梅强．解决中小企业融资难问题思考［J］．现代经济探索，2010，3（2）.

［89］杨国川．德国政府扶持中小企业发展的举措及启示［J］．国际经贸探索，2008，2（3）.

［90］马文远．事业单位财务管理中存在的问题及改进措施探索［J］．财经界（学术），2009（4）.

［91］骆忠法．浅析行政事业单位财务管理中存在的问题及改进措施［J］．中国电子商务，2010，9（10）.

［92］中华人民共和国国民经济和社会发展第十二个五年规划纲要［N］．经济日报，2011 - 03 - 17.

［93］郭冀川．强化财政支持 推动中小企业数字化转型［N］．证券日报，2022 - 08 - 05（A02）.

［94］马婧妤．创新型中小企业融资意愿高 可从四方面作出政策优化［N］．上海证券报，2022 - 07 - 29（002）.

［95］周子勋．以标准化引领中小企业创新发展［N］．中国经济时报，2022 - 07 - 28（001）.

［96］关颖．科技型中小微企业将享受这些"福利"［N］．西安日报，2022 - 01 - 28（004）.

［97］曹政．三大层次培育中小企业"雁阵"［N］．北京城市副中心报，2022 - 08 - 04（002）.

［98］吴钦景．让中小企业享受数字经济时代红利［N］．联合日报，2022 - 08 - 03（002）.

［99］陶凤，袁泽睿．《反垄断法》今起实施 力拓中小企业生存空间［N］．北京商报，2022 - 08 - 01（002）.

［100］周俊英，朱垚颖，张风芹．充分释放政策红利提振企业发展信心［N］．安阳日报，2022 - 07 - 25（006）.

［101］夏金彪．唤醒"沉睡专利" 让科技成果赋能中小企业［N］．中国经济时报，2022 - 07 - 19（004）.

［102］白舒婕.稳住中小企业　汇聚复苏势能［N］.国际商报，2022－07－21（002）.

［103］蒋元锐.创新型中小企业成长壮大通道打开［N］.中华工商时报，2022－07－20（008）.

［104］罗凯燕，代雨菲.以新金融力量　服务中小企业［N］.深圳商报，2022－07－21（A02）.

［105］徐恒.我国"专精特新"中小企业创新指数大幅回升［N］.中国电子报，2022－07－19（002）.

［106］向连.推动中小企业创新发展　培育制造业新竞争优势［N］.东莞日报，2022－07－11（A06）.

［107］王健高，肖玲玲.精准施策，科技型中小企业释放创新大潜能［N］.科技日报，2022－07－19（007）.

［108］谭浩俊.中小企业资金纾困要存量、增量"两手抓"［N］.每日经济新闻，2022－05－24（007）.

［109］张衡.纾困帮扶加码　中小企业再迎"及时雨"［N］.中国财经报，2022－05－21（003）.

［110］刘成.把中小企业需求搬到"云"上［N］.经济日报，2022－05－10（011）.

［111］王静，杨昉，胡安静，等.疫情之下，看中小企业如何突围［N］.新华日报，2022－06－27（009）.

［112］李都，杜莹，刘全民，等.金融"活水"解中小企业"燃眉之急"［N］.南京日报，2022－04－15（A01）.

［113］赵姗.纾困培优　梯度培育"专精特新"中小企业［N］.中国经济时报，2022－06－21（002）.

［114］王政，朱佩娴，方敏.多措并举助力中小企业发展［N］.人民日报，2022－04－28（002）.

［115］谢宝树，方广泉.中小企业享受"免申即享"　鼓励合作银行"敢贷愿贷"［N］.惠州日报，2022－03－15（001）.

［116］崔敏.加大力度支持中小企业迈向"专精特新"　［N］.中国企业

报，2022 - 03 - 15（006）.

[117] 郭倩. 政策组合拳精准助力中小企业发展［N］. 经济参考报，2022 - 01 - 25（002）.

[118] 李芃达. 梯度培育"专精特新"中小企业［N］. 经济日报，2022 - 06 - 16（006）.

[119] 祝嫣然. 为中小企业纾困今年有哪些新举措［N］. 第一财经日报，2022 - 01 - 25（A06）.

[120] 张弛. 进一步优化监管服务　助力中小企业恢复发展［N］. 金融时报，2022 - 06 - 08（007）.

[121] 曹雅丽. "1 + 4 + 1"　工信部力促中小企业纾困解难［N］. 中国工业报，2022 - 05 - 25（001）.

[122] 崔卫卫. 让融资机会直达中小企业决策人［N］. 政府采购信息报，2022 - 06 - 27（002）.

[123] 中共深圳市委政研室. 探索服务中小企业发展的新路子——以深圳市着力构建链式服务体系为例［N］. 经济时报，2012 - 04 - 21.

[124] 陈长飞，方虎. 金融咨询：福建省银行业小企业贷款业务居全国前列［N］. 福建日报，2012 - 04 - 22.

[125] 刘益清. 一个中国品牌的国际化路线图［N］. 福建日报，2012 - 04 - 22.

[126] 常艳军. 资本市场能为扶持小微企业出多大力［N］. 经济日报，2012 - 04 - 25.

[127] 李成刚. 重构金融体系，缓解小微企业融资需求［N］. 中国经济时报，2013 - 03 - 07.

[128] 陈灏. 基于 RCEP 视角的中国外向型中小企业价值链重构研究［J］. 新疆大学学报（哲学社会科学版），2022，50（4）.

[129] 陈灏. 中小银行信贷产品供给结构性问题与对策研究——以福建省中小银行为例［J］. 福建商学院学报，2020（3）.

[130] 大西广. 世界经济发展的不平衡性——"克鲁格曼模式"与"列宁模式"的比较与评析［J］. 当代经济研究，2010（1）.

[131] 罗伯特·布伦纳. 高盛的利益就是美国的利益——当前金融危机的

根源 [J]. 政治经济学评论, 2010 (2).

[132] 约翰·B. 福斯特, 罗伯特·麦克切斯尼. 垄断金融资本、积累悖论与新自由主义本质 [J]. 国外理论动态, 2010 (1).

[133] M. C. 霍华德, (澳) J. E. 金. 马克思视野中的市场与危机 [J]. 马克思主义与现实, 2009 (4).

[134] 克里斯·哈曼. 关于新自由主义理论研究的反思, 国外理论动态 [J]. 2008 (9 – 10).

[135] 斯蒂芬·肯特勒. 资本循环和生产过剩——对当前世界经济危机的一个马克思主义分析 [J]. 海派经济学, 2008 (3).

[136] 郭钇杉. "三化" 赋能中小企业降本增效 [N]. 中华工商时报, 2021 – 11 – 05 (004).

[137] 康枫. 金融应 "各归其位" 稳中求进惠民生 [N]. 中国城乡金融报, 2019 – 12 – 27 (5).

[138] 史真真. 金融科技赋能中小商业银行转型升级的策略研究 [J]. 金融教育研究, 2019 (32).

[139] 吴艳霞. 供给侧结构性改革视角下的中小银行发展问题研究 [J]. 吉林金融研究, 2017 (03).

[140] 陆岷峰, 杨亮. 供给侧改革下商业银行机遇使命与对策 [J]. 西南金融, 2016 (03).

[141] 叶玲, 李心合. 供给侧结构性改革与银行业金融创新路径选择 [J]. 南京社会科学, 2016 (7).

[142] 黄剑辉. 推进金融供给侧改革服务实体经济新发展 [J]. 金融博览, 2016 (3).

[143] 刘光溪. 试论推进金融供给侧结构性改革面临的瓶颈及其突破口 [J]. 世界经济研究, 2016 (9).

[144] 陆岷峰, 徐阳洋. 构建商业银行与民营企业共同发展的基础 [J]. 济南大学学报 (社会科学版), 2019 (2).

[145] 陆岷峰, 周军煜. 金融科技嵌入商业银行生态系统的战略思考 [J]. 农村金融研究, 2019 (2).

[146] 季子钊. 新阶段下地方金融监管模式与金融发展关系研究 [J]. 海南金融，2019（3）.

[147] 中国人民银行原市中心支行课题组. 地方中小银行机构推进金融供给侧结构性改革的意义及路径选择 [J]. 吉林金融研究，2019（11）.

[148] 姬军荣. 基于知识为竞争要素的企业价值链重构研究 [J]. 企业经济，2009（9）.

[149] 刘琳，秦晓燕."互联网＋"背景下企业财务价值链重构分析当代经济 [J]. 当代经济，2017（10）.

[150] 蒋陆军. 全球价值链视角下我国外向型企业转型升级的路径选择 [J]. 中国物价. 2016（2）.

[151] 申巧莲. 化解中小商业银行不良资产浅议 [J]. 合作经济与科技，2017（6）.

[152] 李凤文. 服务小微企业，银行要聚焦主责主业各归其位 [N]. 证券时报，2019－12－17（3）.

[153] 宋华伟. 城市商业银行公司治理改革探索 [J]. 现代经济信息，2019（36）.

[154] 张静，王永宁. 中小商业银行高质量发展的核心要素 [J]. 商业银行，2019（3）.

[155] 张茜，林淼. 新常态下中小银行的零售业务转型 [J]. 中国发展观察，2019（19）.

[156] 何湾. 深化金融供给侧结构性改革 [J]. 金融天地，2019（33）.

[157] 迈克尔·波特. 竞争优势 [M]. 北京：华夏出版社，2006.

[158] 张锐. RCEP打开中国推进自由贸易协定的空间 [N]. 中国财经报. 2020－11－17（007）.

[159] 杨喆曦，刘欣，徐俊. 基于价值链重构的中小企业标准应用分析 [J]. 中国标准化，2018（3）.

[160] 卢苏伦嘎. 全球价值链重构对我国企业创新的影响研究 [J]. 企业改革与管理，2020（19）.

[161] 万容. 浅析中小型企业对外贸易的现状及对策 [J]. 济宁学院学

报，2018（6）.

［162］刘学峰，原坤煜. 我国中小型企业对外贸易发展策略研究［J］. 现代商业，2016（33）.

［163］章津铨. RCEP 为民企发展带来四股"强劲东风"［N］. 中华工商时报，2020 - 12 - 17（003）.

［164］孟祺. 基于"一带一路"的制造业全球价值链构建［J］. 财经科学，2016（2）.

［165］张熠涵. 全球价值链重构与跨国企业高质量发展［J］. 中国国情国力，2020（2）.

［166］徐金海，夏杰长. 全球价值链视角的数字贸易发展：战略定位与中国路径［J］. 改革，2020（5）.

［167］Gereffi G, Humphrey J, Kaplinsky R, et al. Introduction：Globalisation, Value Chains and Development［J］. IDS Bulletin, 2001, 32（3）.

［168］Koopman R, Wang Z, Wei S J. Estimating Domestic Content in Exports When Processing Trade Is Pervasive［J］. Journal of Development Economics, 2012, 99（1）.

［169］Modigliant F, Miller M. The Cost of Capital, Corporate Finance and the Theory of Investment［J］. American Economic Review, 2010（48）.

［170］West on Managerial Finance［M］. New York：Dryden Press, 2011.

［171］Modigliant F. Corporation Income Taxes and the Cost of Capital：A Correction［J］. American Economic Review, 2010（53）.

［172］Myers S. The Capital Structure Puzzle［J］. The Journal of Finance, 2008（39）.

［173］Stiglitz J, Weiss A. Credit Rationing in Markets with Imperfect Information［J］. American Economic Review, 2010（37）.

［174］Ray G, Hutchinson P. The Financing and Financial Control of Small Enterprise Development［M］. Hampshire：Gower Publishing Company Limited, 2011.

［175］Whetted H. Collateral in Credit Rationing in Markets with Imperfect Information［J］. American Economic Review, 2005（73）.

[176] Ferry G, Messori M. Bank-firm Relationships and Allocate Efficiency in the Northeastern and Central Italy and in the South [J]. Journal of Banking and Finance, 2003 (24).

[177] Bester H. The Role of Collateral in Credit Markets with Imperfect Information [J]. European Economic Review, 2011 (31).

[178] Steel W. Changing the Institutional and Policy Environment for Small Enterprise Development in Africa [J]. Small Enterprise Development, 2011 (52).

[179] Williamson S. Costly Monitoring, Financial Intermediation and Equilibrium Credit Rationing [J]. Journal of Monetary Economics, 2010 (9).

[180] Schmidt-Mohr U. Rationing Versus Collateralization in the Competitive and Monopolistic Credit Markets with Asymmetric Information [J]. European Economic Review, 2007 (41).

[181] Peek J, Rosengren E. Bank Consolidation and Small Business Lending: It's Not Just Bank Size that Matters [J]. Journal of Banking Finance, 2010 (22).

[182] Berger A, Saunders A, Scalise J, et al. The Effects of Bank Mergers and Acquisitions on Small Business Lending [J]. Journal of Financial Economics, 2008 (50).